Für Nick

Declan Donnellan, *Der Schauspieler und das Ziel*

Declan Donnellan, geboren 1953 in England als Sohn irischer Eltern, ist Regisseur und Künstlerischer Leiter der Compagnie Cheek by Jowl, die er 1981 mitbegründete. Seitdem hat er für die Compagnie über 30 Stücke inszeniert, die in fast 400 Städten auf sechs Kontinenten aufgeführt wurden. Daneben inszeniert er am Royal National Theatre in London und führte Regie in Avignon, Salzburg und St. Petersburg. 1999 gründete er eine Schauspielgruppe in Moskau, deren Arbeiten auch international gezeigt werden. 2012 hatte seine Romanverfilmung *Bel Ami* Premiere.
Für seine Arbeit wurde er mehrfach ausgezeichnet, u.a. mit dem Laurence Olivier Award (für »herausragende Leistungen«) und dem Orden »Chevalier des Arts et des Lettres«. 2016 erhielt er den Goldenen Löwen der Biennale Venedig für sein Lebenswerk.

Sabine Herken, 1957 in Berlin geboren und zweisprachig aufgewachsen (deutsch-amerikanisch), ist Schauspielerin, Autorin und Regisseurin. Sie ist Professorin für Spiel und Darstellung an der Universität der Künste Berlin.

Declan Donnellan

Der Schauspieler und das Ziel

Ängste und Blockaden überwinden

Deutsch von Sabine Herken

Mit einem Nachwort von Rosee Riggs

Alexander Verlag Berlin

Deutschsprachige Erstausgabe
Fünfte, erweiterte Neuauflage 2019

Alexander Wewerka, Fredericiastraße 8, D-14050 Berlin
info@alexander-verlag.com | www.alexander-verlag.com

Die Originalausgabe erschien unter dem Titel *The Actor and the Target*
bei Nick Hern Books Limited, London 2002

Satz, Layout, Umschlaggestaltung: Antje Wewerka
Lektorat/Redaktion: Katharina Broich, Anja Franzen und
Christin Heinrichs-Lauer. Dank an Wolfgang Krenz und Katja Karau.
Die Übersetzerin dankt Uwe Mengel.

Printed in the EU (July) 2021
ISBN 978-3-89581-501-0

Langsam, verzweifelt langsam, so schien es uns, räumten wir die Geröllreste aus dem Gang, die das untere Ende der Tür versperrten, bis wir schließlich die ganze Tür frei vor uns hatten. Der entscheidende Augenblick war gekommen. Mit zitternden Händen machte ich eine kleine Öffnung in der linken oberen Ecke. Die Dunkelheit und die Eisenstange, die wir hineinschoben, zeigten uns, dass dahinter ein Hohlraum war.

Kerzen wurden gebracht, um Lichtproben aus Vorsicht gegen möglicherweise vorhandene giftige Gase durchzuführen. Dann erweiterte ich das Loch, führte eine Kerze hindurch und spähte hinein, während Lord Carnavon, Lady Evelyn und Callender erwartungsvoll neben mir standen.

Zuerst konnte ich nichts sehen, da die aus der Kammer entweichende heiße Luft das Licht der Kerze zum Flackern brachte. Als meine Augen sich aber an das Licht gewöhnten, tauchten bald Einzelheiten im Innern der Kammer auf. Für den Augenblick – den anderen, die neben mir standen, muss es wie eine Ewigkeit erschienen sein – war ich vor Verwunderung stumm. Als Lord Carnavan die Ungewissheit nicht länger ertragen konnte und fragte: »Können Sie etwas sehen?« war alles, was ich herausbringen konnte: »Ja, wunderbare Dinge«.

Howard Carter, *Das Grab des Tut-ench-Amun.*
(Tagebucheintrag vom 26. November 1922), Wiesbaden:
Heinrich Albert Verlag, 1997.

INHALT

VORWORT

Diese drei Momente haben einige Schauspieler beeindruckt, einige fanden sie sogar nützlich.

Stanislawski und der Hund

In meiner Lieblingsgeschichte über Stanislawski geht es nicht um einen Schauspieler, sondern um einen Hund. Ein Schauspieler hatte einen Hund. Der Hund war daran gewöhnt, bei den Proben dabei zu sein, und weil er ziemlich träge war, schlief er in einer Ecke des Raums. Bei Probenende stand der Hund auf und ging zu seinem Herrchen, um nach Hause geführt zu werden. Was Stanislawski jedoch verwunderte, war, dass der Hund sich hochhiefte und zur Tür trottete, lange bevor sein Herrchen ihn rief. Mit der Regelmäßigkeit eines Uhrwerks schleppte sich der Hund am Ende einer jeden Probe müde zur Tür und wartete dort geduldig, die Leine im Maul. Nun, wie erkannte der Hund, dass die Probe beendet war? Stanislawski fand es heraus. Der Hund konnte hören, dass die Schauspieler anfingen, wieder wie normale Menschen zu sprechen …

Der Rabbi

Einst fragte ein Mann einen Rabbi: »Warum kann niemand mehr Gott sehen?« Der Rabbi antwortete: »Weil sich niemand tief genug verneigen kann.«

Das Kind und die Mutter
Ein Kind stand neben seiner am Boden liegenden Mutter, ohne zu begreifen, dass sie tot war. Wiederholt trat es sie und schrie: »Steh auf, du *irrst* dich!«

Für jeden Menschen ist es entscheidend, Echtes vom Unechten zu trennen, Wirklichkeit vom Schein – und tatsächlich sind wir immer dann in Gefahr, wenn wir die Grenze zwischen den Lebenden und den Toten verwischen. Das gilt auch für jene von uns, die am Theater arbeiten und mit Illusionen zu tun haben.

Also was macht uns blind gegenüber dieser Unterscheidung? Eine Vielzahl von Dingen – und das zwanghafte Streben, die Dinge »richtig« zu machen, hilft dabei überhaupt nicht, ebensowenig wie zu schlau zu sein. Manchmal braucht man einen Hund, um den Unterschied festzustellen.

Ich danke dem Alexander Verlag für die Herausgabe dieses Buchs in deutscher Sprache und Sabine Herken für ihre unermüdliche Sorgfalt bei der Übersetzung. Sie versprach mir sogar, die Witze zu belassen.

Vor allen Dingen hoffe ich, dass es kein Schauspieler zu ernst nimmt. Es ist nicht wahr, aber vielleicht nützlich.

Declan Donnellan

EINLEITUNG

Schauspielen ist ein Geheimnis, wie das Theater selbst. Wir versammeln uns in einem Raum und teilen uns in zwei Gruppen, von denen die eine der anderen Geschichten vorspielt. Wir kennen keine Gesellschaftsform, in der dieses Ritual nicht stattfindet, und so scheint es, dass die Menschheit ein tiefes Bedürfnis verspürt, Zeuge gespielter Darstellungen unseres Lebens zu sein, vom schamanischen Ritual bis hin zur Seifenoper im Fernsehen.

Ein Theater ist nicht einfach nur ein Ort an sich, sondern auch ein Raum, in dem wir gemeinsam träumen; nicht bloß ein Gebäude, sondern ein Raum sowohl der Fantasie als auch der Gemeinschaft. Theater bietet einen geschützten Rahmen, in dem wir mit Hilfe unserer Fantasie und in der Geborgenheit einer Gruppe gefährliche Grenzbereiche erforschen können. Selbst wenn alle Zuschauerräume dem Erdboden gleichgemacht würden, das Theater würde weiterleben, weil in jedem von uns das Verlangen, zu spielen und etwas vorgespielt zu bekommen, genetisch angelegt ist. Dieses heftige Verlangen überschreitet sogar die Schwelle zum Schlaf. Denn in jeder Nacht inszenieren, spielen und erleben wir Aufführungen – das Theater kann nicht sterben, bevor der letzte Traum geträumt ist.

»Ich bin, also spiele ich«

Wenn ein Baby geboren wird, trägt es nicht nur eine auf »Mutter« und »Sprache«, sondern auch eine auf »Schauspielen« gerichtete Erwartung in sich. Das Kind ist genetisch darauf vorbereitet, das Verhalten seiner Umwelt zu kopieren. Die erste Theatervorstellung, an der sich ein Baby erfreut, ist, wenn die Mutter abwechselnd hinter einem Kissen auftaucht und verschwindet, *»Wo bin ich? – Hier bin ich!«*. Das Baby gluckst vergnügt vor sich hin und lernt dabei, auf dieses überaus schmerzliche Ereignis, nämlich die Trennung von der Mutter, vorbereitet zu sein und auf spielerische und humorvolle Art und Weise damit umzugehen. Es lernt, über diese eigentlich entsetzliche Trennung zu lachen, da sie nicht wirklich geschieht. Mami erscheint wieder und lacht – zumindest dieses Mal. Im Laufe der Zeit lernt das Kind, selbst Darsteller zu sein, wenn es, für seine Eltern als sein Publikum, hinter dem Sofa »Kuckuck!« spielt. Schließlich wird sich das Spiel in das anspruchsvollere »Versteckspiel« weiterentwickeln, mit mehreren Mitspielern und sogar einem Gewinner. Ob Essen, Laufen, Sprechen, alles wird durch Nachahmung und Beifall erlernt. Wir entwickeln unser Selbstempfinden, indem wir Rollen einüben, die wir unsere Eltern spielen sehen, und wir bilden unsere persönliche Identität aus, indem wir die Charaktere imitieren, die uns ältere Brüder, Schwestern, Freunde, Rivalen, Lehrer, Feinde oder Helden vorspielen. Man kann Kindern nicht beibringen, Situationen nachzuspielen, weil sie es bereits von selbst tun – wenn sie es nicht täten, wären sie nicht menschlich. Wir leben, indem wir Rollen spielen, sei es die des Vaters, der Mutter, des Lehrers oder des Freundes. Schauspielen ist ein Reflex, ein Mechanismus, der für die Entwicklung und das Überleben notwendig ist. Dieser Urinstinkt des Darstellens ist die Grundlage für das, was in diesem Buch mit »Schauspielen« gemeint ist. Das ist keine »zweite Natur«, das liegt uns im Blut und kann daher nicht erlernt werden wie Chemie oder Sporttauchen. Wenn aber »Schauspielen« an sich nicht gelehrt werden kann, wie können wir dann unsere Fähigkeit zu spielen entwickeln oder trainieren?

Aufmerksamkeit

Die Qualität unseres Spiels entwickelt und trainiert sich selbst, wenn wir ihm einfach nur Aufmerksamkeit schenken. Alles, was wir über das Schauspielen »lernen« können, beruht auf doppelter Verneinung. Wir können beispielsweise lernen, unseren natürlichen Spielinstinkt *nicht* zu blockieren, genauso wie wir lernen können, unseren natürlichen Atemreflex *nicht* zu blockieren. Natürlich können wir eine Menge stilisierter Ausdrucksformen unserer natürlichen Reflexe erlernen. Ein Nō-Schauspieler in Japan kann Jahrzehnte brauchen, um eine einzige Geste zu perfektionieren, so wie eine Ballerina viel Schweiß und jahrelanges Training in eine vollendete Körperbeherrschung investieren muss. Aber alle Virtuosität des Nō-Meisters ist wenig wert, wenn seine kunstvolle Technik nur kunstvolle Technik zum Vorschein bringt. Diese sehr kontrollierte Kunstform muss letztlich irgendwie spontan wirken. Diejenigen, die diese spezialisierte Form des Ausdrucks schätzen, können den Schimmer von Wachheit wahrnehmen, der die alten Gesten belebt. Der Qualitätsunterschied zwischen einer Aufführung und der anderen liegt nicht allein in der Technik, sondern in der plötzlich hervorbrechenden Lebendigkeit, die die Technik unsichtbar werden lässt; die Jahre des Trainings scheinen im Feuer des Lebens zu verglühen. Wahrhaft vollendete Technik besitzt die Größe, in den Hintergrund zu treten und keine Lorbeeren einzuheimsen.

Auch die stilisierteste Kunst handelt vom Leben, und je mehr Leben in einem Kunstwerk zum Ausdruck kommt, desto größer ist die Qualität dieser Kunst. Leben ist geheimnisvoll und entzieht sich den Gesetzen der Logik. Deshalb kann das Lebendige niemals vollständig analysiert, gelehrt oder erlernt werden. Die Dinge aber, die anscheinend das Leben ausgrenzen, es verbergen oder blockieren, sind nicht annähernd so rätselhaft, wie sie tun. Diese »Dinge« können logisch erfasst und analysiert, abgegrenzt und vernichtet werden. Ein Arzt kann vielleicht erklären, warum der Patient tot ist, aber nie, warum der Patient lebt.

Deshalb ist dieses Buch keine Anleitung zum Schauspielen, sondern ein Buch, das weiterhelfen soll, wenn man sich in seinem Spiel blockiert fühlt.

Zwei Einschränkungen

Es ist nicht einfach, über das Schauspielen zu schreiben. Schauspielen ist eine Kunst, und Kunst bringt die Einzigartigkeit der Dinge zum Vorschein. Das Reden über das Schauspielen ist deshalb schwierig, weil das »darüber reden« uns in der Regel zum Verallgemeinern tendieren lässt und die Verallgemeinerung den Dingen ihre Einzigartigkeit abspricht. Gutes Schauspiel ist immer spezifisch.

Es gibt hier außerdem ein Definitionsproblem. Die Wörter »Schauspieler« und »schauspielen« sind abgewertet. Wenn wir zum Beispiel sagen, dass Menschen jemandem »etwas vorspielen«, meinen wir damit, dass sie jemandem etwas vortäuschen. Das Wort Schauspielen gilt seit Jahrhunderten als Synonym für Lügen. Platon behauptete, es gäbe keinen Unterschied zwischen »schauspielen« und »lügen«, und verurteilte das Theater rundum. Diderot fragt in seinem *Paradox über den Schauspieler*, wie wir von der Wahrheit in einer Darstellung sprechen können, wo diese doch von Natur aus Lüge sei.

Emotion und Wahrheit

Wir können allerdings niemals die ganze Wahrheit sagen, wenn wir über das reden, was wir empfinden. Je mehr wir tatsächlich fühlen, umso weniger lässt es sich in Worte fassen. Die Frage *»Wie geht es dir?«* wird zunehmend banaler, je mehr uns die Beziehung bedeutet; diese Worte eignen sich halbwegs, um den Briefträger zu begrüßen, wenn er ein Paket bringt, bei einem Freund aber, der an Krebs erkrankt ist, sind sie auf beklagenswerte Weise unzulänglich.

Zwischen zwei Dingen wird es immer eine Kluft geben, und zwar zwischen dem, was wir fühlen, und unserer Fähigkeit, diese Gefühle in Worte zu fassen. Das ist schlimm genug, doch noch viel schlimmer ist es, dass diese unerträgliche Kluft sich mitunter weiter öffnet, je mehr wir versuchen, sie zu schließen. Je verzweifelter wir darum bemüht sind, die Wahrheit zu sagen, desto größer ist die Wahrscheinlichkeit, dass wir am Ende »lügen«.

Während einer Lebenskrise bereitet uns diese Unfähigkeit sich auszudrücken große Qual. Die Jugend kann die reinste Hölle sein, wenn wir uns vollkommen unverstanden fühlen. Die »erste Liebe« erscheint nur in der wehmütigen Erinnerung als ungetrübtes Glück. Nicht allein das Gespenst der Zurückweisung erfüllt uns mit Schrecken, sondern auch die allmähliche Hoffnungslosigkeit, dass wir niemals in der Lage sein werden, das auszudrücken, was wir fühlen. Die Emotionen sind aufgewühlt, unendlich viel scheint auf dem Spiel zu stehen: *»Keiner versteht, was ich durchmache. Und was noch schlimmer ist, ich höre mich selbst nur dieselben abgedroschenen Phrasen daherplappern wie alle anderen.«*

Als Jugendliche entdecken wir, dass unsere Worte umso verlogener klingen, je mehr wir die Wahrheit sagen wollen. Doch um erwachsen zu werden, müssen wir unser bescheidenes Darstellen fortsetzen, denn Spielen ist das Einzige, was wir können. Spielend kommen wir der Wahrheit am nächsten. Wir spielen ununterbrochen – nicht etwa, weil wir vorsätzlich lügen würden, sondern weil wir keine Wahl haben. Gut zu leben heißt gut zu schauspielern. Jeder Augenblick unseres Lebens ist eine winzige Theatervorstellung. Selbst in unseren intimsten Momenten haben wir mindestens einen Zuschauer: uns selbst.

Wir wissen nicht, wer wir sind. Aber wir wissen, dass wir spielen können. Wir wissen, dass unsere Darstellungen als Student, Lehrer, Freund, Sohn, Vater oder Liebhaber mal mehr, mal weniger gelungen sind. Wir sind die Personen, die wir spielen, und doch müssen wir sie gut spielen und ein immer feineres Gespür dafür entwickeln, ob unsere Darstellung »wahr« ist oder nicht. Aber wahr im Vergleich womit? Meinem wahren Ich? Mit anderen? Wahr im Ausdruck dessen, was ich fühle, möchte oder was ich sein sollte? Diese Fragezeichen gehen mit der Beobachtung einher, dass das oben Aufgeführte und alles hier Folgende nicht unbedingt wahr sein muss, sich aber als durchaus nützlich erweisen könnte.

Blockierung

Anstatt zu behaupten, »X« sei ein talentierterer Schauspieler als »Y«, wäre es zutreffender, zu sagen, dass »X« weniger blockiert ist als »Y«. So wie das Blut durch unseren Körper strömt, fließt auch unser Talent. Wenn das Talent ins Stocken gerät, müssen wir nur das Gerinnsel auflösen, das den Fluss blockiert.

Wann immer wir uns blockiert fühlen, sind die Symptome auffallend ähnlich, ganz egal in welchem Land, ganz egal unter welchen Umständen. Zwei Aspekte dieses Zustands sind besonders fatal: Erstens, je mehr ein Schauspieler versucht, durch Forcieren, Draufdrücken und Stemmen aus dieser Sackgasse zu entkommen, desto schlimmer wird es – es ist, als würde man sein Gesicht an eine Glasscheibe drücken, um durch sie hindurch auf die andere Seite zu gelangen. Zweitens, das damit verbundene Gefühl der Isolation. Das Problem kann natürlich nach außen projiziert werden, so dass »es« zum Fehler des Textes, des Partners oder sogar unserer Schuhe wird. Aber die beiden Grundsymptome kehren wieder, nämlich Lähmung und Isolation – eine innere und eine äußere Blockierung. Und, im schlimmsten Fall, die überwältigende Erkenntnis, völlig allein zu sein, ein schleichendes Gefühl, gleichermaßen verantwortlich und machtlos zu sein, wertlos und wütend, zu klein, zu groß, zu vorsichtig, zu sehr ... *ich.*

Wenn das Spiel fließt, ist es lebendig und kann deshalb nicht analysiert werden. Aber Probleme im Spiel haben mit Strukturen und Kontrolle zu tun, und diese können eingekreist und ausgeschaltet werden.

Weitere Ursachen von Blockierung

Während der Proben und Aufführungen können verschiedenste Probleme auftauchen, die dem Spiel schaden. Der Raum kann schlecht beleuchtet und schlecht belüftet, widerhallend oder kalt sein. Weitaus gravierender wäre ein schwieriges Klima in der Gruppe, ein schlechtes Verhältnis zum Regisseur oder zum Autor. Auch externe Probleme, auf die der Schauspieler wenig Einfluss haben mag, können die Arbeit blockieren. Doch mit den Problemen, die sich aus den Umständen ergeben, befassen wir uns hier nicht.

Wenn Dinge schieflaufen, müssen wir unterscheiden zwischen dem, was wir ändern, und dem, was wir nicht ändern können. Außerdem lässt sich das Problem unter zwei Aspekten betrachten: Zum einen gibt es die äußeren Faktoren, auf die wir wenig oder gar keinen Einfluss haben, und zum anderen gibt es das, was von innen kommt und was wir immer besser kontrollieren lernen können. Dieses Buch konzentriert sich ausschließlich auf den zweiten Aspekt.

Alle ernsthaften Probleme des Schauspielens sind miteinander verkettet und so abhängig voneinander, dass sie einem riesigen Diamanten ähneln, dem ein dämonischer Juwelier blendende Facetten eingeschliffen hat. Den Stein zu definieren, indem man seine Facetten einzeln beschreibt, wäre irreführend, weil jede einzelne Facette nur im Zusammenhang mit den anderen einen Sinn ergibt. Deshalb wird vieles von dem, was zu Beginn dieses Buches gesagt wird, erst am Ende des Buches einen Sinn ergeben.

Eine Karte

Dieses Buch ist wie eine Karte. Wie alle Karten ist es eine Lüge, oder sagen wir besser: eine Lüge, die versucht, eine nützliche Geschichte zu erzählen. Ein U-Bahn-Plan hat keine Ähnlichkeit mit dem Straßennetz der Stadt und würde den Fußgänger irreführen. Er wird ihm aber dabei helfen, von einem Zug in den anderen umzusteigen. Und wie bei vielen Karten müssen wir uns erst ein wenig damit vertraut machen, um den Weg zu finden.

Bevor wir also fortfahren, wäre es sinnvoll, wenn wir uns mit einigen Grundbegriffen noch einmal beschäftigen.

Proben

Grob gesehen kann die Arbeit des Schauspielers in zwei Bereiche aufgeteilt werden: Proben und Vorstellung. Etwas strittiger ist die Behauptung, der Geist eines Menschen ließe sich aufteilen in das Bewusste und das Unbewusste. Die Probe und das Unbewusste haben einiges gemeinsam. Beide werden normalerweise nicht gesehen, und doch sind beide wesentlich. Beide sind, auf ihre unterschiedliche Art, die vier Fünftel des Eisbergs, die im Verborgenen bleiben. Die Darstellung und das Bewusste hingegen sind, wie die Spitze des Eisbergs, sichtbar. Die Spitze des Eisbergs ist leicht zu erkennen, aber um auf die anderen vier Fünftel darunter zu schließen, braucht es Weisheit.

Dieses Buch nimmt allerdings eine etwas andere Aufteilung vor: Es unterscheidet zwischen der sichtbaren und der unsichtbaren Arbeit des Schauspielers. Tatsächlich arbeiten Schauspieler normalerweise mit einer ähnlichen Aufteilung; wir haben es also hier nur mit einer neuen Karte zu tun, die eine historische Landschaft verständlicher machen soll. Beginnen wir mit einigen Besonderheiten:

1. Alle Vorarbeiten des Schauspielers sind Teil der unsichtbaren Arbeit, während die Darstellung Teil der sichtbaren Arbeit ist.
2. Das Publikum darf niemals die unsichtbare Arbeit sehen.
3. Die Proben umfassen die gesamte unsichtbare Arbeit und Passagen der sichtbaren Arbeit.
4. Die Aufführung besteht ausschließlich aus der sichtbaren Arbeit.

Die Sinne

Der Spielfluss des Schauspielers ist von zwei bestimmten Funktionen des Körpers abhängig: den Sinnen und der Vorstellungsgabe.

Wir alle sind vollkommen abhängig von unseren Sinnen. Sie sind die ersten Antennen, mit denen wir die Außenwelt wahrnehmen. Wir sehen, fühlen, schmecken, riechen und hören, dass wir nicht allein sind. Bei der Folter wirkt Sinnesentzug von außen betrachtet zwar wenig theatralisch, ist aber eine überraschend wirkungsvolle Methode. Je mehr auf dem Spiel steht, desto schärfer werden unsere Sinne. Die Schnittstellen zwischen unserem Körper und der Außenwelt werden empfindlicher und gefühlsintensiver. Wir können uns einen Ort, an dem wir mit überraschenden Neuigkeiten konfrontiert wurden, genauestens in Erinnerung rufen – kein Wunder also, dass sich so viele Menschen nicht nur daran erinnern können, wann, sondern auch wo sie gehört haben, dass Präsident Kennedy erschossen wurde.

Drei Bemerkungen mögen hierzu hilfreich sein: Erstens ist es gefährlich, unsere Sinne als selbstverständlich hinzunehmen. Hin und wieder über Blindheit oder den Verlust anderer Sinne nachzudenken, hat eine ähnlich lebensbejahende Wirkung wie die regelmäßige Beschäftigung mit dem Tod. Zweitens: Die Sinne des Schauspielers nehmen während einer Aufführung niemals so viel auf, wie die dargestellte Figur dies im realen Leben täte. Mit anderen Worten, die Schauspielerin wird die Viper niemals so intensiv wahrnehmen wie Cleopatra selbst. Dieses unvermeidliche Scheitern würdevoll zu akzeptieren, ist für den Schauspieler letztendlich eine belebende Befreiung. Die Erkenntnis, dass wir niemals »ankommen« werden, ist ein exzellenter Ausgangspunkt; Vollendung ist nur eine Illusion.

Diese Einschränkung der Sinneswahrnehmungen muss der Schauspieler akzeptieren, um seiner Vorstellungsgabe freien Lauf lassen zu können. Der Schauspieler ist von den Sinnen vollkommen abhängig; sie bestimmen das Anfangsstadium unserer Kommunikation mit der Welt. Die Vorstellungsgabe bestimmt das zweite Stadium.

Vorstellungsgabe

Vorstellungsgabe, Sinne und Körper sind voneinander abhängig. Die Vorstellungsgabe ist die Fähigkeit, mit deren Hilfe wir in unserer Vorstellung Bilder erschaffen können. Unsere Fantasien machen uns menschlich, und sie begleiten uns in jeder Millisekunde unseres Lebens. Nur unsere Vorstellungsgabe kann interpretieren, was unsere Sinne dem Körper mitteilen. Sie befähigt uns zur Wahrnehmung. Im Grunde existiert für uns nichts auf der Welt, solange wir es nicht wahrnehmen können. Unser Vorstellungsvermögen ist unvollkommen und wunderbar zugleich und kann nur durch Aufmerksamkeit verfeinert werden.

Imagination wird oft als Ersatzrealität verspottet: *»Dieses Kind hat eine zu lebhafte Fantasie!«* oder *»Das bildest du dir alles nur ein!«* Dabei kann uns nur die Fantasie mit der Realität verbinden. Ohne unsere Fähigkeit, in unserer Vorstellung Bilder zu erschaffen, hätten wir keine Möglichkeit, uns die Außenwelt zugänglich zu machen. Die Sinne überschütten das Gehirn mit Empfindungen, und die Vorstellungsgabe arbeitet unermüdlich daran, diese Sinneseindrücke einerseits in Form von Bildern zu ordnen und gleichzeitig die Bedeutung dieser Bilder zu erkennen. Wir erschaffen uns die Welt in unserem Kopf, aber was wir wahrnehmen, ist nie die wirkliche Welt; es ist immer eine imaginäre Nachbildung des Wirklichen.

Die Vorstellungsgabe ist kein zerbrechliches Porzellan, sondern vielmehr ein Muskel, der sich nur dann entwickelt, wenn er richtig genutzt wird. Im 18. Jahrhundert gab es die Ansicht, dass die Vorstellungskraft ein Abgrund sei, der den Unachtsamen verschlingt, und dieses Misstrauen besteht weiterhin. Doch das Bemühen, die Vorstellungskraft auszuschalten, wäre – selbst wenn möglich – so, als würde man sich weigern zu atmen, aus Angst, eine Lungenentzündung zu bekommen.

Die Dunkelheit

Alles, was wir sehen, wird in unserem Kopf hergestellt. Wir entwickeln unsere Fantasie nicht, indem wir sie zu außerordentlichen und bewussten schöpferischen Meisterleistungen zwingen, sondern durch Beobachtung und Aufmerksamkeit. Wir entwickeln unsere Fantasie, indem wir sie nutzen und aufmerksam sind. Die Vorstellungsgabe verbessert sich, wenn wir die Dinge so sehen, wie sie sind. Aber Dinge zu sehen ist manchmal nicht so einfach, vor allem nicht, wenn es dunkel ist. Wie aber können wir das Dunkel erhellen? Eigentlich gibt es so etwas wie die Dunkelheit nicht; es gibt lediglich die Abwesenheit von Licht. Aber was wirft dann diesen Schatten über alles, was ich sehe? Es gibt einen Anhaltspunkt – wenn ich diese Dunkelheit untersuche, werde ich eine vertraute Silhouette entdecken. Sie hat exakt die gleiche Gestalt wie … ich. Wir schaffen Dunkelheit, indem wir dem Licht im Weg stehen. Mit anderen Worten, wir können unsere Fantasie nur mit Nahrung versorgen, wenn wir ihr nicht in die Quere kommen. Je weniger wir die Welt verdunkeln, desto klarer werden wir sie sehen.

»ICH WEISS NICHT, WAS ICH TUE«

1

Die Beine der Spinne

Wenn Schauspieler sich blockiert fühlen, benutzen sie meist genau die gleichen Worte. Es ist ohne Bedeutung, ob die Worte französisch, finnisch oder russisch sind: Das Problem geht über die Sprache hinaus. Man kann diese Hilfeschreie acht verschiedenen Überschriften zuordnen, wobei die Reihenfolge, wie wir gleich sehen werden, keine Rolle spielt, weil sie sich so wenig unterscheiden wie die Beine ein und derselben Spinne:

> *»Ich weiß nicht, was ich tue.«*
> *»Ich weiß nicht, was ich will.«*
> *»Ich weiß nicht, wer ich bin.«*
> *»Ich weiß nicht, wo ich bin.«*
> *»Ich weiß nicht, wie ich mich bewegen soll.«*
> *»Ich weiß nicht, was ich fühlen soll.«*
> *»Ich weiß nicht, was ich sage.«*
> *»Ich weiß nicht, was ich spiele.«*

Die Spinnenbeine nun der Reihe nach einzeln zu besprechen, als könnte ein Bein unabhängig von den restlichen sieben laufen, wäre sonderbar.

Die Vorstellungsgabe des Schauspielers, der Text, die Bewegung, das Atmen, die Technik und das Gefühl sind im Grunde genommen untrennbar. Natürlich wäre es praktisch, wenn es eine logische schrittweise Entwicklung gäbe, aber es gibt sie nicht. Diese acht scheinbar unterschiedlichen Probleme sind durchweg miteinander verknüpft. Wir dürfen also nicht so tun, als ob wir uns erst die eine Schwierigkeit vornehmen, sie bewältigen und danach die nächste aus dem Weg räumen könnten. Der Schaden breitet sich von einem Bereich auf den anderen aus und kann nicht isoliert werden.

Dennoch ist die Hauptursache der Probleme eines Schauspielers weitaus simpler als deren vielfache Auswirkungen, so wie eine Bombe simpler ist als die Zerstörung, die sie anrichtet. Aber obwohl diese spezielle »Bombe« simpel ist, lässt sie sich doch schwer beschreiben oder gesondert betrachten.

Bevor wir diese Bombe identifizieren und entschärfen können, brauchen wir einige Werkzeuge. Diese Werkzeuge haben für den Schauspieler die Form von Entscheidungen und Regeln. Die Regeln sollten a) wenige und b) nützliche Regeln sein. Daher wird dieses Buch a) nicht viele Regeln aufstellen, und b) werden wir nur wissen, ob sie nützlich sind, wenn sie sich für uns in der Praxis bewähren. Normalerweise prüfen wir Regeln, indem wir uns fragen, ob wir ihnen trauen oder nicht und ob wir ihnen zustimmen. Aber diese Regeln erheben nicht den Anspruch, ein Land zu regieren oder Leben zu retten; sie helfen uns nur bei unserem Spiel. Ob wir den Regeln zustimmen oder nicht, tut deshalb nichts zur Sache. Sie sind keine moralischen Imperative; sie funktionieren nur, wenn sie funktionieren.

»Ich weiß nicht, was ich tue«

Das ist das Mantra des blockierten Schauspielers, und es kann einen Abgrund auftun, in den alles hineinstürzt.

Statt direkt den Inhalt dieses »Spinnenbeins« zu prüfen, sollten wir um die Ecke denken und die Form untersuchen. Wichtig ist hier die Struktur der Aussage. Das Wort »Ich« taucht wiederholt auf. Dieser Aufschrei impliziert Folgendes: *»Ich kann/sollte/muss wissen, was ich tue; es ist mein Recht und meine Pflicht, zu wissen, was ich tue, aber es wird mir irgendwie* *verwehrt.«* Doch diese plausibel klingende Klage lässt etwas Wesentliches vollkommen außer acht. Was ist dieses »Etwas«, das wegretuschiert wurde?

Dieses »Etwas« wurde geächtet, verleugnet und schließlich ausgelöscht. *»Ich weiß nicht, was ich tue«* enthält zweimal das Wort *ich.* Die Beachtung, die diesem »Etwas« zugestanden hätte, sein persönlicher Anteil, ist an den Banker, »Ich«, zurückgegangen. Dieses Buch handelt von der zentralen Bedeutung dieses vergessenen »Etwas«, denn dieses Übersehen ist die Hauptquelle für das Unglück des Schauspielers.

Es ist wichtig, zu begreifen, dass den Forderungen von »ich« und »weiß« nur dann entsprochen werden kann, wenn wir uns mit dem Namenlosen befassen. Beginnen wir also mit dem »Etwas«, das so vernachlässigt wurde, dass es nicht einmal einen Namen hat.

Dieses Namenlose taufe ich auf den Namen DAS ZIEL.

Anders als bei der beliebigen Anordnung der Spinnenbeine ist hier die Einhaltung der richtigen Reihenfolge wesentlich. Noch vor »ich« und »weiß« müssen wir uns mit dem Ziel befassen. Das »Ich« hungert derart nach Aufmerksamkeit, dass es darauf besteht, seine Probleme als Erstes gelöst zu bekommen. Es drängelt sich auf den vordersten Platz, dicht gefolgt von »weiß« – und das Ziel wird in diesem Ansturm überrannt. Die Verletzlichkeit von »ich« und »weiß« macht sie ziemlich rücksichtslos. Wir müssen allerdings vor ihrem Geschrei eine Zeitlang die Ohren verschließen, da wir sonst nie in der Lage sein werden, ihnen zu helfen. Auch wenn sie uns Schuldgefühle einimpfen, wir dürfen uns nicht umdrehen. Lots Frau blickte zurück und erstarrte zur Salzsäule.

DAS ZIEL

2

Irina

Sehen wir uns einmal Irina an, die gerade die Julia spielt. Sie probt mit ihrem Partner die Balkon-Szene und hat das Gefühl, nicht zu wissen, was sie tut. Es scheint ungerecht, dass sie sich so festgefahren fühlt, weil sie ihre Rolle gut recherchiert hat. Sie ist intelligent, fleißig und talentiert. Weshalb steht sie da wie ein begossener Pudel? Je mehr Irina versucht, ernsthaft zu spielen, je mehr sie sich bemüht, tiefe Gefühle auszudrücken und das, was sie sagt, wirklich zu meinen, umso mehr verkrampft sie sich. Was kann Irina tun, um aus diesem Schlamassel herauszukommen? Da sie in ihrer Arbeit nicht vorankommt, muss Irina wohl einen anderen Weg einschlagen, um die Ecke denken und Folgendes berücksichtigen.

Fragt man Irina, was sie gestern gemacht hat, wird sie vielleicht antworten: *»Ich bin aufgestanden, habe meine Zähne geputzt und mir einen Kaffee gemacht …«* usw. Zu Beginn ihrer Antwort wird sie ihr Gegenüber wahrscheinlich direkt anschauen. Allerdings werden ihre Augen abschweifen, sobald sie versucht, sich die Ereignisse des Vortages vorzustellen. Ihre Augen werden sich aber immer auf etwas konzentrieren. Irina sieht entweder ihr Gegenüber an oder etwas anderes, den Kaffee, den sie getrunken hat. Sie betrachtet entweder etwas Reales oder etwas Imaginäres. Aber irgendetwas sieht sie immer an. Das Bewusstsein ist permanent mit dem »Etwas« in Kontakt. Während sie nach einer Erinnerung gräbt – *»Ich ging zur Arbeit, ich schrieb einen Brief«* –, richten sich ihre Augen immer wieder auf Punkte, die außerhalb dieser Erinnerungen liegen. Obwohl der gesunde Menschenverstand uns sagt, dass all ihre Erinnerungen sich innerhalb ihres Gehirns befinden müssen, muss sie doch nach außen blicken, um sich zu erinnern. Ihr Blick richtet sich nicht nach innen, um das Kleinhirn abzusuchen. Aber es ist auch kein flüchtig und zerstreut nach außen gerichteter Blick. Er richtet sich auf einen bestimmten Punkt und dann einen weiteren, auf dem sich die Ereignisse des Vortages abrufen und erneut betrachten lassen.

»Ich las die Zeitung.«
»Ich trank eine Tasse Kaffee.«

Jedes Ereignis findet sein bestimmtes Ziel. Vielleicht gibt sie schließlich auf und sagt:

»Ich kann mich nicht mehr erinnern.«

Aber ihre Augen werden an verschiedenen Orten weiter nach der schwachen Erinnerung forschen. Was wie ein planloses Umherschweifen aussieht, ist in Wirklichkeit ein Suchen, Verwerfen und Neu-Auswählen einer Vielzahl unterschiedlicher Punkte. Und hieraus ergibt sich die erste von sechs Regeln des Ziels:

1: Es gibt immer ein Ziel

Wir können nie wissen, was wir tun, bevor wir wissen, auf wen oder was unser Tun gerichtet ist. Für den Schauspieler muss alles Handeln auf etwas gerichtet sein. Der Schauspieler kann ohne Ziel nicht handeln.

Das Ziel kann real oder fiktiv, konkret oder abstrakt sein, aber Regel Nummer eins besagt, dass es immer und ausnahmslos ein Ziel geben muss.

»Ich warne Romeo.«
»Ich täusche Lady Capulet.«
»Ich ärgere die Amme.«
»Ich öffne das Fenster.«
»Ich trete auf den Balkon.«
»Ich suche den Mond.«
»Ich denke an meine Familie.«

Man kann auch selbst das Ziel sein, wie bei:

»Ich beruhige mich.«

Der Schauspieler kann nichts ohne dieses Ziel tun. So kann er zum Beispiel nicht »Ich sterbe« spielen, weil es kein Ziel gibt. Spielen kann er hingegen:

»Ich begrüße den Tod.«
»Ich bekämpfe den Tod.«
»Ich verspotte den Tod.«
»Ich kämpfe um mein Leben.«

Sein

Vieles kann man nicht spielen. Der Schauspieler kann kein Verb ohne ein Objekt spielen. Ein anschauliches Beispiel ist das Verb »sein«. Ein Schauspieler kann nicht einfach nur »sein«. Irina kann nicht »glücklich sein«, »traurig sein« oder »wütend sein« spielen.

Ein Schauspieler kann nur Verben spielen, aber noch entscheidender ist: Diese Verben müssen mit einem Ziel verbunden sein. Dieses Ziel ist eine Art Objekt, direkt oder indirekt, eine konkrete Sache, die man sehen oder spüren kann und die in gewissem Maß notwendig ist. Was genau das Ziel *ist,* ändert sich von einem Augenblick zum nächsten. Es gibt da eine große Auswahl. Aber ohne dieses Ziel kann ein Schauspieler absolut nichts tun, weil dieses Ziel die Quelle des schauspielerischen Lebens ist. Wenn wir bei Bewusstsein sind, sind wir immer mit etwas verbunden, mit einem Ziel. Wenn das Bewusstsein mit nichts mehr verbunden ist, hört es auf, bewusst zu sein. Der Schauspieler kann aber Unbewusstsein nicht spielen.

Beim Schneiden der Chrysanthemen den hosenlosen Pfarrer grüßen

Das Aufschlüsseln des altehrwürdigen »Double-take« macht das Ziel deutlicher. »To take« bedeutet im Theaterjargon »sehen«. »Double-take« bedeutet etwas zweimal sehen, um dadurch einen komischen Effekt zu erzeugen.

Zum Beispiel: Du schneidest gerade deine Chrysanthemen, als der Pfarrer hereinkommt:

> Schritt eins: »Guten Morgen, Herr Pfarrer!« – Du siehst ihn an.
> Schritt zwei: Du schaust wieder auf deine Chrysanthemen.
> Schritt drei: Während du deine Chrysanthemen betrachtest, wird dir bewusst, dass der Pfarrer keine Hosen anhat.
> Schritt vier: Entgeistert blickst du dich nach ihm um.

Wann kommt der erste große Lacher? Internationale Theaterexperten sind einhellig der Meinung: Der erste große Lacher kommt bei Schritt drei. Schritt drei ist der Augenblick, in dem die Umwandlung des Bildes vor dem geistigen Auge des Schauspielers vonstattengeht. Betrachten wir die vier Schritte noch einmal.

> Schritt eins: Du »blickst« den Pfarrer an, aber du »siehst« ihn nicht wirklich. Stattdessen glaubst du, dieselbe, stets respektable Person vor dir zu haben.
> Schritt zwei: Du denkst, dass du den Pfarrer gebührend begrüßt hast, und widmest dich wieder dem Beschneiden der Chrysanthemen.
> Schritt drei: Das falsche Bild des anständigen Pfarrers wird durch das tatsächliche Bild des Pfarrers in seinen gepunkteten Unterhosen ersetzt.
> Schritt vier: Du blickst dich um nach ihm, um dich davon zu überzeugen, dass diese zitternden Knubbelknie peinliche Wirklichkeit sind.

Du erwartest einen Pfarrer mit Hosen und »siehst« nur, was sein sollte. Die Zuschauer warten in schadenfroh gespannter Erwartung darauf, dass die Realität dich zwingt, »das Ziel« zu sehen, wie es wirklich ist. Ein Ziel verwandelt sich vor deinen Augen in ein anderes, und das Publikum brüllt vor Lachen. Am wichtigsten dabei ist, dass das Publikum nicht lacht, weil du das Ziel verwandelst. Das Publikum lacht, weil das Ziel dich verwandelt.

2: Das Ziel existiert außerhalb und in messbarer Entfernung

Wie wir festgestellt haben, müssen die Augen immer etwas sehen, egal ob dieses Etwas real oder imaginär ist. Wenn wir sagen:

> *»Ich hatte Eier mit Schinken zum Frühstück«*
> oder sogar
> *»Ich frühstücke nicht«,*

kommen der Impuls, der Auslöser und die Energie für diese Äußerungen von bestimmten Bildern, die sich außerhalb und nicht innerhalb des Gehirns befinden. Die Augen konzentrieren sich immer wieder neu auf verschiedene Ziele, als wollten sie nicht nur die Erinnerung wiederfinden, sondern auch den speziellen Ort sichtbar machen, an dem diese Erinnerung aufgespürt werden kann. Tatsächlich kann sich der Ort, an dem sich die Erinnerung versteckt hält, der Platz, an dem sie bereits existiert, als ebenso wichtig herausstellen wie die Erinnerung selbst.

Was passiert nun, wenn sich das Ziel scheinbar innerhalb des Gehirns befindet, wie zum Beispiel bei starken Kopfschmerzen? Wie kann dies außerhalb aufgespürt werden?

Welche Art Schmerzen wir auch immer haben, wie heftig unsere Qualen auch sein mögen, es wird immer eine Distanz zwischen Patient und Schmerz geben. Menschen, die unter starken Schmerzen leiden, berichten, dass sie sich von ihren Schmerzen seltsam abgetrennt fühlen. Je stärker eine Migräne wird, umso mehr scheint die Welt nur noch aus zwei Dingen zu bestehen, dem Schmerz und dem Leidenden. Der Schmerz mag in das Gehirn eindringen, aber er bleibt außerhalb des Bewusstseins. Es gibt immer eine entscheidende Distanz.

3: Das Ziel existiert bereits, bevor wir es brauchen

Wenn wir nun fortfahren und Irina fragen, wie sie gerne ihren Geburtstag im nächsten Jahr feiern möchte, geschieht etwas Interessantes. Ihr Blick irrt umher, um etwas zu entdecken, nämlich, was sie im nächsten Jahr gerne machen würde. In gewisser Weise ist das allerdings ziemlich sonderbar. Das, was sie im nächsten Jahr machen möchte, kann nicht jetzt schon vorhanden sein. Dennoch suchen ihre Augen fieberhaft nach diesem zukünftigen Ereignis, als hätte es bereits stattgefunden. Logischerweise muss sie in diesem

Augenblick spontan erfinden, was sie sich für das nächste Jahr wünscht, zum Beispiel einen Tag am Meer oder eine Party, irgendein Ereignis, das bis jetzt noch nicht existiert. Dennoch muss sie danach suchen, als hätte es schon stattgefunden. Es scheint, als müsse sie das, was bereits als Wunsch für das nächste Jahr existiert, entdecken oder sichtbar machen, statt etwas Neues zu erfinden.

Und das ist von großer Bedeutung, denn wie wir weiterhin sehen werden, ist »entdecken« immer hilfreicher als »erfinden«.

Sinn und Sehvermögen

Die Wörter »Sehvermögen« und »sehen« werden von nun an als Metapher benutzt werden für all unsere Sinne, von denen wir fünf benennen können. Die Blendung Glosters in *König Lear* mag entsetzlich sein. Aber es gibt ein weit grausameres Schicksal, als die Augen herausgerissen zu bekommen – und zwar: sie sich selbst herauszureißen. Ödipus' schreckliches Schicksal war die selbst zugefügte Blendung. Leider ist das keine so ungewöhliche Plage; sich selbst zu blenden ist im allgemeinen die Ursache von Blockierung.

Ein Ort des Sehens

Wenn Irina sich blockiert fühlt, wenn sie das Gefühl hat, »nicht zu wissen, was sie tut«, liegt es daran, dass sie das Ziel nicht sieht. Das ist außerordentlich gefährlich, denn das Ziel ist die einzige Quelle aller nutzbaren Energie für den Schauspieler. Ohne Nahrung sterben wir. Jedes Lebewesen muss etwas von außerhalb in sich aufnehmen, um zu überleben. Schauspieler werden von allem, was sie in der Welt draußen sehen, genährt und angetrieben. Tatsächlich leitet sich das Wort »Theater« aus dem griechischen »théãtron« ab, was so viel bedeutet wie »Schaustätte« oder »Ort des Schauens«.

Aber werden wir nicht durch alles, was außerhalb *und* in uns ist, genährt? Das mag vielleicht stimmen, aber hilfreich ist es nicht. Es wird Irina mehr helfen, wenn sie alle inneren Vorgänge, alle Energie, alle Gefühle, Gedanken, Motive usw. nach außen verlagert, in das Ziel. Das Ziel wird dann Irina antreiben wie eine Batterie, die bei Bedarf Strom erzeugt.

Die Psychologie behauptet, dass, wenn uns etwas tief berührt, diese starken Gefühle aus uns selbst kommen. Aber das umgekehrte Prinzip ist für einen Schauspieler hilfreicher. Mit anderen Worten, es hilft Irina mehr, sich vorzustellen, dass das Ziel diese starken Gefühle in ihr verursacht. Sie gibt die Kontrolle auf und vertraut sich dem an, was sie sieht. Der Schauspieler verzichtet zugunsten des Ziels auf die Macht.

Wir verfügen über keine innere Ressource, die uns unabhängig von anderen Dingen macht. Es gibt keinen inneren Generator, der unabhängig von der Außenwelt funktioniert. Wir existieren nicht allein, wir existieren nur im Kontext. Sich einzubilden, ohne Kontext überleben zu können, ist unbedacht. Der Schauspieler kann nur im Verhältnis zu etwas außerhalb seiner selbst agieren, im Verhältnis zum Ziel.

4: Das Ziel ist immer konkret

Eine Verallgemeinerung kann niemals ein Ziel sein. Ein Ziel ist immer konkret. Es kann vorkommen, dass ein Ziel abstrakt ist, wie bei: *»Ich versuche, meine Augen vor der Zukunft zu verschließen«*. Obwohl die »Zukunft« ein abstrakter Begriff ist, handelt es sich hier nicht um eine Verallgemeinerung. Denn es ist wegen bestimmter Aspekte der Zukunft, dass *»ich versuche, meine Augen zu verschließen«*.

Wir haben bereits festgestellt, dass in der Äußerung *»Ich kämpfe um mein Leben«* »Leben« das Ziel ist. Ein verwundeter Soldat, der um sein Leben kämpft, wird eine sehr genaue

Vorstellung von dem nächsten Lebensaugenblick haben, und die braucht er auch. Er kämpft nicht um eine Verallgemeinerung. Es gibt nichts Allgemeines in seiner Anstrengung oder seinem Kampf. Die Mühe, das Bestreben, das Husten werden angetrieben von der Vorstellung des nächsten Lebensaugenblicks, die er vor sich sieht und die er braucht. Und wenn er sich nur räuspert, einen tiefen Atemzug macht oder eine weitere Schmerzattacke erträgt, dann besteht vielleicht Hoffnung.

Selbst wenn wir ein und dasselbe betrachten, sieht jeder Einzelne darin ein anderes Ziel. Rosalinde sieht einen anderen Orlando als sein eifersüchtiger Bruder Oliver. Die spezifische Eigenart des Ziels stellt sich für jeden von uns anders dar. Das wird unser Thema im 5. Kapitel sein.

Die Außenwelt ist immer konkret. Das Ding außerhalb, das Ziel, kann nur konkret sein.

5: Das Ziel verwandelt sich ständig

Die Aussage, dass Rosalinde »Orlando« liebt, ist also nicht deutlich genug. Sie muss einen bestimmten Orlando in ihm sehen. Trotzdem wird sich dieser spezifische Orlando in einen anderen spezifischen Orlando verwandeln. Zu Beginn sieht sie in ihm vielleicht einen zum Äußersten entschlossenen jungen Prahler, der es mit den Ringern des Herzogs aufnimmt, dann einen romantischen David, der seinen Goliath besiegt, und dann vielleicht einen verlorenen jungen Mann. Im Verlauf des Stücks *Wie es euch gefällt* wird sich Orlando unzählige Male in die verschiedensten »Orlandos« verwandeln. Rosalinde wird ihre liebe Mühe haben, mit diesen sich wandelnden »Orlandos« umzugehen. Wird sie ihn küssen, bekämpfen, ärgern, verspotten, ihn verführen, verwirren oder heilen? Und da ist nicht nur Orlando. Rosalinde muss auch mit allen anderen sich wandelnden Zielen in ihrer Welt umgehen. Einfache Schäfer werden zu neurotischen Poeten, Aristokraten zu Geächteten und ihr eigener Körper verwandelt sich allmählich in ein zwischen Begierde und Liebe zwiegespaltenes Objekt. Rosalindes Universum und alle darin enthaltenen Ziele bleiben nicht dieselben, sie wandeln sich ständig. Das Beobachten dieser Verwandlungen wird der Schauspielerin die Freiheit geben, Rosalinde zu spielen.

6: Das Ziel ist immer aktiv

Das Ziel verwandelt sich nicht nur ständig, es ist auch sonst immer in irgendeiner Weise aktiv. Und was auch immer das Ziel tut, muss verändert werden – von mir. Anstatt Orlando zu zeigen, was Liebe wirklich ist, sollte Rosalinde einen Orlando sehen, der die Liebe mit Gefühlsduselei verwechselt – also muss sie versuchen, dies zu ändern. Statt Desdemona töten zu wollen, sollte Othello eine Ehefrau sehen, die ihn vernichtet – und er muss versuchen, dies zu ändern. Anstatt Goneril zu trotzen, sollte Lear eine Tochter sehen, die ihn demütigt, eine Tochter, die er verändern muss.

Das externe Ziel

Das aktive Ziel siedelt die Energie außerhalb von uns selbst an, so dass wir davon abprallen, darauf reagieren und davon zehren können. Das Ziel wird zu einer externen Batterie.

Anstatt sich also ständig zu überlegen *»Was tue ich?«*, ist es wesentlich hilfreicher zu fragen: *»Was tut das Ziel?«* Oder besser: *»Was macht das Ziel mit mir?«*

Die erste Frage raubt dem Ziel Energie und hortet sie im *»Ich«*. *»Ich«* ist für den Schauspieler ein gefährliches Wort und am besten mit Vorsicht zu benutzen; es lohnt sich, diesen Hinweis zu befolgen. »Mich« und »mir« sind in der Regel hilfreicher.

Je mehr Energie der Schauspieler auf das Ziel übertragen kann, desto größer ist seine Freiheit. Wenn er jedoch dem Ziel Energie stiehlt, lähmt dies den Schauspieler. Versucht Irina, dem Ziel die Energie zu nehmen und in sich einzuschließen, wird eine Blockierung die Folge sein.

Irina kann sich all die unterschiedlichen Dinge vorstellen, die ihre Rolle sich wünscht, zum Beispiel alles, was Julia gern mit Romeo machen möchte. Aufzuzählen, was Julia von Romeo will, kann in der Anfangsphase der Proben sicherlich hilfreich sein. Aber es wird Irina mehr helfen, ihrer Vorstellungskraft einfach freien Lauf zu lassen, bis sie sieht, was Julia sieht. Und was sieht Julia? Einen Vater, den sie fürchten, eine Mutter, mit der sie sich auseinandersetzen muss, eine Zukunft, die abgewendet, und einen Romeo, der umworben, gezähmt, unterstützt, gewarnt, erschreckt, aufgemuntert, entdeckt, beruhigt, geöffnet, getadelt, beschützt, angespornt, verbessert, gemäßigt, erhitzt, abgekühlt, verführt, zurückgewiesen und geliebt werden möchte. Für Julia geht es in der Szene nicht um sie und was sie will; die Szene dreht sich um die verschiedenen Romeos, die sie sieht, und darum, wie sie ihnen begegnen soll. Irinas Energie kommt nicht von innen, aus einem konzentrierten, inneren Zentrum. Sie kommt einzig aus der Außenwelt, die Julia wahrnimmt, aus dem Windhauch, der ihre Wange streichelt, der Hochzeit, die sie fürchtet, von den Lippen, die sie begehrt. Das Ziel ist alles.

Daraus ergibt sich ohne Frage, dass der Schauspieler, der Romeo spielt, die Balkon-Szene zu einer Szene machen muss, die sich mehr um Julia und weniger um ihn selbst dreht; und für Irina bedeutet das, es geht um Romeo und weniger um sie selbst.

Praktisch gesehen gibt es keine innere Energiequelle. Alle Energie entspringt dem Ziel.

Mehr als eins

Irinas Augäpfel müssen aber auch nicht an ihrem Partner kleben. Wenn ich während einer Unterhaltung, bei einem langen Strandspaziergang, versuchen wollte, meinen Gesprächspartner ständig anzusehen, würde ich wahrscheinlich stürzen. Wir können uns auch miteinander unterhalten, während wir andere Dinge ansehen, zum Beispiel den Seetang, die Möwen oder einen Priel. Beim Überbringen schlechter Nachrichten können wir vielleicht an uns selbst beobachten, wie wir, um unangenehmen Blickkontakt zu vermeiden, in der Kaffeetasse rühren. Bedeutet das, dass wir nur den Kaffee sehen? Nein. Bedeutet es, dass wir den Kaffee nicht sehen, sondern uns nur das bestürzte Gesicht der anderen Person vorstellen? Nein. Wir sehen beides gleichzeitig. Wir müssen nicht wissen, wie wir das bewerkstelligen. Was wir wissen müssen, ist, dass es immer ein Ziel gibt, auch wenn es mehrere gleichzeitig sein können.

Exkurs: Ein Experiment mit Hypnose

Selbst wenn wir uns des konkreten Ziels nicht bewusst sind, werden wir uns eins beschaffen. Unsere Fantasien scheuen das Allgemeine und das Unbekannte. Sollte es kein Ziel geben, müssten wir eins erfinden. Sigmund Freud beschreibt Experimente, bei denen Patienten unter Hypnose angewiesen wurden, auf ein Signal hin mit den Ohren zu wackeln. Nachdem die Beeinflussung abgeschlossen war, die Versuchspersonen geweckt und das Signal gegeben worden war, wackelten sie gehorsam mit den Ohren, ohne zu wissen, warum. Was Freud daran faszinierte, war, dass auf die Frage, warum sie mit den Ohren gewackelt hatten, die Versuchspersonen immer einen konkreten Grund dafür nannten, zum Beispiel: *»Weil meine Ohren gejuckt haben.«* Das lässt zwei Schlussfolgerungen zu. Erstens: Wir lügen lieber, als irrationales Verhalten zuzugeben. Zweitens – und das ist für den Schauspieler nützlicher –: Wir können nur in Form eines konkreten Ziels denken ... und werden sogar dann eins finden, wenn keins vorhanden zu sein scheint.

Was das Ziel nicht ist

Das Ziel ist weder eine Vorgabe noch ein Bedürfnis, kein Plan, kein Grund, keine Absicht, kein Zweck, kein Fokus und auch kein Motiv. Motive entstehen aus dem Ziel. Ein Motiv ist eine Art Erklärung, warum wir etwas machen. Herauszufinden, »warum« wir etwas machen, mag zwar interessant sein. Aber unaufhörlich nach dem »Warum« zu fragen kann einen Schauspieler völlig verwirren. Warum verliebt sich Julia in Romeo? Ja, warum nur? Kann irgendeiner von uns erklären, warum wir jemanden lieben?

Und wenn ein hilfsbereiter Freund Anstalten machte, uns zu erklären, »warum« wir jemanden lieben, würden wir uns bevormundet fühlen. Und ein Schauspieler sollte seine Rolle niemals bevormunden. Das »Warum« zu erklären, vermittelt uns ein Gefühl von Kontrolle. Wenn Irina diese Frage vollständig beantworten kann, hat sie das Wesentliche mit Sicherheit nicht begriffen. Wir können überhaupt nicht hundertprozentig wissen, warum wir manche Dinge tun. Aber mit der Gefahr des »Warum« befassen wir uns später.

Das Ziel ist auch nicht mein »Fokus«. Fokus ist ein irreführendes Wort. Fokus klingt, als habe es viel mit dem Ziel zu tun. Aber die Aussage: *»Ich fokussiere etwas«* ist etwas völlig anderes als: *»Ich sehe etwas.«* Es lohnt sich, über den Unterschied nachzudenken. Das Ziel muss gesehen werden. »Einen Punkt fokussieren« hingegen impliziert, dass ich selbst entscheiden kann, ob ich den Punkt ins Auge fasse oder nicht. Das Ziel hat das Sagen. Der »Fokus« hingegen ist eher ein Diener. Einem Schauspieler scheint es vielleicht angenehmer, sich Punkte zu wählen, auf die er sein Augenmerk richtet, als auf Ziele zu reagieren. Selbst zu »wählen, was man fokussiert«, mag dem Schauspieler tatsächlich das Gefühl geben, alles unter Kontrolle zu haben. Aber genau diese Form von Kontrolle ist auf lange Sicht kein Freund; sie neigt dazu, Irina geschickt in ihr Inneres zurückzuführen. Einen Fokus zu wählen kann uns den Zugang zur Außenwelt und all ihren anregenden Impulsen verschließen, denn meist führt diese Wahl dazu, jene Energien wieder ins Innere des Schauspielers zu verlegen, die außerhalb des Schauspielers weitaus nützlicher sind.

Bevor wir über Kontrolle nachdenken, ist es hilfreich, uns einer unbequemen Entscheidung zu stellen.

Die erste unbequeme Entscheidung

Dies ist die erste aller unbequemen Entscheidungen eines Schauspielers. Das Dilemma besteht zwischen zwei Dingen, die miteinander verwandt scheinen, sich in Wirklichkeit aber gegenseitig zerstören müssen. Sie scheinen sich so ähnlich, können wir nicht beide als eine Art Absicherung behalten? Leider nein. Um das eine zu haben, müssen wir auf das andere verzichten. Was also ist der erste dieser schmerzlichen Verluste?

Konzentration oder Aufmerksamkeit

Das ist die erste unbequeme Entscheidung: Konzentration oder Aufmerksamkeit. Es ist unsere Entscheidung. Wir können nur nicht beides haben, das ist alles.

Aber bevor wir uns entscheiden, sollten wir folgendes bedenken: Der Aufmerksamkeit geht es um das Ziel; der Konzentration geht es um mich. Wenn ich mich fest auf ein externes Objekt oder auf eine andere Person konzentriere, passiert etwas Merkwürdiges. Nach und nach nehme ich die andere Person immer weniger wahr, und sehe sie am Ende so, wie ich sie sehen will. Mit anderen Worten, es geht letztendlich um mich. Konzentration tut so, als ginge es um das andere. Dem ist aber nicht so. Konzentration gibt vor, sich mit der Außenwelt zu befassen; das stimmt nicht. Wir ziehen die Konzentration der Aufmerksamkeit vor, weil wir die Konzentration selbst einschalten können. Mit der Aufmerksamkeit verhält es sich anders. Sie existiert bereits und muss gefunden werden. Wir sondern Unmengen an Konzentration ab und glauben, die Kontrolle über ihr Kommen und Gehen zu haben. Genau deshalb ist sie für den Schauspieler von geringem Nutzen. Aufmerksamkeit hingegen können wir nicht kontrollieren, und das macht sie so nützlich und beängstigend zugleich. Aber auch die Konzentration kann uns Angst einjagen. Die Wirkung der Konzentration gleicht der Flucht aus dem Spukhaus in *Uncle Silas (Onkel Silas oder Das verhängnisvolle Erbe)*: Wie weit du auch läufst, auf mysteriöse Weise landest du letztlich immer wieder zu Hause.

Es gibt nichts, was Irina in sich selbst herstellen kann. Es gibt kein Zentrum der Kreativität in ihrem Inneren, das sie in Schwung bringen könnte, um Lösungen für ihre Probleme zu erzeugen. Sie kann ein Gefühl nicht erschaffen, einen Gedanken nicht konstruieren. Was kann Irina also tun? Alles, was sie tun kann, ist, die Dinge zu sehen und ihnen Aufmerksamkeit zu schenken.

»Sehen« und »Ansehen«

Dummerweise kann sich Irina nicht dazu zwingen, die Dinge aufmerksam zu betrachten. Wie wir alle kann sie sich nur dazu zwingen, »nicht« zu sehen. Sie kann sich selbst blenden. Sie kann sich zwingen, Dinge anzusehen. Aber »ansehen« ist etwas ganz anderes als »sehen«. Dieser Unterschied zwischen »ansehen« und »sehen« ist für den Schauspieler von wesentlicher Bedeutung. Etwas »ansehen« bedeutet, dass ich mir aussuche, worauf ich meinen Fokus richte. »Sehen« schenkt dem Aufmerksamkeit, was bereits vorhanden ist. Ich kann etwas »ansehen«, ohne es zu sehen, wie zum Beispiel den Pfarrer ohne Hosen. Sehen impliziert, dass das Gesehene die Freiheit hat, mich zu überraschen, also anders zu sein als von mir erwartet.

Hunger

Stellen wir uns vor, wir sind hungrig und haben nichts zu essen im Haus. Wie oft wir auch den Kühlschrank durchsuchen, es ändert nichts: Er bleibt leer. Nahrung können wir nur draußen finden. Wenn wir das Haus nicht verlassen, werden wir verhungern, egal wie oft wir die Fächer des Kühlschranks durchstöbern. Für den Schauspieler ist »sehen« wie nach draußen gehen. Zu Hause scheint es sicher zu sein und auf den Straßen gefährlich; doch das ist eine Täuschung.

Zu Hause ist es nicht sicher; sicher ist es nur auf der Straße. Lasst uns nicht nach Hause gehen.

ANGST

3

WENN nun das Ziel so wichtig ist, wie können wir dann davon getrennt werden? Die Antwort ist einfach. Es ist *Angst*, die uns vom Ziel trennt. *Angst* durchtrennt die Verbindung zu unserer einzigen Energiequelle und lässt uns verhungern. Keine Theaterarbeit kostet uns mehr Energie als unsere Bemühung, mit den Auswirkungen der *Angst* fertig zu werden. Und *Angst* ist, ohne Ausnahme, destruktiv. Je mehr *Angst* sich im Probenraum einschleicht, desto mehr leidet die Arbeit darunter. *Angst* macht es schwer zu widersprechen. *Angst* gebiert ebensoviel falsche Harmonie wie Uneinigkeit. Eine gesunde Arbeitsatmosphäre, in der wir es wagen, Risiken einzugehen und zu scheitern, ist unverzichtbar. *Angst* zerfrisst dieses Vertrauen, untergräbt unser Selbstbewusstsein und bringt unsere Arbeit zum Stocken. Die Probe sollte uns ein Gefühl von Sicherheit geben, damit die Aufführung gefährlich erscheinen kann.

Bevor Irina sich die Regeln des Ziels zunutze machen kann, muss sie zunächst sehr gründlich darüber nachdenken, was genau *Angst* mit ihr macht. Dieses Kapitel mag wie eine Abweichung wirken, aber nicht einmal das Ziel kann uns helfen, solange wir uns nicht den Auswirkungen der *Angst* stellen.

Was also ist das für eine spezielle *Angst*? Das ist schwer zu bestimmen, weil es sich um eine persönliche Mischung aus unzähligen, wechselnden Gefühlsregungen handelt, die ihre Form ständig ändert wie ein Schwarm Fische. Sie hängt mit dem Zweifel zusammen und hat Verbindungen zum Schamgefühl. Wie alle Bezeichnungen ist auch dieses Wort, dieser Begriff der *Angst*, bedauerlicherweise pauschalisiert. Shakespeare war von diesem Phänomen fasziniert und hat es in einigen seiner größten Werke beschrieben. Es ist die *Angst*, die uns daran hindert, bestimmte Handlungen auszuführen, und die Macbeth, Troilus und Hamlet sowohl hemmt als auch antreibt. Diese *Angst* ist nicht mit dem Gefühl zu verwechseln, das jeder von uns hätte, wenn ein Wahnsinniger in den Raum stürzen und mit einem Gewehr herumfuchteln würde. Manchmal trägt diese *Angst* auch eine Maske: Arroganz ist eine beliebte Verkleidung und Manieriertheit eine andere. Manchmal wissen wir, dass wir von dieser *Angst* besessen sind, aber oft ist der Parasit für den Wirt unsichtbar. Dass die *Angst* fett und gesund ist, davon können wir ausgehen, wenn wir uns »blockiert« fühlen.

Doch Irina kann Mut schöpfen, denn die *Angst* des Schauspielers ist letztendlich ein Papiertiger, ein »Zauberer von Oz«, der sich in Nichts auflöst, sobald man ihn ans Licht bringt. *»Keine Sorge!«* ist leichter gesagt als getan und rangiert hoch oben auf der Rangliste der kontraproduktiven Ratschläge. Aber in der Tat, es gibt wirklich keinen Grund, sich Sorgen zu machen. Wie sollte es auch, wo doch »sich Sorgen machen« die Ursache des Problems ist? Gewöhnlich ist es klug, Sicherheitsvorkehrungen zu treffen. Sich Sorgen zu machen ist immer unklug.

Mit *Angst* kann man umgehen. Aber zunächst müssen wir unsere *Angst* erkennen und eingestehen. Es ist besser, wenn wir uns vorbereiten, solange wir noch ruhig sind, und nicht erst in dem Moment, wenn sie uns fest im Griff hat. Nur wenn wir der *Angst* ins Auge blicken, können wir sie betrachten, eingrenzen und schließlich überwinden. Das kann weiterhelfen.

Eine Fabel: der Teufel

Angst ist wie der Teufel. Die gute Nachricht ist, dass er nicht existiert, die schlechte, dass wir ihn genau deshalb nicht loswerden. Der Teufel bezieht seine Macht daraus, dass er an den Rändern unseres Blickfeldes aufblitzt. Er teilt sich, zwinkert uns von links und rechts zu, befindet sich weder im Zentrum noch vollkommen außerhalb unseres Blickfelds. Sein überwältigendes Verlangen besteht darin, uns vom Ziel zu trennen: *»Mach dir nicht die Mühe, etwas anzuschauen«*, flüstert er, *»denn wir schauen alle nur auf dich. Alles, worum du dir Gedanken machen musst, bist du selbst. Wirst du, der Schauspieler, scheitern oder nicht? Wirst du, der Schauspieler, gut oder schlecht beurteilt werden? Bist du talentiert? Siehst du gut aus? Will man dich haben? Wirst du fallengelassen? Wirst du gedemütigt?«*

Wenn wir dieses elende Stadium erreichen, sollten wir uns an die Worte von Jesus erinnern, die er in der Wüste an den Teufel richtete: *»Stell dich hinter mich, du Satan!«* Die Macht des Teufels besteht darin, dass wir ihn nur flüchtig sehen können. Deshalb ist der beste Platz für ihn ganz einfach hinter uns. Nur wenn er hinter uns ist und wir ihn gar nicht mehr im Blick haben, können wir vorwärts gehen. Natürlich wird er immer wieder versuchen, in den Randbereich unseres Blickfeldes einzudringen. Wir geraten in Panik, dass er mit einem Satz vor uns springen wird, aber eben das ist sein großer Bluff. Würde der Teufel tatsächlich vor uns springen und uns ansehen, dann würde er verschwinden. Er regiert, indem er so tut, als würden wir – wie bei den Gorgonen – allein durch einen flüchtigen Blick auf ihn erstarren. Doch nein, ihn vollständig zu sehen, würde bedeuten, ihn vollständig zu zerstören. Auf ähnliche Weise verhält es sich mit der *Angst*, die wir auch nie ganz abschütteln können. Wir können ihr nur immer wieder einen Tritt geben, dass sie sich hinter uns stellt.

Die Zeiteinteilung

Alle Blockierungsprobleme werden im »Jetzt« geheilt.

Im »Jetzt« gibt es keine *Angst.* Also muss sie eine angebliche Zeit erfinden, die sie bewohnen und regieren kann. Sie nimmt die einzig reale Zeit, also die Gegenwart, und unterteilt sie in zwei vorgetäuschte Zeitzonen. Die eine Hälfte nennt sie Vergangenheit und die andere Hälfte Zukunft. Das sind die einzigen beiden Orte, an denen sie leben kann. *Angst* beherrscht die Zukunft als *Sorge* und die Vergangenheit als *Schuld.*

Der Schauspieler wird also dazu verlockt, das Ziel in der Gegenwart zurückzulassen und mit *Angst* in die Vergangenheit oder die Zukunft zu flüchten, und Blockierung ist das Ergebnis davon. Obwohl die Auswirkungen einer Blockierung in der Gegenwart erlebt werden, kann sie tatsächlich nur in der Vergangenheit oder der Zukunft entstehen. Ein naheliegendes Beispiel ist die *Angst* vor dem »Blackout«. Wenn ein Schauspieler in der Gegenwart bleibt, vergisst er eigentlich selten seinen Text. Sobald Irina aber denkt: *»O mein Gott, ich glaube nicht, dass ich mich an den nächsten Satz erinnern kann«,* prophezeit sie, was geschehen wird; sie verlässt die Gegenwart. Der Satz *»Ich werde meinen Text vergessen«* nimmt die Zukunft vorweg, bringt Irina aber durch diesen Trick überhaupt erst dazu, ihren Text *jetzt* zu vergessen.

Der Gedanke *»Das, was ich gerade gespielt habe, war jämmerlich, aber ich werde versuchen, das nächste richtig gut hinzukriegen!«* ist ein weiteres klassisches Rezept für diese Art von Desaster. In dem Moment, in dem ich die Gegenwart vor den Kopf stoße, um mit der Vergangenheit oder der Zukunft zu flirten, werden der *Angst* die Tore geöffnet. Solange der Schauspieler jedoch präsent bleibt, nimmt er der *Angst* die Luft zum Atmen.

Präsenz

Muss der Schauspieler sich bemühen, präsent zu sein? Die Antwort ist nein. Wir können uns nicht bemühen, präsent zu sein, aus dem einfachen Grund, dass wir schon präsent sind. Also, was können wir tun? Können wir mit der doppelten Verneinung arbeiten? Können wir uns beispielsweise bemühen, nicht abwesend zu sein? Die Schwierigkeit liegt darin, dass jedes Bemühen dazu führt, dass der Schauspieler sich konzentriert. Das wiederum bremst den Fluss der Aufmerksamkeit und trennt die Verbindung zum Ziel.

»Präsent sein ist schwer, präsent bleiben noch schwerer!« Beide Ansichten sind Täuschungsmanöver von *Angst.*

In Wirklichkeit sind wir präsent, und es gibt absolut keine Möglichkeit, das zu ändern. Wir können uns jedoch einbilden, woanders zu sein. Die Kunstgriffe, mit deren Hilfe wir uns selbst vormachen, wir wären abwesend, sind so ausgeklügelt, dass es uns extrem schwer fällt, sie abzustellen. Aber einige Leitsätze sind immer hilfreich. Erstens: Weil ich schon präsent bin, kann ich nicht präsent werden. Wenn ich mich bemühe, präsent zu sein, erliege ich einem genialen Betrug der *Angst.* Denn diese Anstrengung, etwas zu tun, bewirkt, dass wir uns konzentrieren, und schickt uns nach Hause. Mit diesem speziellen Trick verwirrt die *Angst* uns häufig, indem sie uns dazu bringt, uns abzumühen, etwas zu werden ... was wir in Wirklichkeit schon sind. Stellen wir uns vor, wir sind irgendwo zu Gast, sitzen bequem auf einem Sofa, und plötzlich stürzt der Gastgeber ins Zimmer und besteht darauf, dass wir uns setzen. Wenn wir protestieren: *»Aber ich sitze doch schon«,* schreit er nur: *»Na, dann gib dir mehr Mühe!«* Wenn wir dann beschließen, dass er bei Verstand ist, und wir ihm einen Gefallen tun wollen und versuchen, mehr zu »sitzen«, dies aber irgendwie nicht gut genug hinkriegen ... und uns weiterhin abmühen ... und er dennoch immer frustrierter wird und zu brüllen beginnt, dann ist das alles genau das, was passiert, wenn wir uns bemühen, präsent zu sein.

Wir geraten so durcheinander, dass wir uns selbst außer Gefecht setzen. Und dann braucht die *Angst* uns nur noch an den Füßen wegzuschleppen.

Um eine Blockierung zu beheben, sollte man sich unter anderem in aller Ruhe in Erinnerung rufen, dass man bereits präsent ist und dass nichts und niemand uns verschleppen kann. Nein, nicht einmal wir selbst können mit einem chloroformierten Knebel hereinstürzen und uns entführen. Das Schlimmste, was passieren kann, ist, dass wir uns vormachen, nicht präsent zu sein. Wir können uns nicht bemühen, präsent zu sein. Wir können nur entdecken, dass wir präsent sind. Präsent zu sein ist uns gegeben, wie ein Talent oder eine Gabe. Es kann uns nicht gestohlen werden, wir können uns nur selbst betrügen.

Das Verbergen der Regeln

Angst hat keine Macht über das Ziel, aber sie kann uns dazu bringen, zu glauben, dass das Ziel uns im Stich gelassen hat. Um das zu erreichen, muss sie uns vorgaukeln, dass die Regeln des Ziels nicht existieren, also versucht sie, jede einzelne der sechs Regeln der Reihe nach zu verbergen:

1: Es gibt immer ein Ziel

Der Angriff auf die erste Regel ist simpel, aber verheerend. *»So etwas wie ein Ziel gibt es nicht. Das ist alles Lüge!«*, flüstert die *Angst*. *»Du bist ganz allein. Du kannst dich nur auf dich selbst verlassen.«*

2: Das Ziel existiert außerhalb und in meßbarer Entfernung

Distanz ist hilfreich, denn wir brauchen Raum, um zu sehen. Wenn wir uns am gleichen Ort mit etwas befinden, werden wir es niemals wirklich wahrnehmen. Also muss die *Angst* nun die zweite Regel vor uns verbergen, dass das Ziel nämlich immer außerhalb und in meßbarer Entfernung zu uns existiert. *Angst* zerstört den Sinn für Distanz und Raum, indem sie behauptet, dass unsere Vorstellungsgabe ausschließlich im Innern arbeitet. *»Alles, was ich mir vorstellen kann, muss in meinem Kopf passieren. Meine Fantasie wohnt in meinem Innern. Alles, was ich mir vorstelle, findet in meinem Innern statt.«* Und diese falsche Logik fordert ihren Tribut. Nun scheint es keinen nützlichen Abstand zwischen uns und dem Ziel zu geben. Die hilfreiche Kluft ist verschwunden, und stattdessen sind wir gegen die Außenwelt gedrängt, so als würde unser Gesicht gegen eine Wand gedrückt. Kein Abstand: keine Sicht.

3: Das Ziel existiert bereits, bevor wir es brauchen

Angst untergräbt auch die dritte Regel, die besagt, dass das Ziel bereits existiert. Es gelingt ihr, uns zu verwirren, indem sie die Zeit in parallel ausgerichtete Spiegel teilt, wie die Spiegelverkleidung eines Fahrstuhls, die uns unendlich vervielfacht, während wir auf die gewünschte Etage warten. Diese Spiegel, die Vergangenheit und die Zukunft, lenken uns so lange ab, bis wir das Ziel, das uns zuwinkt, nicht mehr wahrnehmen. Dann ruft *Angst* ihre alten Freunde aus der Regierung herbei: *Schuld, Pflicht* und *Strafe* werden schon helfen, uns unter Kontrolle zu halten. Sie lädt uns die Verantwortung auf die Schultern und kettet uns die Pflicht um den Hals. *»Es ist an euch, Dinge zu erfinden«*, murmeln sie gemeinsam, *»es gibt nichts, was zu entdecken wäre. Eure Pflicht ist es, alles allein* *hervorzubringen, allem Antrieb zu geben, alles zu kontrollieren. Ihr seid für absolut alles allein verantwortlich. Sogar für das, was nicht geschieht, und dafür, dass ihr jeden enttäuscht, seid ihr verantwortlich. Warum seid ihr so faul/nutzlos/leer/gedankenlos/fantasielos/untalentiert?«* Es gibt keinen strengeren Moralisten als die *Angst*; und kein Moralist ist der *Angst* unbekannt.

4: Das Ziel ist immer konkret

Angst muss nun die vierte Regel verschleiern. Der Gegenstand unserer irrationalen *Angst* erscheint uns jetzt mit Sicherheit konkret. Aber dieses Gespenst einer Katastrophe *scheint* nur so entsetzlich real. So real, dass wir uns nie nah genug herantrauen, um es genau zu betrachten. Wir haben also schreckliche *Angst* davor, dass wir ... was? Es lohnt sich, diese einfache Frage zu stellen. Sie ist so offensichtlich, dass wir uns manchmal keine Zeit nehmen, sie zu beantworten. Was könnte uns passieren? Von der Bühne fallen? Schlecht spielen? Soweit ich weiß, ist noch niemand an einer verpatzten Vorstellung gestorben. Dieser Schrecken, der so beängstigend real erscheint, verringert sich bei genauer Betrachtung. Natürlich ist es traurig, schlechte Arbeit zu erbringen. Andererseits ist es unvermeidlich, dass wir alle eine Menge schlechter Arbeit leisten, und wir alle müssen damit zurechtkommen. Aber *Angst* bringt uns erst dazu, schlecht zu arbeiten, so dass sich die Angst vor dem schlechten Arbeiten als self-fulfilling phrophecy darstellt. So wie Schuld uns unverantwortlich macht.

Die Angst, dass etwas schiefgehen könnte, muss im richtigen Verhältnis gesehen werden. Wird die Welt wirklich untergehen, wenn ich eine miese Vorstellung gebe? Indem wir all unseren Mut zusammennehmen, um dem, was wir fürchten, ins Gesicht zu sehen, verringern wir diese *Angst*. Es ist ein Trick der *Angst*, uns davon abzuhalten, sie selbst oder sonst etwas aufmerksam aus der Nähe zu betrachten. Wenn wir in Panik geraten, hilft es, sich ins Gedächtnis zu rufen, dass der einfache Akt des Aufmerksamseins beruhigend wirkt. Tatsächlich kann nur Aufmerksamkeit Frieden bringen. Wenn wir vor dem, was wir eventuell sehen könnten, solche Angst haben, dass wir nichts und niemandem mehr Aufmerksamkeit schenken, liefern wir uns dem Chaos aus.

5: Das Ziel verwandelt sich ständig
und
6: Das Ziel ist immer aktiv

Nun leitet die *Angst* eine Generaloffensive zur Vernichtung aller Bewegung ein. Sie versucht die fünfte und sechste Regel zu untergraben, die besagen, dass das Ziel sich ständig verwandelt und aktiv ist. *»Falsch«*, sagt die *Angst*, *»das Ziel ist passiv, unbeweglich und unveränderlich.«* Die *Angst* ist wahrscheinlich gerade gesund und munter und gräbt drauflos, wenn ich mich beklage, mein Partner sei hölzern und würde die Szene nicht lebendig spielen. *»Ich bekomme nichts von ihm zurück!«*

Ein unbeugsamer Partner ist wenig anregend; dennoch läuft etwas ernsthaft falsch, wenn ich in der Lage bin, das Spiel meines Partners zu beobachten. Besser ist es, zu fragen, ob ich in Wirklichkeit die Person bin, die unbeugsam ist.

Ein Schauspieler, der vom Spiel seines Partners enttäuscht ist – *»Ich glaube nicht, dass Julia mich genug liebt, so dass ich die Szene spielen kann«* –, muss die Julia sehen, die ihn genug liebt. Es ist mehr die Aufgabe des Schauspielers, zu glauben, als dass es die Aufgabe des Partners ist, ihn zu überzeugen.

Und auch wenn ich jammere: *»Meine Stimme hallt mir in den Ohren wider, ein monotones Herunterleiern!«*, kann ich immer davon ausgehen, dass *Angst* eifrig dabei ist, ihre Sabotage zu treiben. Denn natürlich hört sich meine eigene Stimme merkwürdig an, wenn ich darauf achte, wie sie klingt. Die Stimme ist ein Werkzeug, um Dinge auszuführen. Sie ist nicht das Werkzeug für generalisierte Selbstdarstellung. Um Worten den richtigen Ausdruck zu verleihen, muss ich mir vorstellen, was der Partner hört oder nicht hört. Ich muss mir vorstellen, was gehört wird und was ungehört bleibt. Dazu muss ich meine Aufmerksamkeit nur auf das Ziel richten. Mich geht nur das Ziel etwas an. Wenn ich mitten im Reden abbreche, um mir selber beim Sprechen zuzuhören, verwirre ich immer sowohl den, zu dem ich spreche – als auch mich selbst. Meine eigenen Worte hören sich plötzlich falsch an. In der Tat verlieren sie ihre Wahrhaftigkeit, und zwar genau in dem Moment, in dem ich sie vom Ziel loslöse. Aus den klügsten Worten wird Geschwafel, wenn sie von einem Ziel getrennt werden. Im wirklichen Leben kann das schwerlich passieren, weil wir im Großen und Ganzen sprachlos werden, sobald wir die Verbindung zum Ziel verlieren.

Die Gefahr dabei ist, dass wir als Schauspieler jede Menge Wörter eines Texts auswendig lernen, die jemand anderes geschrieben hat. Aber das befreit uns nicht von der Notwendigkeit, diese Wörter mit der Außenwelt zu verknüpfen. Wir nehmen vielleicht an, dass diese Wörter an sich schon eine Bedeutung haben. Aber auch der vollkommenste Text bleibt unverständlich, wenn er nicht mit der Außenwelt verbunden wird, wenn er losgelöst von einem Ziel ist. Jedes Wort muss auf die Außenwelt zurückzuführen sein. Jeder vom Ziel losgelöste Text wird zu bloßem Geschwafel. Vielleicht erklärt das, warum uns eine Tonaufzeichnung unserer eigenen Stimme oft zusammenzucken lässt.

Wenn alles um uns herum tot erscheint, ist das eine Täuschung. Dann hat die *Angst* uns so lange betäubt, dass wir nicht mehr wahrnehmen, wie das Ziel sich wandelt und bewegt.

Das erbarmungslose Auge

Angst teilt uns in ein weiteres, trügerisches Doppel: das Ich und das andere, »beurteilende« Ich, das »handelnde« Ich und das »beobachtende« Ich. Dieses zweite, kontrollierende Ich ist ein strenger Kritiker und sendet uns einen schonungslosen Arbeitsbericht. *»Wie bin ich?... Okay?... O Gott... Wirklich so schlecht, wie du sagst?«* Diesem erbarmungslosen Auge können wir weder etwas verheimlichen noch entfliehen.

Also glauben wir, wir selbst seien unser Ziel, nichts existiert außer uns und unserem erbarmungslosen Auge, das beobachtend über unserem Körper schwebt und uns von jedem anderen Ziel ablenkt. Wir scheinen ganz allein zu sein, mit nichts außer einem falschen Ziel als Gesellschaft. Und dieses ist lediglich ein abgespaltener Teil von uns, der hinter den Köpfen des Publikums tanzt, augenzwinkernd und höhnisch: *»Du bist nutzlos«*, oder seltener: *»Du bist großartig!«* Wir werden selbst unser bester Freund, und auch unser einziger. *»Wen brauche ich sonst noch, wenn ich mich habe?«* Es gibt keinen Platz für einen Dritten in dieser innigen Beziehung. Und die ganze Zeit über lächelt und winkt die *Angst* uns zu.

Ein Exkurs: Narziss, Echo und Medusa

Narziss und Medusa litten unter dem erbarmungslosen Auge. Die Götter straften Narziss dafür, dass er sein Spiegelbild im Wasser bestaunte. Er wurde in eine Blume verwandelt und dazu verdammt, auch im Hades auf ewig sein Spiegelbild im Fluss Styx zu betrachten.

Die Götter straften Narziss weder dafür, dass er die Nymphe Echo ignorierte, noch dafür, dass er besessen war von seinem Aussehen. Wäre er in der Lage gewesen, seine eigene, wahre Schönheit zu sehen, wäre er vielleicht viel besser dran gewesen.

Wofür also bestraften sie ihn? Das Problem war, dass er etwas anderes im Wasser gesehen hatte. Narziss fing seinen eigenen Blick auf, wie dieser ihn direkt ansah. Er ertappte sich sozusagen selbst ... beim Sehen. Und als er sich selbst sehen sah, wurde die lebendige Handlung des Sehens zu einem tödlichen Zustand. Narziss stolperte in eine Art Selbstblendung – indem er sein Sehvermögen pervertierte und seinen Blick weder auf die Außenwelt noch auf sich selbst richtete, sondern auf sein eigenes Sehen. Auf diese Weise gelang es ihm, seine eigene Sehfähigkeit lahmzulegen.

Die Gorgone Medusa erlitt ein ähnliches Schicksal. Ihr Blick ließ ihre Opfer zu Stein erstarren. Aber im Schild von Perseus sah sie ihr eigenes Spiegelbild. Ihr versteinernder Blick prallte zurück und lähmte nicht Perseus, sondern sie selbst.

Der Schauspieler begeht genau den gleichen Fehler, wenn er glaubt, seine Beziehung zur Außenwelt sei ein innerer Zustand, den man besitzt. Aber mein Sehvermögen ist kein wertvoller Besitz. Mein Sehvermögen ist eine lebenswichtige Ressource, die ich mit allem teile, was ich sehe. Der arme Narziss muss nun jeden März im Garten frieren; wir werden uns seiner Geschichte erinnern, wenn wir uns selbst wie gelähmt fühlen. In jedem Fall ist es konstruktiver, sich auf ein Ziel zu stürzen, als sich selbst zu beobachten.

Die Mythen von Echo und Narziss wurden nicht als hübsche Geschichten für ein Fresko ins Leben gerufen. Allerdings machen Geschichten nie genau das, was wir wollen, wie wir später sehen werden.

Die zweite unbequeme Entscheidung: Freiheit oder Unabhängigkeit

Wir müssen nun die zweite unbequeme Entscheidung ins Auge fassen: Freiheit oder Unabhängigkeit. Wir können wählen. Wir können nur eins haben, nicht beides, weil das eine das andere zerstören muss.

Freiheit ist alles, Unabhängigkeit hingegen nichts. Unabhängigkeit wird aus *Angst* geboren. Das Verlangen nach Unabhängigkeit ist nachvollziehbar. Wir wollen nicht von etwas abhängig sein, was uns möglicherweise im Stich lässt. Aber der Versuch, alle Abhängigkeiten zu leugnen, ist töricht. Wir brauchen die Welt draußen. Wir brauchen Sauerstoff, Nahrung und Sinnesreize. Wir brauchen Ziele. Freiheit ist ein Mysterium. Genau wie die Präsenz ist sie eine Selbstverständlichkeit. Wie unterdrückt wir auch sein mögen, wir können uns immer einen Funken Freiheit bewahren, der uns menschlich sein lässt. Merkwürdigerweise empfinden wir oft die Vorstellung von wirklicher Freiheit als ziemlich beängstigend. Wie die Gegenwart erscheint auch die Freiheit zu groß und erschreckend unzuverlässig. *»Ich bin nicht der Schöpfer meiner eigenen Freiheit, deshalb kann ich sie auch nicht kontrollieren. Aber das, was ich selber mache, kann ich so unter Kontrolle haben, dass es mich nicht verlässt. Also erfinde ich für mich eine künstliche Freiheit, nenne sie ›Unabhängigkeit‹ und halte sie an der Leine. Und sie wird alles tun, was ich sage.«*

Doktor Frankenstein dachte dasselbe …

Bedürfnis und Hass

Viele Probleme des Schauspielers lassen sich von dem einfachen Paradoxon ableiten, dass wir hassen, was wir brauchen. Die nützlichsten Dinge sind uns einfach gegeben; aber wir haben Angst, der Nachschub könnte versiegen. Also lehnen wir diese Geschenke ab und stellen Surrogate her. Diese Nachbildungen sind minderwertig, aber wenigstens gehören sie uns, weil wir sie gemacht haben. Und unsere eigenen Kreaturen würden es nicht wagen, uns zu verletzten oder uns im Stich zu lassen … oder?

Die Realität, das ist wohl wahr, lässt eine Menge Fragen unbeantwortet, und so ziehen wir es im großen und ganzen vor, nicht in ihr zu leben. Wir können die Realität nicht kontrollieren, aber wir können unsere Fantasien kontrollieren. Nur existieren unsere Fantasien gar nicht; also kontrollieren wir eigentlich überhaupt nichts. Doch die Illusion von Kontrolle beruhigt ungemein. Der Preis allerdings, den wir für diese Beruhigung bezahlen, ist unvorstellbar.

EIN AUSWEG

4

ALL das sind betrübliche Nachrichten. Was kann der verängstigte Schauspieler versuchen zu tun? Leider ist »versuchen zu tun« schon selbst Teil des Problems. »Versuchen« oder »bemühen« führt zu Konzentration und … *»Ich weiß nicht, was ich tue!«* Wir müssen um die Ecke denken, denn *Angst* bringt uns dazu, dass wir uns im Kreise drehen, zunehmend blinder gegenüber der Außenwelt.

Die Regeln des Ziels gelten weiter für uns, sosehr wir auch versuchen, sie zu brechen. Die Regeln sind für uns da, nicht wir für die Regeln. Wir können versuchen, uns ihnen zu widersetzen, aber wir können sie nicht ändern. Sie liegen außerhalb unserer Kontrolle; und nur, weil sie getrennt von uns, außerhalb von uns und frei von uns sind, können uns die Regeln helfen.

Nun kommen sie zu Hilfe.

Die Regeln sind untrennbar, doch wenn wir uns plötzlich blockiert fühlen, hilft es, sich der Reihe nach an sie zu erinnern, um die eine Angst von den sich aus ihr ergebenden anderen Ängsten zu trennen.

1: Es gibt immer ein Ziel

Wie kann uns dies praktisch helfen, wenn wir blockiert sind? Nun, es muss auch bedeuten, dass wir gar nicht allein sein können, sosehr wir es auch versuchen. Auch wenn wir das Ziel im Stich lassen, es wird uns niemals im Stich lassen. Es gibt da draußen jede Menge Ziele. Alles, was wir tun müssen, ist, sie zu sehen. Wir können das Ziel nicht vernichten; wir können die Welt nicht zerstören.

2: Das Ziel existiert außerhalb und in messbarer Entfernung

Es gibt einen messbaren Abstand zwischen uns und dem Ziel. Wir können mit dem Ziel nicht verschmelzen. Wir sind eigenständig. Wir können das Ziel nicht in uns finden. Diese Regel mag nicht nach unserem Geschmack sein, aber die Medizin wirkt, besonders wenn in unserem Innern scheinbar Dunkelheit oder Chaos herrschen. Raum und Zeit existieren wirklich. *Angst* kann sie nicht zerstören. *Angst* spiegelt uns vor, Zeit und Raum wären unsere Feinde. Für die Figuren, die wir verkörpern, mag das zutreffen: Vielleicht fürchten Romeo und Julia die Trennung und sehnen sich nach vollkommener, unerreichbarer Vereinigung.

Schlechte Nachrichten und gute Nachrichten

Hier nun das erste Beispiel eines nützlichen Prinzips: Schlechte Nachrichten für die Figur sind immer gute Nachrichten für den Schauspieler.

Zwischen Romeo und Julia besteht eine räumliche Distanz. Während Julia Lebewohl sagt, kann sie sich danach sehnen, sich an Romeo zu klammern. Aber für Irina ist diese beständige Distanz zwischen Romeo und Julia ungemein nützlich. Denn Irina kann alles versuchen, um ihren neuen Geliebten davon abzuhalten, sie zu verlassen. Diese unüberbrückbare Distanz mag Julias Feindin sein, für Irina hingegen ist sie eine Freundin. Julia möchte nicht, dass diese Distanz besteht. Sie möchte sich mit Romeo vereinen, aber sie kann es nicht, und nicht nur weil der Balkon dem Glück im Wege steht. Romeo unterscheidet sich von ihr, ist eigenständig und darum außerhalb ihrer Kontrolle. Julia kann ihre Hand nach

Romeo ausstrecken; sie kann versuchen, die Kluft zwischen ihren Körpern und ihren Seelen zu überbrücken. Doch Julia wird scheitern, denn was sie sich auch wünscht, es wird immer unerreichbar bleiben. Jedoch ist Julias Enttäuschung Irinas Hoffnung. Für Irina bedeutet diese Entfernung hingegen die bestmögliche Nachricht, einen überaus wichtigen Abstand, den Julia immer wieder versuchen wird zu überwinden, um immer wieder daran zu scheitern. Diese aktivierende Distanz ist entscheidend; sie gewährleistet, dass Irina sicher sein kann, dass Julia niemals erreichen wird, was Julia will, auch wenn Irina ihr erlaubt, sich damit die größtmögliche Mühe zu geben.

Diese aktivierende Distanz versieht den Schauspieler mit einem Hindernis, das es zu überwinden gilt. Wenn es kein Hindernis gäbe, das der Schauspieler überwinden muss, gäbe es kein Streben. Ohne Streben: Tod. Jede Minute des Lebens enthält ein Element des Strebens. Irina kann sich auf die unumstößliche Regel verlassen, die besagt, dass es hier mich und da den anderen gibt und dazwischen eine messbare, veränderliche, doch unauslöschliche Distanz.

Es kann eine Hilfe sein, das folgende Prinzip aufzuschlüsseln: Der Schauspieler kann niemals erreichen, was die Figur will, weil die Figur niemals erreichen kann, was die Figur will. Mit anderen Worten: Irina kann die Szene so gut sie kann spielen, und trotzdem wird für Julia immer noch etwas übrig bleiben, nach dem es sie verlangt, und es wird immer noch eine Distanz geben, die zu überbrücken ist. Julia bekommt niemals alles, was sie will. Julia erreicht niemals ihr Ziel oder beendet ihre Reise. Unvollständigkeit oder Abgrenzung mögen Feinde der Figur sein, aber sie sind immer Freunde des Schauspielers.

Der Punkt und der Weg

Die Schöpfung hält uns getrennt, ganz egal, wie sehr wir versuchen, uns zu verbinden. Wir sind nicht vereinigt und werden niemals vereinigt sein. *Angst* lässt uns oft glauben, wir seien vereinigt. Wir dürfen niemals vergessen, dass uns immer eine bestimmte Distanz vom Ziel trennt und dass dieser Abstand niemals aufgehoben werden kann. Raum gibt eine Distanz vor, eine aktivierende Distanz. Sobald es eine Distanz gibt, tut sich ein potentieller Weg auf.

Und auch der rudimentärste Weg hat zwei Punkte, den Anfang und das Ende: mich und wohin ich gehen kann. Vereinigung lähmt; Distanz setzt in Bewegung.

Wie Gott im Schöpfungsbericht die Finsternis über den Wassern in Nacht und Tag schied, so können wir das erschreckende Nichts in zwei Punkte teilen. Wo es zwei Punkte gibt, ist ein möglicher Weg, und wir können uns immer vorstellen, einen Weg weiterzugehen. Und sobald wir uns in Bewegung setzen, können wir auch atmen.

Der Glaube an die vorgegebene Distanz hilft uns, die beiden großen Symptome von *Angst* zu bezwingen. *»Ich kann nicht atmen«* und *»Ich kann mich nicht bewegen«* sind die Zwillingsgeschöpfe der *Angst*, und sie kommen ins Geschäft, um selbst *Angst* zu erzeugen. Dann verkauft *Angst* kleinen Fabriken die Konzession, noch mehr von ihr herzustellen; wie ein Retrovirus, das die Schutzzelle so irritiert, dass sie sich wie ein Zerstörer verhält.

3: Das Ziel existiert bereits, bevor man es braucht

Wir können das Ziel nicht erschaffen. Das Ziel muss nicht erschaffen werden. Sobald wir uns verloren fühlen, wartet das Ziel bereits darauf, gefunden zu werden. Wie wir festgestellt haben, bedeutet das nicht, dass ein Ziel in der Vergangenheit existieren kann. Nichts existiert in der Vergangenheit, weil die Vergangenheit nicht existiert. Das ist beruhigend, denn das Ziel ist schon bereit und wartet nur darauf, von uns gesehen zu werden. Das Ziel ist bereits an der Oberfläche vorhanden; es liegt nicht unter einer tiefen Stelle versteckt, an der nur intelligente Leute zu graben wissen.

Wenn ich gefragt werde, was ich gern morgen essen möchte, richten sich meine Augen auf etwas, schweifen umher und schauen wieder etwas an, um das zu entdecken, was bereits vorhanden ist. Alles, was ich tun muss, ist, es zu finden. Ich muss das Bier und die Pizza von morgen im Hier und Jetzt finden. Ich muss das sehen, was schon da ist. Was ich sehe, ist bereits da; ich kann es nicht herstellen. Ich kann es weder erschaffen noch erfinden; ich muss es finden.

4: Das Ziel ist immer konkret

Angst versucht, die Konturen der Dinge, die wir sehen, zu verwischen. *Angst* lässt die Unterschiede zwischen den Dingen verschwimmen. *Angst* gibt uns zu verstehen, dass wir niemals etwas zu klar sehen dürfen, weil wir sonst dem schwarzen Mann begegnen. Natürlich ist das eine Lüge. *Angst* jagt uns Angst ein, das Konkrete zu sehen, weil das Konkrete sie verringern würde. Wir wissen also, dass das, wonach wir suchen, konkret ist.

Wenn also das Erscheinungsbild von etwas, das wir fürchten, verschwommene Konturen hat, müssen wir unseren Mut zusammennehmen und die furchterregende Unklarheit untersuchen. Merkwürdigerweise werden wir feststellen, dass das Erscheinungsbild durch keine Prüfung schärfer zu werden scheint. Je mehr wir es prüfen, desto verschwommener wird es, um Überprüfung und Entlarvung zu vermeiden. Würden wir es allerdings wagen, das Erscheinungsbild zu analysieren, zerfiele es in unseren Händen wie eine Maske aus Staub.

5: Das Ziel verwandelt sich ständig
und
6: Das Ziel ist immer aktiv

Wie wir gesehen haben, muss das Ziel sich ständig verwandeln, und es muss ständig aktiv und in Bewegung sein. Wenn es sich nicht verwandelt oder wenn es stillsteht, ist es tot. Wenn es sich nicht bewegen kann, ist es kein Ziel. Also weiß der blockierte Schauspieler, dass er nach etwas mit diesen Merkmalen sucht:

konkret
in Bewegung
außerhalb
sich wandelnd
aktiv
darauf wartend, entdeckt zu werden
Veränderung benötigend

Das wird Irina helfen, das Feld einzugrenzen. Sie weiß nun, dass sie nicht nach Folgendem suchen muss:

allgemein
unbewegt
innerlich
gleichbleibend
passiv
darauf wartend, erschaffen zu werden
unveränderlich

– was genau dem entspricht, was *Angst* ihr eingeredet hat.

Aber was geschieht, wenn das Ziel zu verschwinden scheint? Was passiert, wenn das Ziel uns in das Netz der *Angst* gehen lässt? Wenn alle sechs Regeln versagen, was sollen wir dann tun? *Angst* verallgemeinert das Konkrete, bringt jede Bewegung zum Erstarren und schweißt jeden räumlichen und zeitlichen Abstand zu einer neuen, fürchterlichen Legierung zusammen. Noch verheerender ist, *Angst* hat die rettende Gegenwart in das trügerische Paar, Vergangenheit und Zukunft, aufgeteilt. Was können wir tun?

Nun, wir können die Strategie unseres Feindes nachahmen. *Angst* benutzt die trügerische Aufspaltung, warum sollten wir das nicht auch tun? Zuerst müssen wir ein Ziel finden, die »Nacht« oder die »Zukunft« oder Romeo – in Panik muss alles herhalten –, und dann müssen wir es aufteilen. Das Ergebnis sind »die Einsätze«.

DIE EINSÄTZE
(= was auf dem Spiel steht)

5

DIE Einsätze bieten uns den bestmöglichen Ausweg aus einer Blockierung. Zuerst muss der Schauspieler ein Ziel sehen, und bevor es verschwindet, muss das Ziel in zwei Hälften geteilt werden.

Wie wir gerade erläutert haben, enthält jeder Moment des Lebens ein gewisses Maß an Streben. Jedes Lebewesen hat es in jeder Minute seines Lebens mit einer Situation zu tun, die sich zum Guten oder Schlechten wenden kann. Diese Wendung zum Guten oder Schlechten kann winzig klein sein, aber es gibt immer eine Bewegung zum Guten oder Schlechten hin. Wir können uns nur einer Sache sicher sein, nämlich der Veränderung.

Genauso ist Julia mit einer Situation konfrontiert, die so nicht bestehen bleiben kann. Selbst wenn Julia Romeo verlassen müsste, um bei ihren Eltern zu bleiben, und ihr nichts bliebe, als für immer auf diesem Balkon zu träumen, würde sie doch sehen, dass sich ihre Welt verändert. In jedem Fall würde sie altern. Auch wenn sie ihre Hoffnung töten und für immer ein kleines Mädchen bleiben wollte, könnte sie niemals den Lauf des Lebens aufhalten.

Für dich, für mich, für die kleinste Amöbe und auch für Julia wird es immer etwas zu verlieren und etwas zu gewinnen geben. Und was immer wir sagen und tun, geschieht nur aus dem Grund, eine Situation zu verbessern und einer Verschlechterung vorzubeugen. Dieses Streben treibt den Schauspieler an.

Je genauer wir das Ziel betrachten, umso deutlicher sehen wir, dass es sich teilt. Und es teilt sich in zwei gleiche Hälften. Das Ziel spaltet sich immer in ein besseres und ein schlechteres Ergebnis auf. Romeo teilt sich auf in den Romeo, den Julia sehen möchte, und in den Romeo, den Julia nicht sehen möchte. Seine Worte spalten sich auf in die Worte, die Julia hören möchte, und in die Worte, die sie nicht hören möchte. Julia lebt, wie wir alle, in einer doppelten Welt: Sie hat eine doppelte Sicht. Julia sieht einen Romeo, der sie versteht, und einen, der sie nicht versteht, einen Romeo, der stark ist, und einen Romeo, der schwach ist.

Die Einsätze sind so bedeutend, dass sie ihre eigene Doppelregel haben. Die unzerbrechliche Doppelregel lautet:

1. In jedem Moment des Lebens gibt es etwas zu gewinnen und etwas zu verlieren.
2. Das, was es zu gewinnen gibt, ist ebenso groß wie das, was es zu verlieren gibt.

Zwei und eins

Für Irina reicht es nicht, zu sagen, die Situation sei wichtig für Julia. Es reicht nicht, zu sagen, dass Julias Leben von ihrem Handeln abhängt. Irina muss verstehen, was auf dem Spiel steht. Und das ist etwas ganz anderes. Die Einsätze sind nicht unklar oder vage; die Einsätze sind konkret und müssen eindeutig paarweise auftreten. Für einen Schauspieler in Schwierigkeiten ist es entscheidend, sich an diese Vorschrift »zwei« statt »eins« zu erinnern. Wenn Irina sich etwa fragt: *»Was steht hier auf dem Spiel?«*, und sie antwortet: *»Ich möchte mit Romeo fliehen«*, dann ist das ein Beispiel dafür, sich selbst mit »eins« auszudrücken. Irina hat unwissentlich das Negative ausgeblendet. Das mag nach Haarspalterei klingen. Aber diese auf »eins« reduzierte Antwort wird Irina auf Dauer verwirren. Dieses Duo, das Positive wie das Negative, auszugraben mag den Schauspieler ärgern und frustrieren, aber das Positive in Reibung mit dem Negativen feuert den Schauspieler an.

Auf dem Spiel steht nicht nur:

»dass ich mit Romeo fliehen will.«

Es geht darum:

»dass ich mit Romeo fliehen will
und *dass ich nicht mit Romeo fliehen will.«*

Sowohl das Positive als auch das Negative sind zur selben Zeit vorhanden, sowohl die Hoffnung als auch die Angst, sowohl der Gewinn als auch der Verlust.

Eine bessere Frage als *»Worum geht es hier?«* wäre *»Was werde ich wahrscheinlich gewinnen, und was werde ich wahrscheinlich verlieren?«*

»Meine Amme wird mich beschützen
und *meine Amme wird mich verraten.«*
»Alles wird gut
und *alles führt ins Verderben.«*
»Wenn ich Romeo zeige, wie kühn ich bin, fühlt er sich zu mir hingezogen,
und *meine Kühnheit wird Romeo abstoßen.«*

Noch konstruktiver ist es für Irina, mit Julias Augen zu sehen.

»Ich sehe einen Romeo, der mit mir fliehen will,
und *ich sehe einen Romeo, der nicht mit mir fliehen will.«*
»Ich sehe einen Romeo, mit dem ich fliehen möchte,

und *ich sehe einen Romeo, mit dem ich nicht fliehen möchte.«*
»Ich sehe eine Zukunft mit Romeo
und *ich sehe eine Zukunft ohne Romeo.«*

Schauspieler fühlen sich oft gelähmt, weil sie nach »eins« gesucht haben. Die Suche nach »eins« ist ein sinnloses Unterfangen; es gibt kein magisches »eins«, das alle Probleme lösen wird. Leben entsteht in den gegensätzlichen »zwei«. Der Versuch, zu vereinfachen, den Weg abzukürzen und die Dinge durch »eins« zu erledigen, blockiert den Schauspieler. Die Regel der »zwei« ist so einfach wie Radfahren und gleichermaßen schwer in Worten zu erklären.

Mit Hilfe von Beispielen wird es deutlicher. Es gibt keine Nacht ohne Tag. Es gibt keine Ehre ohne Schande. Und eine Liebeserklärung ist deshalb schmerzlich, weil die Freude über die erwiderte Liebe die große Angst vor der Ablehnung genau spiegelt. Einigen erscheint diese Idee einfach und grundlegend, anderen verdreht und kompliziert. Aber wir haben es hier nicht mit spirituellen Offenbarungen oder der Wahrheit zu tun. Alles, worauf es ankommt, ist, dass solch ein Konzept dem Schauspieler helfen kann, voranzukommen.

Schmerz

Warum haben wir von Natur aus einen Widerstand in uns, der uns daran hindert, die Welt in diesen Zweiergruppen zu sehen? Es gibt eine sehr einfache Antwort. Wir mögen keinen Schmerz. Wir mögen keinen Schmerz in unserem Körper. Und wir mögen keinen Schmerz in unserem Kopf. Und diese Zweiergruppen verursachen Schmerzen. Zum Beispiel neigen wir dazu, das Gute in den Menschen zu sehen, die wir mögen, und wir neigen dazu, das Schlechte in den Menschen zu sehen, die wir nicht mögen. Dies trägt zu einem behaglicheren Weltbild bei. Es ist kein realistisches Weltbild, aber ein weniger schmerzhaftes. Und wir sind bereit, viel für diese Annehmlichkeit zu zahlen.

Zu sehen, dass Menschen, die wir lieben, Schlechtes tun können, und Menschen, die wir hassen, Gutes, ist schmerzhaft. Um aber Julia nahe zu sein, müssen wir uns nicht nur ihrer Freude, sondern auch ihren Schmerzen nähern.

Es ist eine traurige Ironie, dass blockiertes Spiel oft daraus resultiert, dass ein Schauspieler allzu genau weiß, dass wenig auf dem Spiel steht. Also versucht der Schauspieler, »um höhere Einsätze zu spielen«. Wenn Irina das Gefühl hat, dass das, was sie tut, nicht aufregend, fesselnd, faszinierend, bedeutsam genug ist, wird sie versuchen, ihren Text und ihre Handlungen aufregender, fesselnder, faszinierender und bedeutsamer zu machen. Und der beste Weg, das zu tun, mag für den Schauspieler darin bestehen, sich von der Außenwelt abzukoppeln und Vollgas zu geben.

Das Resultat ist jener »Überdruck«, der dem Publikum den Anschein vermittelt, die Schauspieler würden schreien. Aber dieses Schreien hört sich nur wie Schreien an. Der Überdruck muss sich auch nicht laut äußern, ist aber genauso bedeutungslos wie das unbegründete Schreien – und tut ebenso in den Ohren weh. Das Spiel des Schauspielers wird zunehmend forcierter und oberflächlicher, der Schauspieler spürt, dass die Einsätze sinken, und drückt noch mehr aufs Pedal. Ein Trauerspiel.

Ein Schauspieler kann die Einsätze nicht erspielen; er darf sie nicht als etwas ansehen, was erschaffen werden kann. Stattdessen sollte der Schauspieler sich die großen »zwei« bewusst machen: was es sowohl zu verlieren als auch zu gewinnen gibt. Denken wir also daran, sooft der Ausdruck »die Einsätze« benutzt wird, handelt es sich dabei nicht um einen Zustand. Die Einsätze bedeuten immer zwei Richtungen in einem Konflikt. Es gibt immer etwas zu verlieren und etwas zu gewinnen.

Selbst der Titel dieses Kapitels ist möglicherweise irreführend. Sogar der Ausdruck »die Einsätze« ist ein »falscher Freund«, wenn er andeutet, dass es dabei um eine Sache geht.

Das Glas Wasser

Nehmen wir einmal an, auf magische Weise könnten wir dasselbe Glas Wasser einem Millionär in einem Restaurant anbieten und einem Legionär, der durch die Wüste kriecht. Einfach zu sagen, das Glas Wasser sei für den einen »weniger wichtig« als für den anderen, ist – so wahr es auch sein mag – wenig hilfreich für den Schauspieler. Denn der Zweiereinsatz verschwimmt in eins.

Wie kann der Schauspieler die lähmende »eins« in eine dynamische »zwei« spalten? Das könnte für den Legionär auf dem Spiel stehen: *»Schwappt dieses Glas Wasser über oder nicht? Wird jemand das Glas Wasser stehlen oder nicht?«* Was diese Figur tun wird, hängt davon ab, was für sie auf dem Spiel steht. Wer die Figur ist, hängt ebenfalls davon ab, was für sie auf dem Spiel steht.

Für den Millionär steht sehr wenig auf dem Spiel, was das Wasserglas betrifft. Er mag von dem Glas Notiz nehmen, weil er ein wenig durstig ist oder um den Château Margaux besser zu genießen: *»Wird das Wasser meinen Gaumen neutralisieren oder nicht?«* Es mag sehr wenig auf dem Spiel stehen, aber sobald der Millionär überhaupt von dem Wasser Notiz nimmt, muss es einen kleinen Anteil für ihn zu gewinnen oder zu verlieren geben.

Die Logik wird darauf bestehen und der Wissenschaftler zustimmen, dass die molekulare Struktur des Wassers sich nicht verändert. Was aber den Schauspieler betrifft, so verändert das Glas Wasser seine Substanz sehr wohl. Der Legionär und der Millionär sehen in der Tat unterschiedliche Gläser Wasser.

Beim Schauspielen geht es nicht darum, wie wir die Dinge sehen; beim Schauspielen geht es darum, was wir sehen. Für den Schauspieler gilt: Wir sind, was wir sehen.

Eine Anekdote aus dem Probenraum

Nehmen wir einmal an, wir proben *Macbeth*, und nach hoffnungslosen Tagen mit wenig inspirierender Arbeit bricht auf einmal das Leben aus. Die Szene explodiert mit Kraft und Bedrohlichkeit, und jeder im Probenraum ist beeindruckt: Macbeth hat etwas Entsetzliches gesehen, und es sträuben sich uns die Haare, als er plötzlich ruft: *»... Text, bitte!«*

Die Einsätze schießen in die Höhe; für einen kurzen Moment bekommen wir einen flüchtigen Einblick ins wirkliche Leben und in echte Gefahr, und das alles nur, weil der Schauspieler seinen Text vergessen hat. Dieser Wechsel vom Todernsten ins Lächerliche lässt die Frage aufkommen: Kann bei einer Probe mehr auf dem Spiel stehen als bei der Planung eines Mordanschlags auf ein Staatsoberhaupt? Der Moment ist absurd, und wir lachen: Nicht nur während der Proben, sondern auch bei einem Mordanschlag sind die Einsätze geradezu lächerlich unverhältnismäßig, jeweils in unterschiedliche Richtungen. Solche Momente sind nützlich, weil sie uns zeigen, wie weit wir von dem Punkt entfernt sind, den wir erreichen müssen. Wir machen uns vor, um hohe Einsätze zu spielen, obwohl wir nicht im Entferntesten dem nahe sind, was die Situation verlangt.

Das Problem weitergeben

Irina weiß sehr gut, dass bei einem Panikanfall ihre Einsätze in die Höhe schießen. Wie wir gleich sehen werden, kann

Irina die Einsätze für sich selbst verringern, indem sie die Einsätze für Julia erhöht. Auf diese Art und Weise kann sie doppelt gewinnen. Aber wie kann der Schauspieler die in die Höhe schießenden Einsätze auf die Figur abwälzen? Betrachten wir einmal drei Personen der Reihe nach: Romeo, Julia ... und Irina. Zwei fiktive Personen und eine reale Person. Was steht auf dem Spiel für jeden? Für Julia beziehen sich die Einsätze meist auf Romeo, während das meiste, was für Romeo auf dem Spiel steht, mit Julia zu tun hat. Wird die fremde Schönheit seine Liebe erwidern oder wird sie ihn zu einem Leben in Verzweiflung verdammen?

Für Irina sind die Einsätze ebenfalls hoch, aber vollkommen anders! Wenn sich Irina blockiert fühlt, scheinen die Einsätze mit ihrem Spiel zusammenzuhängen. Mit anderen Worten, anstatt zu sehen, was Julia wahrscheinlich gewinnt oder Gefahr läuft zu verlieren, wird Irina überwältigt von dem, was Irina vermutlich gewinnt oder Gefahr läuft zu verlieren. Wird Irina beispielsweise gut oder schlecht spielen, wird Irina sich lächerlich machen oder nicht? Wieder einmal sind die offensichtlichen Unterschiede zwischen dem Schauspieler und der Figur nur scheinbar offensichtlich. Diese Unterschiede verschwimmen nur allzu leicht. Was für Irina und was für Julia auf dem Spiel steht, muss unterschieden und sorgfältig voneinander getrennt werden. Irinas und Julias Einsätze sind ganz unterschiedlich. Wie kann Irina ihre eigenen Einsätze niedrig halten und Julias erhöhen?

Die Reise hindurch

Zuerst muss der Schauspieler alles, was für ihn auf dem Spiel steht, auf die Figur übertragen und in das umwandeln, was für die Figur auf dem Spiel steht.

Das ist notwendig, weil sich Julias Einsätze nicht in Julias Innerem befinden. Was für Julia auf dem Spiel steht, ergibt sich aus dem, was Julia sieht. Deshalb muss Irina eine Reise durch Julia hindurch antreten, um zu sehen, wie Julia die Außenwelt wahrnimmt. Irina darf auf dieser Reise durch die Figur nicht anhalten. Stattdessen muss sie durch eine durchlässige Julia hindurchblicken, um auf der anderen Seite das zu sehen, was für Julia von Interesse ist.

Für Julia ist Romeo von Interesse. Darum muss Irina durch Julia hindurchsehen und herausfinden, was in Bezug auf Romeo für Julia auf dem Spiel steht. Irina muss aufhören, in Julia hineinzublicken, denn dort wird sie nur finden, was für Irina auf dem Spiel steht! Der Schauspieler sollte nicht in die Figur hinein-, sondern durch die Figur hindurchsehen. Der Blick des Schauspielers muss durch die Figur hindurchreisen, als ob die Figur durchsichtig wäre. Als ob die Figur eine Maske wäre.

Der Schauspieler sieht mit den Augen der Figur. Nur wenn der Schauspieler sieht, was für die Figur auf dem Spiel steht, wird die Figur lebendig sein.

Ein Exkurs: ungleiche Einsätze

Die Doppelregel legt dar, dass es in jeder Sekunde des Lebens etwas zu verlieren und etwas zu gewinnen geben muss. Dagegen kann die *Angst* nichts unternehmen. Es ist eine feste Regel.

Es ist nicht nachweisbar, dass das, was wir verlieren können, von gleichem Ausmaß ist wie das, was wir gewinnen können. Aber diese Vorstellung ist nützlich. Eine derartige Symmetrie unterstützt praktisch das Universum des Schauspielers. Wir sollten uns nicht davon entmutigen lassen, dass wir nie das exakte Antonym, das genau entgegengesetzte Wort finden werden. Die Vorstellung von Symmetrie ist machtvoll, auch wenn das Ideal niemals erreicht werden kann. Experimente haben gezeigt, dass Symmetrie sogar die

Vorstellung eines Säuglings von einem schönen Gesicht bestimmt, obwohl kein Gesicht ganz symmetrisch ist.

Manchmal scheinen der mögliche Gewinn und der mögliche Verlust ungleich zu sein. Dermot ist von Kevin zum Pferderennen eingeladen worden. Wird er wetten? Dermot findet Gefallen an einem gelangweilt aussehenden Pferd namens »Unwahrscheinlich«, dessen Chancen eins zu hundert stehen. Er setzt einen Zehner darauf, so dass er im besten Fall einen Tausender gewinnen könnte. Als Kevin ihn fragt: *»Wie fühlst du dich?«*, antwortet der Anfänger: *»Ich würde gern einen Tausender gewinnen, aber es macht mir auch nicht so viel aus, den Zehner zu verlieren.«* Heißt das, dass sein Gewinn weit größer sein kann als sein Verlust?

Nein, das heißt es nicht. Tatsächlich ist die Symmetrie immer noch präsent, weil das positive Ergebnis, die Freude über den Gewinn eines Tausenders, durch die Unwahrscheinlichkeit eines solchen Gewinns abgemildert wird, so wie die Enttäuschung des Verlierens wiederum durch die niedrige Summe des Verlusts gemildert wird. Beide Ergebnisse gleichen sich aus.

Irina muss nun die Existenz ebendieser Symmetrie als gegeben voraussetzen und dann die Aufgabe übernehmen, sie zu finden. Für einen Wissenschaftler ist es vielleicht eine Grundvoraussetzung, bei seiner Forschung niemals mit der Schlussfolgerung anzufangen. Aber wir sind keine Wissenschaftler. Die Teilung von eins in zwei kann in einem Schauspieler enorme Energie freisetzen, ähnlich wie dies bei der Kernspaltung geschieht.

Ein Exkurs: die beweglichen Einsätze

Wir können außerdem feststellen, dass die Aufmerksamkeit dorthin wandert, wo mehr auf dem Spiel steht. Wenn etwas auf dem Spiel steht, empfinden wir Angst und Hoffnung, und das in exakt gleichem Maße. *»Wird das Mädchen in der Bücherei mich heute ansehen oder nicht? Oder ist es mir egal?«*

Und wenn nicht, läuft es darauf hinaus, dass ich meine Aufmerksamkeit auf etwas lenke, das mich mehr reizt. Aber es gibt eine Ausnahme von dieser Regel. Manchmal geschieht das Umgekehrte, und wir ziehen uns aus der realen Welt zurück, weil die Einsätze unerträglich hoch sind. Wenn die Einsätze unerträglich in die Höhe schießen, können wir unseren Blick von der Realität ab- und einer Fantasiewelt zuwenden, in der imaginäre Einsätze die realen ersetzen und wir ruhiger leben können. In dieser trügerischen Welt können wir Gebrauch machen von unseren Fähigkeiten der Vorhersage und der Kontrolle. Nehmen wir einmal den Fall eines Vaters, der lieber das Geschirr abwäscht, als sich mit der Drogensucht seines Sohnes auseinanderzusetzen. Er hat sich selbst davon überzeugt, dass er in erster Linie dafür sorgen muss, dass der Kochtopf wirklich sauber ist, während sein Sohn geistesabwesend in die Kaffeetasse stiert. Der Vater kann nur die eine Art von Einsatz durch eine andere ersetzen. Dieser letzte Rest Bratensoße, lässt er sich abkratzen oder nicht? Sogar der Vater, der verleugnet, was wirklich auf dem Spiel steht, muss sich in seiner Parallelwelt etwas anderes suchen, was auf dem Spiel steht.

Einer der wesentlichen Gründe, warum wir ins Theater gehen, ist, Menschen in Situationen zu erleben, in denen ungeheuer viel auf dem Spiel steht. Das Theater hilft uns, extreme Gefühle in einer kontrollierten Situation zu erforschen. In unserer privaten Welt mögen wir vielleicht so unerträglich hohe Einsätze nicht, doch scheuen wir keine Mühen, um anderen Menschen zuzusehen, wie sie diese intensiven, gegensätzlichen Gefühle erleben. Wir können, in der Geborgenheit einer Gruppe und mit dem beruhigenden

Gefühl, dass alles nur einer Fantasiewelt entspringt, Zeuge dessen sein, was wir nicht selbst erleben wollen.

Das Ziel ist nicht die Art und Weise, wie wir etwas sehen. Das Ziel ist das, was wir sehen. Das geteilte Ziel sind die Einsätze. In jeder Sekunde des Lebens gibt es etwas zu verlieren und etwas zu gewinnen.

»ICH WEISS NICHT, WAS ICH WILL«

6

DAS zweite Spinnenbein ist eng mit dem ersten verknüpft. »*Was ich will*« ergibt sich aus dem Ziel. Bevor ich etwas will, muss ich es sehen. »Wollen« ergibt sich aus dem, was ich sehe. Was Julia will, ergibt sich aus dem, was Julia sieht. Zu sehen, was Julia sieht, darauf kommt es an. »Zu entscheiden, was Julia will«, lässt den wichtigen Schritt des Sehens aus. Herauszuarbeiten, »was meine Figur will«, ist etwas anderes, als zu »sehen, was meine Figur sieht«. Und dieser Unterschied ist für den Schauspieler nützlich.

Wie wir gesehen haben, muss Irina so spielen, als ob sie dabei aus Julias Innerem heraussieht. Irina darf Julia nicht so spielen, als ob sie von außen in sie hineinsieht. Herauszuarbeiten, »was Julia will«, ist gewissermaßen eine Aufgabe für jemanden, der Julia kennt oder über sie schreibt. Aber das sagt nichts darüber, wie Julia die Dinge erlebt. Aus Julias Innerem heraus betrachtet sieht die Welt ganz anders aus. Und Irina spielt, als würde sie die Welt mit Julias Augen wahrnehmen. Irina ist eine Künstlerin. Irina hält keinen Vortrag über Julia. Irina muss erleben, was Julia erlebt. Irina muss gleich sehen, was Julia sieht – und nicht erst im Nachhinein.

In jedem Fall ist das Wort »wollen« für den Schauspieler nicht immer nützlich. Die Frage »*Was will ich?*« impliziert, dass ich selbst entscheide, was ich will, mit anderen Worten, dass ich kontrollieren kann, was ich will. Das Wort »brauchen« hilft dem Schauspieler weit mehr:

Irina kann spielen, dass sie Romeo küssen will
oder

sie kann die Lippen sehen, die unbedingt einen Kuss brauchen.

Das Zweite ist wahrscheinlich hilfreicher.

Wie wir gesehen haben, wird für den Schauspieler Begehren durch das Ziel hervorgerufen und nicht durch den Willen der Figur.

Viele Figuren sehen, dass sie keine Wahl haben, während der Betrachter ganz genau sieht, dass sie sehr wohl eine hätten:

Rosalinde sieht den Orlando, der belehrt werden muss.
Beatrice sieht den Benedikt, der ignoriert werden muss.
Othello sieht die Desdemona, die erwürgt werden muss.

Wollen und Brauchen

»Brauchen« macht deutlich, dass das Ziel etwas beinhaltet, auf das wir nicht verzichten können, während »wollen« darauf schließen lässt, dass wir mit einer konzentrierten Willensanstrengung das Wollen an- und ausschalten können. »Wollen« kann ich auf- und zudrehen wie einen Wasserhahn, »brauchen« hingegen schaltet mich nach Belieben an und aus. Etwas zu »brauchen« erinnert uns sehr nützlich daran, dass wir unsere Gefühle nicht kontrollieren. Vielleicht ist das Bedürfnis nicht besonders groß, wenn ich um eine Tasse Kaffee bitte. Aber das Bedürfnis ist da. Vielleicht brauche ich den Kaffee, um mich zu entspannen, um meinen Kater zu kurieren, zum Zeitvertreib, um irgendetwas zu tun, weil ich irgendwie Angst davor habe, nichts zu tun. Einfach den Kaffee zu wollen verbirgt vielleicht einige interessantere Bedürfnisse. Normalerweise ist uns Wollen lieber, denn beim Wollen abgelehnt zu werden ist weniger kränkend. Wenn wir bloß etwas wollen, ist es nicht so beschämend, es nicht bekommen. Aber etwas nicht zu bekommen, wenn wir es wirklich brauchen, ist demütigend. Die Bedürftigkeit glaubt, ein hässliches Gesicht zu haben, und benutzt *Wollen* manchmal als Maske.

Wir können immer ein gewisses Maß an Bedürftigkeit finden. Anstatt nur ein wenig frische Luft auf dem Balkon schnappen zu wollen, braucht Julia vielleicht unbedingt frische Luft oder ein bisschen Ruhe vor der Amme, oder sie hat das Bedürfnis, dem Lärm der Putzfrauen zu entfliehen. Ein tiefes Bedürfnis steht hinter Julias Bitte an Romeo, nicht beim »unbeständigen Mond« zu schwören. Sie braucht einen beständigen, reifen und aufmerksamen Romeo. Was Romeo betrifft, steht für Julia so viel auf dem Spiel, dass es unzureichend ist zu sagen, dass Julia einen Romeo nur mit diesen Eigenschaften will; ihre ganze Zukunft hängt davon ab. Julias Bedürfnis übertrifft ihr Wollen.

Die zentrale Gefahr in der Frage *»Was will ich?«* ist, dass sie das Ziel abwertet. Die Frage impliziert, dass ich mein Begehren innerhalb einer Art Kräftezentrum hervorrufen und kontrollieren kann.

»Was Julia will« mag so klingen, als ginge es aus dem hervor, was Julia im Innern fühlt. Aber so erscheint es nur demjenigen, der Julia von außen betrachtet. Für einen Außenstehenden ist es offensichtlich, dass Julia sehr wohl wählen kann, wie ihr Schicksal aussehen soll. Von der ersten Begegnung mit Romeo bis hin zu den letzten Minuten in der Gruft. Doch für Julia sieht es wahrscheinlich so aus, als wäre ihr das alles auferlegt worden. Sie liebt Romeo, welche Wahl hat sie also? Für Julia hat es den Anschein, als habe sie kaum eine Wahl.

Ein Exkurs: Wahl

Wenn wir von jemandem sagen, er sei »bezaubernd« und »unwiderstehlich«, lassen wir die Tatsache außer Acht, dass wir uns entscheiden, ob wir verrückt sind nach einer Person oder ihr nicht widerstehen. Schönheit, wie man so sagt, liegt im Auge des Betrachters. Aber warum müssen wir so oft daran erinnert werden? Weil wir diesen Grundsatz im wirklichen Leben immer wieder vergessen. Es gibt keinen Raum für Entscheidungen in alten Songs wie »You Made Me Love You« oder »What Else Could I Do?«.

Ebenso merkwürdig ist es, dass wir, wenn wir über andere Menschen sprechen oder eine Figur diskutieren, oft danach fragen, warum sie dieses oder jenes »gewählt« haben. Wir vergessen leicht, dass wir in ähnlichen Krisen selbst geglaubt haben, keine Wahl zu haben. Martin Luther sagte: *»Ich kann nicht anders«*, und setzte die Reformation in Gang. Tatsächlich gab es eine Menge anderer Dinge, die er hätte tun können. Zum Beispiel hätte er, mit denkbar weniger Anstrengung, ein unbekannter Mönch bleiben können. Aber für ihn sah das nicht so aus. Er fand, dass er keine Wahl hatte. Er sah eine katholische Kirche, die dringend verändert werden musste. Die korrupte Kirche nahm ihm seine Entscheidung ab. Natürlich quälte ihn die Entscheidung, aber letztendlich empfand und erkannte er Folgendes: *»Ich kann nicht anders.«*

Auf der anderen Seite ist unser Bedürfnis, mitzuerleben, wie jemand eine Entscheidung trifft, die sein Leben verändern wird, einer der Hauptgründe, warum wir uns großes Theater ansehen. Was passiert in der Balkon-Szene? Julia trifft die außergewöhnliche Entscheidung, ihren Eltern die Stirn zu bieten und Romeo zu heiraten. Und diese Wahl bewegt uns. Aber wie fühlt sich diese Entscheidung von innen an? Was empfindet Julia, als sie ihre Wahl trifft? Wenn wenig auf dem Spiel steht, scheint es eine Fülle von Wahlmöglichkeiten zu geben. *»Wie hätten Sie ihren Kaffee gern? Schwarz/mit Milch/Espresso/Cappuccino?«* Wir können unsere Wahl nach Lust und Laune ändern. Um eine außerordentliche Entscheidung zu treffen, muss Julia sich, wie Luther, einbilden, dass sie keine wirkliche Wahl hat. Soll ich Romeo heiraten oder bei meinen Eltern bleiben und Paris heiraten? Ist die Hochzeit mit Paris eine wirkliche Alternative? Für die Amme? Ja. Für Julia? Nein. Nicht nach der Balkon-Szene. Julia trifft ihre Entscheidung, indem sie sich vorstellt, dass ihr keine andere Möglichkeit geblieben ist.

Dem, der sich den Kopf zerbricht, fällt es dagegen schwer, sich zu entscheiden. Zum Beispiel die von Lady Macbeth erwähnte »Katze im Sprichwort«, bei der *»Ich fürchte«* auf *»Ich möchte«* folgt, oder Hamlet mit *»Sein oder Nichtsein«*. Aber solange Hamlet sieht, dass er eine Wahl hat, kann er keine treffen. Erst im letzten Akt beschließt Hamlet, Claudius zu töten. Aber für ihn sieht es aus, als habe er es so lange aufgeschoben, bis er keine Wahl mehr hatte.

Brauchen und Tun sind nicht voneinander zu trennen. Bevor wir mit »wollen/brauchen« fertig sind, müssen wir »tun« oder »Aktion« noch einmal überdenken.

Etwas nur zu wollen führt dazu, die Einsätze so weit zu verringern, bis die Situation sowohl bequem als auch falsch gespielt werden kann.

AKTION UND REAKTION

7

MENSCHEN sind Tiere, die alles persönlich nehmen. Ein Student sieht in der Bibliothek ein Mädchen, das *Anna Karenina* liest. Wenn er an ihr nicht interessiert ist, wird sich seine Aufmerksamkeit automatisch einem anderen Ziel zuwenden. Je mehr das Mädchen allerdings sein Interesse erregt, desto weniger wird er sie Tolstoi lesen sehen und umso mehr wird er sehen, dass sie ihn am Nebentisch mit Absicht ignoriert. In Wahrheit ist sich das Mädchen natürlich keiner Veränderung in ihrem Tun bewusst. Er hustet, streift sie leicht. Sie ignoriert ihn weiterhin. Er möchte das Verhalten des Mädchens ihm gegenüber ändern. Es kann gut sein, dass er dem Mädchen nicht einmal aufgefallen ist. Aber er interpretiert ihr Verhalten als bewusste und aktive Gleichgültigkeit – eine Gleichgültigkeit, die er ändern muss.

Eine Reaktion folgt auf eine Aktion, weil eine Reaktion die Konsequenz einer Aktion ist. Newton erklärte: *»Zu jeder Aktion gibt es eine gleich große und entgegengesetzte Reaktion.«* Tatsächlich muss alles, was wir tun, eine Reaktion auf etwas sein, was vorher passiert ist.

Wie wir wissen, ist das Ziel niemals passiv; das Ziel ist immer aktiv. Alle unsere scheinbaren Aktionen sind in Wirklichkeit Reaktionen auf das, was das Ziel bereits tut.

Heißt das tatsächlich, dass wir niemals etwas anfangen? Genau das heißt es. Und dieses Prinzip ist ungemein nützlich für den Schauspieler. Auch wenn es scheint, als würde ich etwas beginnen, reagiere ich in Wahrheit nur auf etwas anderes. Ich kann nichts selbst hervorbringen; was auch immer ich tue, es muss eine Reaktion auf etwas anderes, Vorangegangenes sein. Wenn ich also spiele, ist dieses »andere, Vorangegangene« ausschlaggebend.

Der Schauspieler kann nicht im leeren Raum spielen

Irina kann sich gleich zu Beginn der Szene blockiert fühlen: »O Romeo! Warum denn Romeo?« Sie hat ein klares Ziel, vermutlich einen nur in ihrer Vorstellung vorhandenen Romeo. Aber warum richtet sie diese ersten Worte an ihn? Um ihn zu ärgern? Um ihn zu verführen? Um ihn zu vernichten? Um ihn neu zu erschaffen? Es gibt viele interessante Wahlmöglichkeiten für Irina, und alle sind abhängig vom Ziel. Aber die Idee des Wählens ist eine Reduzierung dessen, was wir im richtigen Leben tatsächlich durchmachen. Eine Reaktion zu spielen wird Irina immer helfen.

Als Erstes muss Irina sehen, was ihr imaginärer Romeo bereits tut. Denn »was Romeo tut« veranlasst Julia, etwas zu tun. Julia sieht Romeo etwas tun und will das, was er tut, ändern. Ärgert dieser fiktive Romeo Julia, indem er über seinen Vater spricht, indem er erklärt, ein Montague könne niemals eine Capulet heiraten, indem er Julia erzählt, dass er stolz ist, Romeo Montague zu heißen, indem er sie einfach ignoriert oder indem er belanglose Affären hat? Was tut Romeo, das Julia unbedingt ändern muss? Was könnte Romeo tun, das Julia veranlasst zu sagen: »O Romeo! Warum denn Romeo?«

Text und Reaktion

»Was uns Rose heißt/Wie es auch hieße, würde lieblich duften« ist keine gärtnerische Betrachtung, die in einen leeren Raum geworfen wurde. Wir wissen, dass sie auf Romeo zielt. Aber auf welchen Romeo genau? Auf Romeo, den Sohn von Montague? Aber nicht einmal das ist konkret genug, um Irina zu helfen. Irina muss sehen, was genau das Ziel tut. Irina muss sehen, was Romeo bereits tut, so dass Julia darauf reagieren kann. Hier kann es Irina helfen, einen Romeo zu sehen, der aktiv seine Identität verteidigt, so dass Julia reagieren muss mit »Was uns Rose heißt/Wie es auch hieße, würde lieblich duften«, um ihn davon abzuhalten, seinen Familiennamen zu verteidigen.

»Es ist nicht Hand, nicht Fuß/Nicht Arm noch Antlitz, noch ein andrer Teil/Des Menschen selbst.« In diesem Moment könnte Irina sich einen Romeo vorstellen, der darauf besteht, dass sein Name genauso ein Teil von ihm ist wie sein Körper. Also muss Julia ihn unterbrechen, ihm widersprechen und ihn ändern. Wenn Irina sich vorstellt, dass Romeo gerade gesagt hat: *»Mein Name ist mir so wichtig wie mein Körper!«*, muss Julia wohl eher einige Körperteile nennen, um Romeos Standpunkt zu ändern.

Kurz gesagt, zu erkennen, was Romeo tut, macht es für Irina leichter. Irina muss begreifen, dass die Aktion etwas ist, was schon von Romeo gespielt wird.

Der Schauspieler reagiert auf eine Aktion, die schon an einem anderen Ort stattfindet. Der Schauspieler entwickelt niemals eine vollkommen unabhängige Handlung. Mit anderen Worten: *»Ich sehe das Ziel eine Handlung spielen, und als Reaktion versuche ich, die Aktion des Ziels zu ändern.«*

Diese Auslegung klingt vielleicht kompliziert, aber sie hilft Irina, wenn sie auf den Balkon tritt und das Gefühl hat, eine erschreckend große Auswahl an Emotionen zeigen oder Situationen verkörpern zu müssen. Irina muss die Handlung sehen, die sie verändern muss. Irina darf nicht kreativ sein und sich all die unendlich vielen spannenden Dinge vorstellen, die sie tun könnte. Es ist sehr viel hilfreicher für Irina, sich auf ihre Neugier zu verlassen, ihre Augen zu öffnen und zu sehen, was schon außerhalb von ihr gespielt wird und was sie verändern muss.

Romeo

Gönnen wir Irina eine Pause, und wenden wir unsere Aufmerksamkeit Alex zu, der den Romeo spielt und auch das Gefühl hat, nicht weiterzukommen.

»Es ist der Ost, und Julia die Sonne!«, Alex spricht direkt das Publikum an. Er gibt sich alle Mühe, aufrichtig zu erscheinen, aber er forciert und forciert und fühlt sich frustriert. Je mehr er versucht, epische Gefühle in die Worte einfließen zu lassen, desto schlechter fühlt er sich. Wenn Alex diese Zeile benutzt, um zu beschreiben, was er fühlt, blockiert er sich natürlich selbst. Der Schauspieler, der beschreibt, dramatisiert Gefühle lediglich und führt sie vor. Aber er hat noch ein weiteres Problem, er glaubt nämlich, dass es bei dieser Zeile um seine Liebe zu Julia geht. Die Zeile bezieht sich vielleicht auf Julia, aber handeln kann die Zeile nur von dem, zu dem er spricht.

Diese Zeile muss also vom Publikum handeln. Also tut das Publikum anscheinend etwas, was Romeo ändern will. Was muss Romeo zuerst sehen, bevor er äußern kann: »Es ist der Ost, und Julia die Sonne!«? Vielleicht sieht er ein träges, leidenschaftsloses Publikum? Das würde Romeo dazu zwingen, die nüchternen Vorstellungen der Zuschauer anzutreiben, dass sie Julia in all ihrer Pracht wahrnehmen. Obwohl diese Zeile scheinbar von Julia handelt, ist dem nicht so. Romeo versucht die Wahrnehmung des Publikums von Julia zu ändern, und das ist etwas ganz anderes.

Kreative Unabhängigkeit wird Alex weniger weiterhelfen, als ein Publikum zu sehen, das bereits behauptet: *»Wir sehen nicht irgend etwas Bedeutendes. Wir sehen nur ein junges Mädchen auf einem Balkon. Das ist alles!«* Also muss Romeo ändern, was die Zuschauer denken: »Es ist der Ost *(seid ihr blind?!),* und Julia die Sonne!«

Um es noch einmal zu wiederholen, diese Zeile ist ausdrücklich keine Beschreibung Julias. Bei dem Bild des Ostens und der Sonne geht es nicht um Julia. Wenn Alex diese Zeile so spielt, als ob es dabei um Julia geht, wird die Energie wie ein Gummiband zurück in sein Gesicht schnellen. Bei dem Bild geht es um den oder das, an wen oder was es sich richtet. Jeder Text ist ein Werkzeug, mit dem verändert werden kann, was das Ziel bereits tut.

Romeos Worte sind eine Reaktion auf das, was das Publikum seiner Ansicht nach denkt. Deshalb muss sich Alex mit Romeos Vorstellung von dem, was die Leute denken, beschäftigen. In Kapitel 17 werden wir im Rahmen einer »Prätext«-Übung ausführlicher darauf eingehen.

Bei dem, was wir sagen, geht es niemals um das, was wir sagen; es geht um denjenigen, mit dem wir sprechen. Was wir sagen ist ein Werkzeug, mit dem wir unsere Zuhörer verändern können.

Der vergessliche Geschäftsmann

Ein Geschäftsmann durchsucht seine Wohnung nach seinem Ausweis. Beim Spielen dieser Situation hat der Schauspieler vielleicht das Gefühl, dass er etwas herstellen muss, aber in Wirklichkeit kann der Schauspieler nur eine Reaktion zeigen auf das, was er sieht. Das muss bedeuten, dass das sich ändernde Ziel, sein Ausweis, seine Brieftasche, seine Kommode, bereits eine Aktion ausübt. Wie wir wissen, ist das, was der Schauspieler tut – Jacketts über die Schulter hinter sich werfen usw. –, nur eine Antwort auf diese ursprüngliche Aktion. Aber was kann dieser passive, kleine Ausweis tun?

Nun, der Ausweis kann sich aktiv vor dem Geschäftsmann verstecken. Oder zumindest scheint es dem Geschäftsmann so. Ruhig und aus sicherer Entfernung betrachtet klingt das verrückt, aber diese Paranoia scheint weniger absurd, wenn die Zeit drängt, das Taxi draußen hupt und man noch einmal hektisch durch seine Taschen fegt.

So wie der Sekundenzeiger vorrückt, erhöht sich der Einsatz, und der Geschäftsmann wird zunehmend wütend und hilflos. Dieser Gefühlszustand kann nicht gespielt werden. Was aber gespielt werden kann, ist die Reaktion des Geschäftsmannes auf das, was er sieht. Und was sieht er? Er sieht eine äußerst ärgerliche Welt, die es darauf anlegt, ihn aufzuregen. Es ist die Schuld der Person, die aufgeräumt hat; er selbst ist schuld, mit seiner wachsenden Unorganisiertheit; es ist die Schuld des Kissens, das den Ausweis versteckt; es ist die Schuld der vollgestopften Aktentasche; es ist die Schuld des feindlichen Universums, das sich gegen ihn verschworen hat, damit er sein Flugzeug verpasst.

Alles, was er tut, Schubladen aufreißen, Taschen ausleeren und Bücher ausschütteln, wirkt auf den Betrachter sehr aktiv. Aber wie wir gesehen haben, ist es für den Schauspieler nützlicher, mit den Augen der Figur zu sehen, so als ob der Geschäftsmann eine Linse wäre. Was ihn angeht, sieht der Geschäftsmann eine verrücktmachende, unzugängliche, allmächtige Welt. Und in dieser Welt lauert ein rachsüchtiger kleiner Ausweis oder eine trottelige Putzfrau oder ein pingeliges Kissen oder eine unordentliche Tasche. Die verzweifelte Suche ist keineswegs eine originäre Handlung, sondern nur die Antwort auf eine Vielzahl sehr aktiver Ziele.

Der Ausweis hält sich versteckt; also versucht er, ihn zu finden. Das Taxihupen treibt ihn zur Eile an; also ruft er ihm zu, dass es warten soll. Die Welt frustriert ihn; also versucht er, sie zu bezwingen. Er sieht, dass das Ziel etwas mit ihm macht, und der Geschäftsmann versucht, es zu kontrollieren, abzuschwächen oder damit zurechtzukommen.

Die Reaktion der Figur zielt darauf ab, die auf die Figur gerichtete Aktion des Ziels zu verändern.

Die gespaltene Reaktion

Wenn es für mich immer etwas zu gewinnen und etwas zu verlieren gibt, ist anzunehmen, dass mein Handeln ebenfalls zwei Seiten hat. Denn ich muss ständig versuchen, das herbeizuführen, von dem ich mir wünsche, dass es geschieht. Gleichzeitig muss ich ständig versuchen, Situationen zu verhindern, die mir unangenehm sind. Ein Beispiel soll das verdeutlichen.

Der Blindgänger

Nehmen wir einmal an, Alex hat sich eine Auszeit von den Proben genommen, um in einem Film mitzuspielen. Er spielt einen Bombenentschärfer, und es ist seine große Szene. Der Regisseur hat sehr wenig Zeit und sagt zu Alex: *»Du kriechst hier durch, das ist deine Ausrüstung, das ist die Pinzette, und das ist die Bombe.«* Nun bereitet sich Alex vielleicht vor, indem er sich sagt, was er macht: *»Ich versuche, die Bombe zu entschärfen, und ich versuche, mich nicht selbst in die Luft zu jagen.«* Sehr gut. Würde er jedoch fragen: *»Aber was genau mache ich zu welcher Zeit? Entschärfe ich die Bombe? Oder rette ich mich selbst?«*, wäre das absurd. Die Antwort muss lauten: beides. *»Aber was genau mache ich zu welcher Zeit? Versuche ich jetzt gerade, die Bombe zu entschärfen? Oder versuche ich jetzt gerade, mich nicht selbst in die Luft zu jagen? Was von beidem?«* Die Antwort muss immer noch lauten: *»Beides zur selben Zeit.«* Alle diese Fragen verlangen eine Antwort, die mit unserer alten Feindin »eins« zu tun hat, und führen deshalb in die Irre.

Alex soll stattdessen die Bombe geradewegs mit den Augen des Experten betrachten. Der Experte kennt die genauen Einzelheiten der Drähte und Federn, und Alex sollte diesbezüglich gründlich recherchiert haben. Welche Verbindung schließt wo an? Statt allerdings herauszufinden, was es mit den Drähten auf sich hat, sollte Alex fragen: *»Was sehe ich?«* Und er wird beides sehen. *»Wird diese zittrige Pinzette mich retten oder ins Jenseits sprengen?«*

Beides denken

Es wird auch Irina helfen, wie folgt beides zu denken:

> *»Ich versuche, Romeo zu belehren, und ich versuche, ihn nicht zu verwirren.«*
> *»Ich versuche, Romeo zu verführen, und ich versuche, ihn nicht abzuschrecken.«*
> *»Ich versuche, Romeo aufzuheitern, und ich versuche, ihn nicht zu ängstigen.«*
> *»Ich versuche, Romeo zu verstehen, und ich versuche, ihn nicht misszuverstehen.«*
> *»Ich versuche, Romeo zu warnen, und ich versuche, die Situation ihm gegenüber nicht zu verharmlosen.«*
> *»Ich versuche, Romeo die Wahrheit zu sagen, und ich versuche, ihn nicht anzulügen.«*

Die Worte, mit denen wir diese gespaltenen Reaktionen beschreiben, sind unbeholfen, aber wie wir bereits wissen, ist Symmetrie nur ein nützliches Ideal. Folgendes ist wichtig: Je mehr ich versuche, etwas zu tun, desto mehr versuche ich, etwas anderes nicht zu tun, und zwar beides in gleichem Maße. Das wird umso offensichtlicher, je mehr auf dem Spiel steht.

Sobald wir uns einmal an die Dualität der Einsätze gewöhnt haben, erscheinen uns die gespaltenen Reaktionen offensichtlich und unvermeidbar. Das ist von Nutzen, denn sollten wir uns blockiert fühlen, setzt diese Spaltung Energie frei, so wie ein gespaltenes Atom. Die zweigeteilte Reaktion klärt, filtert und definiert die Wahrnehmung des Schauspielers.

Es stimmt nicht, dass der Schauspieler keine zwei Dinge auf einmal spielen kann. Wir spielen immer zwei Dinge auf einmal. Aber diese zwei Dinge sind höchst konkret und einander genau entgegengesetzt. Wir brauchen das dualistische Spielen, weil es immer etwas zu verlieren und etwas zu gewinnen gibt.

Ein Exkurs: Gibt es nur Konflikt?

Gibt es denn keine Ausnahmen von diesen ständigen Reibereien? Können die Einsätze nicht wenigstens gegen Null tendieren? Bricht denn niemals Frieden aus? Betrachten wir einmal eine friedlichere Erfahrung. Stell dir vor, du siehst eine Birke im Mai, und ihre zitternden, lichtdurchlässigen Blätter rufen ein Gefühl tiefer Ruhe hervor. Die Birke spendet Frieden, und wir nehmen ihn an. Wenn wir tiefsten Frieden empfinden, während wir die Blätter gelb in der Sonne flimmern sehen, wo soll da ein Problem sein? Wir können diese Aufmerksamkeit jedoch nicht als dauerhaften Zustand besitzen. Ich glaube, dass die meisten Menschen, die einmal einen Zustand äußerster Glückseligkeit erlebt haben, die ersten sind, die uns bestätigen, dass dieser Moment der vollkommenen Eintracht allzu schnell vorübergeht. Der Zustand löst sich unweigerlich auf; er ist unbeständig – *»Bitte lass mich für immer so glücklich sein! Bitte lass dieses Gefühl nie enden!«*

Lebendige Reibung

Im Leben geht es um die unbequeme Zwei und nicht um die sichere Eins. Die widersprüchlichen Energien innerhalb eines

Ziels entscheiden darüber, was wir fühlen und tun. Was das Ziel tut, ist die Aktion. Die Reaktion ist mein Bemühen, dieses Ziel zu verändern, damit es stattdessen das tut, was ich machen muss.

In jedem Augenblick gibt es für mich etwas zu verlieren und etwas zu gewinnen. Es gibt etwas, was ich brauche, und etwas, was ich vermeiden muss. Es gibt etwas, was ich tun muss, und etwas, was ich nicht tun sollte. Es gibt ein Resultat, das ich brauche, und ein Resultat, das ich verhindern muss. Es gibt eine Wirkung, die ich erzielen muss, und eine Wirkung, die ich vermeiden muss.

Wenn es sich nicht bewegt, ist es tot

Ein lebendiges Wesen ist immer in Bewegung, weil alles Lebendige sich bewegt. Aber wir reden hier nicht über eine x-beliebige verallgemeinerte Bewegung. Lebendige Bewegungen mögen wie zufällig erscheinen, sind es aber nie. Ihr Fluss ist konkret und wird angetrieben durch Gegensätze, ähnlich dem elektrischen Strom, wenn er als Funke zwischen negativen und positiven Polen hin- und herspringt. Eine Figur ist kein fester Punkt, sondern eher eine Abfolge von Reisen in gegensätzliche Richtungen. Aber diese gegensätzlichen Reisen folgen sehr konkreten Wegen.

Schauspieler können gewaltige Energien freisetzen, sobald sie einmal begriffen haben, dass Menschen diese Dualität spielen müssen. Sie ist nicht nur logisch, sie hilft.

»ICH WEISS NICHT, WER ICH BIN«

8

»Wer *bin ich?«* ist häufig die erste Frage beim Entwickeln einer Figur, aber sie ist keine Hilfe. Die Frage *»Wer bin ich?«* zu beantworten ist für jedes Individuum eine Lebensaufgabe, und in der Tat, je mehr wir uns selbst entdecken, desto mehr stellen wir fest, dass wir uns selbst überhaupt nicht kennen. Wenn wir also diese Frage nicht einmal in Bezug auf uns selbst vollständig beantworten können, wie können wir sie dann für jemand anderen beantworten? *»Wer bin ich?«* ist eine Frage vom Ausmaß des Mount Everest und ungeeignet, den Schauspieler in der kurzen Spanne einer Probe mental zu stärken.

Was noch schlimmer ist: In dem unschuldig wirkenden *»Wer bin ich?«* ist ein Schuss von einem lähmenden Betäubungsmittel. Inwiefern? Weil es auf eine auf »eins« reduzierte Antwort hinausläuft – *»Wer ist Julia?«* Die Tochter eines Veroneser Aristokraten? Ein vierzehnjähriges Mädchen? Die Verlobte von Paris? Jede dieser Antworten, obwohl wahr, ist statisch. Jede dieser Antworten wirkt lähmend, weil keine Beschreibung, die auf »eins« hinausläuft, beweglich ist.

Irina bedarf Antworten, die lebendig sind. Sie braucht Fragen mit Antworten, die sich wandeln können.

Eine Bewegung zwischen zwei Polen

Welche Fragen würden Irina mehr helfen? *»Wer würde ich gern sein?«* ist nützlicher, weil diese Frage eine Antwort impliziert, die zu einer Handlung führt. *»Wer würde ich gern sein?«* ist noch nützlicher, wenn außerdem etwas Gegensätzliches gefragt wird, etwa: *»Wer fürchte ich zu sein?«*

Also könnte Julia damit beginnen, sich einfach vorzustellen: *»Ich möchte gern die Frau von Romeo werden, ich habe Angst, ich könnte die Frau von Paris werden«*, und dann fortfahren mit: *»Ich würde gern jemand sein, den Romeo liebt, und ich habe Angst, eine von Romeo verratene Geliebte zu werden.«*

Verwandlung

Das Wichtigste, was man sich bei der Erarbeitung einer Figur merken muss, ist auch das Einfachste: Ein Schauspieler kann sich nicht wirklich verwandeln. Das scheint offensichtlicher, als es ist. Manchmal bestrafen Schauspieler sich dafür, dass sie keine »Verwandlung« vollzogen haben. Aber das Streben nach Verwandlung ist genauso vergebens wie das Streben nach Perfektion. Es ist wichtig, sich den Gedanken an Verwandlung ein für allemal aus dem Kopf zu schlagen.

Wir können uns nicht ändern und können uns nicht verwandeln. Wir bleiben stehen, nur das Ziel bewegt sich.

Das Einzige, was sich verwandeln kann, ist das Ziel. Und das Ziel verwandelt sich andauernd.

Natürlich verändert Julia sich während des Stücks. Aber Irina kann diese Veränderung nicht darstellen. Obwohl Irina eine Verwandlung in Julia nicht direkt zeigen kann, kann sie sich an die 5. Regel erinnern – dass das Ziel sich ständig verwandelt. Folglich kann Irina, obwohl sie Julia nicht verändern kann, mit Julias Augen alle Dinge wahrnehmen, die sich um Julia herum zu verändern scheinen. Zum Beispiel kann Irina sehen, dass Julias Bett sich zu verwandeln beginnt. Es kann dabei helfen, Irinas Energie freizusetzen, wenn Julia Folgendes sieht:

Das Bett, in dem sie vor dem Ball aufwacht.
Das Bett, in dem sie nach der Balkon-Szene versucht zu schlafen.

> Das Bett, in dem sie mit Romeo schläft.
> Das Bett, das sie mit Paris hätte teilen können.
> Das Bett, in dem sie sich betäuben wird.

Diese Betten unterscheiden sich im Verlauf des Stücks. Es ist besser für Irina, die Verwandlung des Bettes anzustreben, anstatt zu versuchen, Julia zu verwandeln. Es wird Irina mehr helfen, wenn sie erkennt, dass Julia sich während des Stücks nicht verwandelt, wohl aber das Bett.

Unsere eigene Verwandlung wahrnehmen

Wie wir alle kann sich Julia nicht unmittelbar selbst verändern, aber sie kann natürlich eine Veränderung an sich feststellen. Der Moment, in dem wir zu der Erkenntnis gelangen, dass wir verändert (worden) sind, ist immer ein Moment der Distanz uns selbst gegenüber – ich sehe, dass mich etwas nicht mehr wütend macht, wie es das früher getan hätte; ich sehe, dass mich etwas traurig macht, worüber ich früher gelacht hätte. Meine Aufgabe ist es, mich selbst aus einer leichten Distanz zu betrachten, damit ich sehen kann, wie ich verändert worden bin.

> »Gern hielt' ich streng auf Sitte, möchte gern
> Verleugnen, was ich sprach: doch weg mit Förmlichkeit!«

Vielleicht sieht Julia, dass sie über Nacht verwandelt worden ist. Vielleicht hielt sie einmal streng auf Sitte und gab vor, dergleichen nicht empfunden zu haben. Vielleicht gab es eine frühere Julia, die gesellschaftlich gewandt, zumindest aber wohlerzogen war. Diese Julia ist tot, eine vitalere Julia ist geboren. Es hilft Irina, Momente zu suchen, in denen Julia sich selbst deutlicher wahrnimmt. Aber wenn Irina versucht, bestimmte Verwandlungen an Julia aufzuzeigen, wird sie lediglich einen ordentlichen Aufsatz zur Entwicklung einer Figur liefern, ungefähr so: *»Hier ist sie ein unschuldiges junges Mädchen, hier hat sie ihre Sexualität entdeckt und ausgelebt und wurde von der Liebe verwandelt, hier ist sie eine trauernde Witwe.«* Weder der Schauspieler noch der Regisseur, noch der Autor können die Wahrnehmung des Publikums vollkommen kontrollieren. Alle drei können versuchen, eine Veränderung anschaulich zu machen, um zu zeigen, wie die Figur sich verwandelt hat. Aber so ein Zeigen ist letzten Endes falsch. Sogar der Versuch, sich selbst aktiv zu verändern, ist riskant. Alles, was wir tun können, ist, die Dinge noch genauer, unmittelbarer und aufmerksamer wahrzunehmen. Dann kann bei uns eine Veränderung eintreten. Veränderung entzieht sich jedoch stets unserer Kontrolle.

Noch wichtiger, Irina darf nie vergessen, dass das Publikum nicht gekommen ist, um Julia zu sehen. Das Publikum ist gekommen, um Irina zu sehen. Genauer gesagt, das Publikum ist gekommen, um zu sehen, was Irina sieht. Irina hat nicht die Aufgabe, sich selbst zu verändern. Das ist nicht nur unfair dem Publikum gegenüber; es ist Ketzerei gegenüber ihrer eigenen Schöpfung.

Ein Exkurs: Verwandlung und Zustand

Wenn in der Probe plötzlich Leben ausbricht, überkommt uns ein ungeheures Hochgefühl. Diese Energie bringt Begeisterung mit sich. Das Leben ist ausgebrochen, und Irina ist glücklich. Alles erscheint jetzt einfach, und Erleichterung erfüllt den Raum.

Aber Irina weiß auch, wie es ist, wenn man am nächsten Morgen pfeifend und hüpfend den Probenraum betritt, voller Ungeduld, denselben erhebenden Moment wieder zu erleben, nur um dann bitter enttäuscht zu werden. Dieselbe Passage ist leblos; nichts bleibt, nur eine leere Hülle, und

Irina kann sich um alles in der Welt nicht daran erinnern, was sie am Vortag getan hat, um diesen Zustand zu erreichen. Aber es war niemals ein Zustand. Es kommt ihr vielleicht wie ein Zustand vor, aber in Wirklichkeit war es eine Richtung. Und diese ergibt sich aus dem Ziel und geht nicht von Irina aus. Irina wurde ein Stück Leben geschenkt, aber hinterher bildete sie sich ein, sie hätte es selbst zustande gebracht. Vielleicht dachte sie, sie hätte es durch ihre harte Arbeit erreicht. Aber Leben ist nicht wie Geld. Wir können Geld verdienen, aber nicht das Leben. Das Leben geschieht einfach, das ist alles.

Das Leben liegt außerhalb unserer Kontrolle, und das gefällt uns nicht besonders. Das Leben kann uns jederzeit fallen lassen; und das gefällt uns bestimmt nicht. Leben kann nicht hergestellt werden; und das gefällt uns auch nicht. So sollen viele unserer gedanklichen, sprachlichen und erzählerischen Strukturen diese unbequemste aller Realitäten verbergen.

Wir können Leben niemals erschaffen. Wir öffnen uns dem Leben, indem wir dem Ziel gegenüber nicht die Augen verschließen. Eins ist sicher: Wenn das Leben kommt, kommt es, wann es will – und es kommt als Gnade. Eitelkeit mag uns etwas anderes einreden, aber wir erschaffen das Leben niemals selbst. Unsere Darbietungen sind nicht lebendig, wenn wir uns vorstellen, dass wir etwas erschaffen. Unsere einzige Möglichkeit ist, das Leben zu sehen, das bereits darauf wartet, uns zu durchfließen. Wir können nicht einmal versuchen, Leben weiterzugeben, aber wir können danach streben, das Leben nicht aufzuhalten.

Es gibt keinen Zustand von Leben. Es gibt keinen Zustand von Gnade. Wir können nur hoffen, zu einem lebendigen Moment wieder zurückzukehren, indem wir uns daran erinnern, wie wir schon einmal dahin gekommen sind. Dann wird das Leben uns vielleicht entgegenkommen. Normalerweise gelingt das, aber wir können nicht bestimmen, wo es langgeht. Wir haben diesen Moment nicht durch eine Willensanstrengung erreicht. Wir kamen über das Sehen dahin.

Die dritte unangenehme Entscheidung: Sehen oder zeigen

Wir können entweder zeigen oder sehen, aber wir können niemals beides gleichzeitig tun, weil das eine das andere zerstören muss. Während einer Aufführung bilden wir uns manchmal ein, Dinge zeigen zu müssen, quasi als eine Art Versicherung, damit das Publikum auch wirklich »mitbekommt«, was wir fühlen. Das ist ein absolutes Verhängnis. Für Irina ist es fatal, dem Publikum zu zeigen, was sie für Romeo fühlt.

Sehen dreht sich um das Ziel, zeigen dreht sich um mich. Zeigen handelt nur scheinbar vom Ziel. Zeigen ist in Wirklichkeit nur ein scheinbares Sichöffnen, denn beim Zeigen geht es darum, die Sichtweise anderer zu kontrollieren. Wenn Irina versucht, uns etwas über Julia zu zeigen, ist das so, als würde sie einen Aufsatz über die Figur schreiben oder ihre eigene Darstellung mit der Geige unterstreichen.

Spielen und vortäuschen

Sobald wir zeigen, täuschen wir vor. Und vortäuschen ist nicht spielen. Manchmal ist dieser Unterschied unübersehbar; manchmal ist der Unterschied fast unmerklich.

Manche Dinge können nicht gespielt werden; sie können nur vorgetäuscht werden. Zum Beispiel Zustände wie Tod oder Schlaf. Wir können »schlafen« nicht spielen. Wir können nur vortäuschen zu schlafen. Wir können nur zeigen, dass wir schlafen. Wir können spielen, dass der Schlaf uns übermannt. Wir können spielen, wie wir Mühe haben, uns wach zu halten. Wir können spielen, dass wir einen schlechten Traum haben, denn während des Traums flackert immer wieder eine Art Bewusstsein in unserem Gehirn auf. Wir können nur etwas spielen, was uns bewusst ist, deswegen können wir auch diesen kleinen Bewusstseinsstoß spielen. Der Rest aber muss gezeigt werden. Genauso verhält es sich, wenn wir uns tot stellen müssen. Das ist nicht wirklich spielen. Es ist etwas anderes, aber es kann für die Zuschauer aus theatralischen Gründen von großer Bedeutung sein, dass wir es tun. Sich tot oder schlafend zu stellen ist sehr schwer!

Der Unterschied zwischen spielen und vortäuschen lässt sich nur schwer in Worte fassen. Aber nur weil wir nicht in der Lage sind, für etwas die richtigen Worte zu finden, bedeutet das nicht, dass es unwichtig wäre.

Natürlich gibt es beim Schauspielen mehr als nur bewusste Vorgänge. Allerdings liegt der unbewusste Teil, wie wir bald sehen werden, in der unsichtbaren Arbeit.

Besucher

Es ist praktisch für Irina, sich Folgendes zu merken: Nichts, was wirklich erstrebenswert ist, können wir besitzen. Es gibt Leben. Es gibt Liebe. Es gibt Gnade. Aber einen derartigen Zustand können wir weder herstellen noch besitzen. Je mehr wir uns öffnen, desto mehr atmen diese Besucher durch uns, mit uns, in uns.

Irina kann sich nicht in Julia verwandeln. Sie erreicht nicht die Ebene von Julias Sein, lediglich eine Art von ruhendem Sockel in Julias Charakter. Sie kann Julia niemals besitzen. Und Irina wird sich selbst unweigerlich blockieren, wenn sie sich dafür bestraft, dass sie es nicht geschafft hat, auf diese Art Julia zu »werden«. Wenn sie versucht, sich zu verwandeln, bedeutet das ihren Tod auf künstlerischer Ebene. Schließlich wird Irina Julia nur zeigen.

Wir können unseren Zustand nicht durch Willensanstrengung ändern. Wenn wir uns darauf konzentrieren, uns selbst zu ändern, werden wir schließlich nur *zeigen*. Wir verändern uns, aber nur, wenn wir die Dinge mehr so sehen, wie sie wirklich sind. Es geht um die Richtungsänderung. Wenn wir die Dinge mehr so wahrnehmen, wie sie sind, orientieren wir uns automatisch neu. Veränderung, Verwandlung und Metamorphose liegen außerhalb unserer Kontrolle. Die unerbittliche Regel lautet: Wann immer wir uns bemühen, etwas zu sein, zeigen wir bloß.

Irina kann nur tun, was Julia tut, und sie kann erst tun, was Julia tut, wenn sie sieht, was Julia sieht. Wie wir gelernt haben, ist Irinas scheinbare Reise in Julias Inneres nicht das, wonach es aussieht. Es ist nicht weniger als eine Reise durch Julia hindurch, um zu verstehen, was für Julia bei dem, was sie sieht, auf dem Spiel steht.

Das Publikum sieht durch die Darstellung hindurch in die Welt, die der Schauspieler sieht, auf die konkreten Ziele, die der Schauspieler sieht, und auf die sich unaufhörlich verdoppelnden Einsätze. Reine Virtuosität verhindert, dass das Publikum mehr sieht als die Raffinesse und die Kunstfertigkeit des Schauspielers. Das Potential des Schauspielers geht über reine Virtuosität hinaus, weil Sinne und Vorstellungskraft des Schauspielers unseren Blick auf ein unendliches Universum öffnen.

Theorie und Spekulation

Wir können nicht erklären, warum Schauspielen lebendig ist, weil wir Leben nicht erklären können. Wenn wir es erklären können, ist es genau genommen tot. Aber bei Blockierung geht es meistens um tote Struktur, so tot wie jede alte Ideologie, und das ist der Grund, warum sie so leicht zu erklären ist.

Wir haben es hier mit einem unerträglichen Paradoxon zu tun. Wenn unser Spiel frei ist, scheint es unkompliziert; wenn unser Spiel blockiert ist, scheint alles sehr kompliziert.

Blockierung kann beispielsweise aus einem flüchtigen Gedanken resultieren, wie: *»Sieht es scheußlich aus, wenn ich meine Hand so auf den Balkon lege?«* Wenn Irina versucht, diese Frage mit *»Ich glaube, es sieht gut/schrecklich aus«* zu beantworten, öffnet sie nicht nur die Tür, sondern fällt mit der Tür ins Haus, und diese Tür führt nur zu einem Ort, nämlich nach Hause; und zu Hause ist es nicht sicher.

Anders betrachtet ist die Beantwortung dieser Frage pure Spekulation, weil niemand von uns jemals wissen kann, wie er tatsächlich aussieht. Niemand von uns kann jemals sicher sein, welchen Eindruck er auf andere macht. Sich über sein Aussehen Gedanken zu machen ist folglich immer reine Spekulation, und Spekulation ist reine Theorie. Wenn also Irina die Frage mit *»Ich denke, ich sehe blöd aus«* beantwortet, theoretisiert sie.

Irina lässt also alles über ihren Verstand laufen und spinnt so eine Struktur, die im Endeffekt genau den Funken Leben ersticken wird, den sie zu beschützen versuchte. Es kann gut sein, dass sich Irina nicht im Entferntesten als kopflastig empfindet; wenn wir das Gefühl haben, idiotisch auszusehen, empfinden wir das nicht als Theorie. Aber Panik hat ihren Ursprung immer in der Theorie. Die Frage *»Wie wirke ich?«* zu beantworten oder nur zu stellen, muss den Schauspieler lähmen. Lebendiges Spiel hat nichts zu tun mit intellektueller Theorie. Aber blockiertes Spiel hat seinen Ursprung immer in der Theorie.

Irina muss Julias Sinne erkunden, um das sich wandelnde Universum, das Julia bewohnt, zu sehen, zu fühlen, zu hören, zu schmecken und intuitiv zu erfassen. Irina muss alle Hoffnung aufgeben, jemals in der Lage zu sein, sich selbst in Julia zu verwandeln oder uns Julia zu zeigen, und stattdessen die wundersame, aber realisierbare Aufgabe in Angriff nehmen, den Raum, den Julia sieht und bewohnt, zu sehen und zu durchstreifen.

Keine Beschreibung eines Menschen ist die Wahrheit. Indem er sich dynamisch Gegensätze und Widersprüche vorstellt, wird der Schauspieler freier. Wie auch immer wir uns bemühen, den »Charakter« in einem Figurenkonzept neu zu definieren und aufzufrischen, ihm wird immer ein kleiner Hauch von Beständigkeit anhaften. Wer auch immer behauptet, sowohl lebendig als auch beständig zu sein, erzählt eine gefährliche Lüge; es ist also klug, zu akzeptieren, dass es so etwas wie Charakter gar nicht gibt. Das Lebewesen kann höchstens so unbeweglich sein, wie ein von einer Stecknagel aufgespießter Schmetterling fliegen kann.

Ich kann Dinge sehen oder versuchen zu kontrollieren, wie die Dinge mich sehen. Ich kann nicht beides gleichzeitig tun. Ich bin, was *ich* sehe.

DAS SICHTBARE UND DAS UNSICHTBARE

9

WER ich bin, hängt von den Zielen ab, die ich sehe. Jeder Einzelne von uns sieht andere Ziele. Unsere Lebenserfahrungen verändern die Ziele, die wir sehen. Julia sieht einen Romeo und Tybalt einen anderen. Der Legionär und der Millionär sehen zwei verschiedene Gläser Wasser. Wie kann sich der Schauspieler darauf vorbereiten, verschiedene Ziele zu sehen? Wie kann Irina sicher sein, dass der Mond, den sie sieht, Julias Mond ist und nicht Irinas? Das konkrete Ziel wird während der unsichtbaren Arbeit vorbereitet und verfeinert.

Das Bewusste und das Unbewusste

Das Bewusste ist der Teil der Figur, den der Schauspieler spielen kann; und das Unbewusste ist der Teil, den der Schauspieler nicht spielen kann. Ich kann mich selbst in zwei verschiedene Personen aufteilen. Ich bin das »Ich«, das ich sehe, und auch das »Ich«, das ich nicht sehe. Beide »Ichs« sind essentiell; das eine kann nicht ohne das andere sein. Wie kann nun der Schauspieler diesen unsichtbaren Teil gestalten? Die Antwort ist: Der Schauspieler kann das Unbewusste der Figur nicht wirklich gestalten. Alles, was Irina tun kann, ist, sich auf die Aufführung vorzubereiten.

Die Rugbymannschaft kann das Spiel nicht vorschreiben. Die Spieler können das Ergebnis nicht voraussagen oder den Spielverlauf vorherbestimmen. Aber der Trainer und die Mannschaft können sich vorbereiten. Die Trainingszeit ist nicht vorgeschrieben, die Spieldauer aber genau festgelegt. Es gibt keine Regeln für das Training, aber einige für das Spiel.

Die Mannschaft kann nicht garantieren, dass sie gut spielt, aber die Mannschaft kann sich die Möglichkeit geben, gut zu spielen.

Genau genommen gibt es natürlich keine eiserne Regel, die verlangt, dass die Mannschaft trainieren muss. Die Mannschaft kann einen Monat lang rauchend und saufend faul am Strand liegen und dann möglicherweise den Ball elegant rückwärts passen. Auf der anderen Seite kann die Mannschaft morgens, mittags und abends ununterbrochen Gedränge, Tiefhalten, Freitritt und Gassen trainieren und trotzdem miserabel spielen. Alles, was wir sagen können, ist, dass die gut trainierte Mannschaft eine weit größere Chance hat, gut zu spielen.

Auf ähnliche Weise kann uns auch Irina keine gute Vorstellung garantieren. Irina kann sich nicht dafür verbürgen, dass sie gut spielen wird. Wir müssen wohl alle mit der Tatsache fertig werden, dass wir kein Recht darauf haben, gute Arbeit zu leisten. Irina kann sich monatelang vorbereiten und proben und trotzdem eine langweilige Vorstellung geben. Auf der anderen Seite könnte Irina den Text einfach unvorbereitet vorlesen, das heißt ohne Probe, ohne den Text zu kennen und erarbeitet zu haben, und das Publikum mit ihrer Interpretationsgabe und ihrer Vitalität geradezu überwältigen. Aber solch ein Glücksfall ist unmöglich zu halten. Auf ihr Grundtraining und spezielle Proben zu vertrauen ist vernünftiger und wird Irina vermutlich sehr viel mehr helfen, wahrhaftig und lebendig zu spielen. Irina kann keinen Anspruch darauf erheben, gut zu spielen, aber mit sorgfältiger Vorbereitung schafft sie es sehr viel eher, dass ihr Auftritt vor Leben sprüht.

Irina muss an Julia arbeiten. Irina wird mehr über Julias Weg herausfinden, als Julia selbst weiß. Irina wird sicherlich in der Lage sein, Julias Zukunft viel klarer zu erkennen. Aber dieses Wissen dient nur der unsichtbaren Arbeit. Was die sichtbare Arbeit während der kurzen Dauer ihrer Vorstellung angeht, darf Irina nicht mehr wissen als Julia. Irina darf sich ihrer unsichtbaren Arbeit niemals bewusst sein während der Minuten, in denen sie die Julia tatsächlich spielt.

Der Schauspieler muss das Unsichtbare während der sichtbaren Arbeit vergessen und darauf vertrauen, dass sich das Unsichtbare an sich selbst erinnern wird.

Das Offensichtliche vergessen

Bevor wir näher auf die sichtbare Arbeit eingehen, wäre es vernünftig, sich an einige Grundlagen zu erinnern. Es gibt einen fundamentalen Unterschied zwischen der sichtbaren und der unsichtbaren Arbeit wie auch zwischen Irina und Julia.

Diese Grundsätze sind so offensichtlich, dass sie leicht übersehen werden. Der gesunde Menschenverstand ist womöglich das erste Opfer der anstrengenden Proben. Wie sehr auch immer Irina die Balkon-Szene untersucht, das darf sie nicht vergessen:

> Julia hat die Balkon-Szene niemals zuvor gespielt,
> auch wenn Irina es mehrmals getan hat.
>
> Julia hat niemals zuvor gehört, was Romeo zu sagen hat,
> auch wenn Irina es schon mehrmals gehört hat.
>
> Julia hat niemals zuvor gehört, was Julia zu sagen hat,
> auch wenn Irina es schon mehrmals gehört hat.
>
> Julia hat niemals zuvor gesehen, was Julia jetzt sieht.
>
> Julia hat niemals zuvor gefühlt, was Julia jetzt fühlt.
>
> Julia weiß nicht, wie die Szene enden wird.

Die unsichtbare Arbeit

Alle Schauspieler machen die unsichtbare Arbeit, egal wie entschieden ihre Vorbereitung auch scheinen mag. Die unsichtbare Arbeit kann viele Formen annehmen. Manche Schauspieler gehen nach einer Methode oder einem System vor, schreiben eine Biographie der Figur oder verbinden Gefühle und Erfahrungen der Figur mit ihrem eigenen Leben. Andere wiederum arbeiten in Schauspielgruppen, die die Probenzeit größtenteils darauf verwenden, die Welt des Stücks gemeinsam zu entdecken. Einige scherzen, dass sie niemals Vorarbeiten leisten, aber auch sie wenden gewisse Verallgemeinerungen auf die Figur an, die sie spielen werden. Zum Beispiel kann man hören, wie sie sagen: *»Er ist sehr schlau«* oder *»Sie kriegt, was sie will.«* Einige Filmschauspieler bemühen sich, ihren Kopf zwischen den Aufnahmen völlig zu leeren, um so die Spontaneität zu bewahren. Aber auch dieses Leeren ist eine Form von unsichtbarer Arbeit.

Es gibt so viele Methoden, wie es Schauspieler gibt. Die meisten Schauspieler dürften zustimmen, dass Schauspielen keine Wissenschaft ist. Es gibt kein todsicheres System. Die meisten Schauspieler sind dankbar für jeden Funken Fantasie, der ihre Lebendigkeit und ihr Selbstvertrauen entfacht.

Beispiele unsichtbarer Arbeit

Es gibt kaum Regeln für die unsichtbare Arbeit, abgesehen davon, dass es irgendeine unsichtbare Arbeit in irgendeiner Form geben muss.

Die unsichtbare Arbeit beinhaltet nicht nur Proben, sondern auch Schauspielausbildung und, natürlich, Lebenserfahrung. Es gibt nicht nur eine Weise, Theater zu spielen. Es gibt nicht nur eine Art, ein Stück zu proben. Es gibt nicht nur eine Methode, eine Rolle vorzubereiten. So haben einige der folgenden Vorschläge zur unsichtbaren Arbeit die Form praktischer Übungen, andere die Form von Gedanken über die Art und Weise, wie wir Personen betrachten. Sie sind nicht als eine weitere Bürde für den Schauspieler gedacht. Im Gegenteil, sie sollen die Last erleichtern. Alle Beispiele sind beliebig und persönlich, und es gibt noch viele andere. Auch wenn jede dieser Überlegungen helfen kann, das Ziel weiterzuentwickeln und zu konkretisieren, wird die unsichtbare Arbeit des Schauspielers letztendlich von ihm selbst gemacht.

Vorbereitung kann viele Formen annehmen; was auch immer die Vorstellungsgabe entfacht, ist nützlich. Was die Vorstellungsgabe schwächt, ist zu vermeiden. Einige Regeln werden Irina ersticken, und andere Regeln werden Irina befreien; nur Irina selbst kann den Unterschied empfinden.

Recherche

Es wird Irina helfen, soviel wie möglich über Julias Welt, über ihre Lebensumstände, zu erfahren. Mit einem wichtigen Vorbehalt: Recherche ist nur so lange nützlich, bis sich der Schauspieler zu sorgen beginnt, dass er »etwas richtig hinbekommen muss«. Wir werden niemals den Druck auf einen jungen italienischen Aristokraten des 14. Jahrhunderts kennen. Das ist nicht nur ein zeitgeschichtliches Problem. Selbst wenn wir im mittelalterlichen Verona direkt um die Ecke wohnten, wir würden es dennoch nie mit Sicherheit wissen; wir können es uns immer nur vorstellen.

Irina kann recherchieren, wie Julia erzogen wurde – wie sie sich bewegen, lachen, essen, singen, kämpfen, sich kleiden, reden, beten, lieben, denken soll. Lesen, Diskussionen während der Proben, Gruppen- und Einzelübungen, Experimentieren mit Tanz, Kleidern, Atem und Stille können Irina befreien und ihre Neugier und Lebendigkeit steigern.

Andere Menschen

Irina wird alles lesen, was andere Figuren über Julia sagen. Das ist eine wichtige Arbeit, mit einer Einschränkung. Was andere Figuren über Julia sagen, sagt mehr über sie selbst als über Julia. Wenn wir über andere Menschen sprechen, verraten wir etwas über uns selbst. Wir können nicht unbedingt davon ausgehen, dass Julia hübsch ist, nur weil Paris und Romeo es behaupten. Allerdings zählt das, was diese Männer über sie sagen, weit weniger als das, was sie tatsächlich für sie tun. Abgesehen davon ist jede Beschreibung unzuverlässig.

Die Amme hat ziemlich viel zum Thema Julia zu sagen:

Wärterin (Juliens Amme)
Nu, drüber oder drunter. Just den Tag,
Johannistag zu Abend, wird sie vierzehn.
Suschen und sie – Gott gebe jedem Christen
Das ew'ge Leben! – waren eines Alters.
Nun, Suschen ist bei Gott:
Sie war zu gut für mich. Doch wie ich sagte,
Johannistag zu Abend wird sie vierzehn.
Das wird sie, meiner Treu; ich weiß es recht gut.
Eilf Jahr ist's her, seit wir 's Erdbeben hatten:
Und ich entwöhnte sie – mein Leben lang
Vergess' ich's nicht – just auf denselben Tag.
Ich hatte Wermut auf die Brust gelegt
Und saß am Taubenschlage in der Sonne;
Die gnäd'ge Herrschaft war zu Mantua.
(Ja, ja! Ich habe Grütz' im Kopf!) Nun, wie ich sagte:
Als es den Wermut auf der Warze schmeckte
Und fand ihn bitter – närr'sches, kleines Ding –,
Wie's böse ward und zog der Brust ein G'sicht!
Krach! sagt der Taubenschlag; und ich, fürwahr,
Ich wusste nicht, wie ich mich tummeln sollte,

Und seit der Zeit ist's nun eilf Jahre her.
Denn damals stand sie schon allein; mein' Treu',
Sie lief und watschelt' euch schon flink herum.
Denn tags zuvor fiel sie die Stirn entzwei,
Und da hob sie mein Mann – Gott hab ihn selig!
Er war ein lust'ger Mann – vom Boden auf.
»Ei«, sagt' er, »fällst du so auf dein Gesicht?
Wirst rücklings fallen, wenn du klüger bist,
Nicht wahr, mein Kind?« Und liebe, heil'ge Frau!
Das Mädchen schrie nicht mehr und sagte: »Ja.«
Da seh' man, wie so 'n Spaß zum Vorschein kommt!
Und lebt' ich tausend Jahre lang, ich wette,
Dass ich es nie vergäß'. »Nicht wahr, mein Kind?«, sagt' er;
Und 's liebe Närrchen ward still, und sagte: »Ja.«

Gräfin Capulet
Genug davon, ich bitte, halt' dich ruhig.
(Erster Aufzug, 3. Szene)

Ist das nur gutmütiges Bemuttern? Die Amme strahlt Wärme und heimeliges Wohlbehagen aus. Tatsächlich ist die Darstellung der Amme durch die Amme so vollkommen, dass man kaum auf die Ereignisse achtet, die sie beschreibt.

Die Amme sagt, dass Julia ihr nach dem Tod ihrer eigenen Tochter Suschen zum Stillen gegeben wurde. Wir erfahren, dass Julia mindestens einmal von ihren Eltern verlassen wurde, als diese eine längere Reise unternahmen. Wir hören, dass die Amme während ihrer Abwesenheit mit Julia allein war und versuchte, ihren kleinen Schützling zu entwöhnen, indem sie die Brustwarze mit einem übelschmeckenden Öl einrieb. Die Überraschung und der Abscheu des Kindes vor der verunreinigten Milch brachten die Amme zum Lachen. Wir erfahren, dass das Baby seine Selbständigkeit zur Geltung brachte, indem es sehr früh laufen lernte. Wir hören, dass die kleine Julia lange genug unbeaufsichtigt war, um hinzufallen und sich den Kopf aufzuschlagen. Und wir erfahren, dass das Kind von der Amme und ihrem scherzhaften Ehemann, der auf Kosten des kleinen Mädchens schlüpfrige Witze machte, ausgelacht wurde. Das »Ja« des Mädchens deutet sogar an, dass sie gelernt hat, ihre Gefühle zu kontrollieren und mit Erwachsenen fertig zu werden, indem sie ihnen einfach zustimmt.

Trotz ihrer scheinbaren Fröhlichkeit ist die Amme mit ihrem Gerede von Tod und Erdbeben von Zerstörung erfüllt. Ihre tote Tochter war »zu gut« für sie, aber für einen Menschen mit einer so schlechten Meinung von sich selbst nimmt sie gewaltig viel Raum ein. Vermutlich ist keiner der drei Frauen bewusst, dass die Amme Julia hassen könnte und sie vernichten will. Dabei ist es genau das, was die Amme tut: Julia vernichten; in Verona haben die Männer die Gewalt nicht für sich gepachtet. Vielleicht wird die Amme durch Julia tagtäglich an ihre eigene verstorbene Tochter erinnert und impft der reichen, jungen Überlebenden deshalb Schuldgefühle ein. Natürlich ist Julias Mutter an dieser seltsamen und abstoßenden Geschichte nicht interessiert. Es scheint sie zu einem früheren Zeitpunkt in der Szene sogar nervös zu machen, dass man sie mit ihrer eigenen Tochter allein lassen könnte. Lady Capulet und die Amme besprechen Julias Alter über ihren Kopf hinweg, als wäre sie gar nicht anwesend. Julia redet kaum mit ihrer Mutter, die wiederum antwortet ihrer Tochter eher gestelzt als liebevoll in ziemlich gruseligen Paarreimen. Wir hören, dass Julia in der Nacht geboren wurde, von einer Mutter, die selbst noch ein Kind war. Das bedeutet, dass Lady Capulet noch in den Zwanzigern ist und damit jung genug, um die Rivalin ihrer Tochter zu sein.

Natürlich ist das nur eine Version von Julias Kindheit. Es gibt viele, aber natürlich muss Irina keine der Geschichten

»spielen«. Dennoch werfen diese verschiedenen Erzählungen beunruhigende Fragen auf, die Irinas unsichtbare Arbeit bereichern können.

Diese Arbeit kann Irina tiefe Einblicke eröffnen. Doch bei einem Übermaß an Recherche hat Irina leicht das Gefühl, dass ihr der Kopf schwirrt und ihre Fantasie stirbt. Dann muss sie aufhören. Das kann ein gutes Zeichen sein, zeigt es womöglich ihre instinktive Seite in gesunder Rebellion.

Die Welt ist niemals gut genug

Wir leben in einer Realität, die wir nur dürftig kennen, und in einer Fülle von Fantasiewelten, die wir viel besser kennen. Auch Julia verfügt sicher über eine reiche Fantasiewelt. Und Irina stärkt sich nicht nur, indem sie untersucht, was Julia in der Realität tatsächlich zugestoßen ist, sondern auch, indem sie sich Julias Traumwelt ausmalt. Statt vergeblich zu versuchen, sich selbst in Julia zu verwandeln, sollte sich Irina vorstellen, wie Julia Dinge gern verändern würde. Hätte Julia eine gemütliche, nach Lavendel duftende Mutter dieser kultivierten Frau von Welt vorgezogen, die sie unbedingt mit einem Edelmann aus der Grafschaft verheiraten will? Vielleicht möchte Julia nicht nur ihre Umgebung, einschließlich ihrer Mutter, verändern, sondern auch sich selbst.

Ich bin nicht gut genug

Wie sehr ein Eremit auch versucht, allen menschlichen Beziehungen zu entfliehen, es bleibt – selbst für einen Atheisten in einer Isolationzelle – die überwältigende Beziehung: zu sich selbst. Dieses Prinzip ist für den Schauspieler von großer Bedeutung. Julias erste Beziehung ist die zu Julia. Diese stürmische Hassliebe ist im Wandel begriffen, und in der Regel geht es weniger darum, sich selbst zu akzeptieren, als um den Versuch, sich selbst zu verändern.

Zu sehen, wie Julia sich selber sieht, ist für Irina eine der besten Möglichkeiten, etwas über Julia zu erfahren. Julia sieht sicherlich Dinge, von denen sie wünscht, sie wären anders. Ist sie zu groß? Zu gescheit? Zu abhängig? Wie würde sie gerne sein? Wäre sie gern weniger beherrscht? Spontaner? Weniger impulsiv? Es ist für Irina nützlich, sich vorzustellen, dass Julia in einen Spiegel sieht. Die beiden wichtigsten Fragen für Irina sind erstens: *»Wen würde Julia gern im Spiegel sehen?«*, und zweitens: *»Wen fürchtet sie zu sehen?«* Was Julia tatsächlich im Spiegel sieht, ist relativ uninteressant.

Irina kann natürlich fragen: *»Ja, aber wie kann ich das alles deutlich machen?«* Die Antwort ist, dass nichts »deutlich gemacht« werden sollte und vor allem nichts, was mit der unsichtbaren Arbeit zu tun hat. Irina entwickelt also eine Idee, und dann wird ihr gesagt: *»Aber spiel das nicht.«* Genau. Die unsichtbare Arbeit äußert sich als Gnade, wo sie will und wann sie will. Jeder Versuch, das Unsichtbare unter Kontrolle zu haben, indem man vorführt, wie es funktioniert, jeder Versuch, es in der Öffentlichkeit zu enthüllen, lässt das Unsichtbare verschwinden. Das Unsichtbare verlässt uns niemals für immer, sondern es kehrt zurück, sobald wir aufhören, es kontrollieren zu wollen.

Übungen des extremen Ausdrucks

Es gibt einige Übungen, die das Unsichtbare weiterentwickeln und stärken können. Bei den Übungen des extremen Ausdrucks verbannen wir den gesunden Menschenverstand aus dem Probenraum, und der Schauspieler spielt die Szene unter Berücksichtigung einer übersteigerten Vorgabe. Julia kann die Szene mit ihrer Mutter einmal spielen, als würde sie versuchen, sie (extrem) zu amüsieren, oder als würde sie versuchen, sie (extrem) zu ängstigen, oder als würde sie versuchen, sie zu demütigen/zu verführen/zu lehren/zu heilen etc.

Manchmal wirkt das lediglich seltsam, aber gelegentlich kann eine Textzeile, ein Blick oder eine Bewegung den Raum mit fast greifbarer Lebendigkeit erfüllen.

In diesem Moment dringt etwas Lebendiges in die unsichtbare Arbeit. Irina muss die Übung dann wieder vergessen, aber es ist beeindruckend, wie die Spuren, die sie hinterlässt, fortbestehen. Wenn Irina die Szene dann spielt, wird sich diese unsichtbare Arbeit auf das, was sie sieht, ausgewirkt haben. Die Mutter, die sie schließlich sieht, hat mehr Hintergrund und Tiefe. Das Bild, das sie von ihrer Mutter hat, ist sehr viel konkreter. Das Ziel entwickelt sich ohne unsere bewusste Kontrolle.

Gegensätze

Eine andere Übung für die unsichtbare Arbeit ist, sich zu überlegen, wer Julias genaues Gegenteil sein könnte. Sie kann Quellen aus dem realen Leben, dem Film oder der Literatur benutzen. Und dann, wenn sie den perfekten Gegensatz gefunden hat, muss sie abermals fragen, ob sie etwas gemeinsam haben. Gut möglich, dass für Irina Lady Macbeth Julias extremer Gegensatz ist. Und dann könnte sie sich fragen, ob es nicht doch irgendwelche Ähnlichkeiten gibt. Nun, beide sind Frauen, die wollen, dass ihr Liebhaber nach Hause eilt. Beide erflehen sie den Einbruch der Nacht, die ihre Taten verbergen möge, aus Furcht, dass sie bereuen, bevor sie sie begehen. Beide sehen sie die seltsame Verbindung zwischen Sexualität und Tod, und beide haben ein kompliziertes Verhältnis zur *Zeit*: Lady Macbeth empfindet *»das Künftige im Jetzt«** Beide Frauen verschwören sich mit ihren Männern zu einem Tabubruch, und beide begehen Selbstmord. Es ist verwirrend, diese beiden Frauen zu vergleichen. Und Verwirrung ist nützlich, um verstaubte Klischees abzuschütteln.

Je mehr Irina mit diesen oder anderen Übungen experimentiert, um ihre unsichtbare Arbeit zu füttern, desto mehr entwickelt sich das Ziel. Dieses ergiebige und konkrete Ziel ist immer bereit, sobald Irina in den kostbaren Momenten auf der Bühne seine Energie benötigt.

Die Art, wie das Unbewusste beeinflusst, was das Bewusste sieht, ist unergründlich. Wir müssen diesem Prozess vertrauen und unsere Unwissenheit akzeptieren. Es wäre unklug, nicht mehr zu atmen, nur weil wir nicht genau verstehen, wie Atmung funktioniert.

Nur Aufmerksamkeit wird die Ziele herausbilden, die der Schauspieler sieht. Der Schauspieler kann die unsichtbare Arbeit nicht sichtbar machen. Die unsichtbare Arbeit offenbart sich ohne unsere Zustimmung. Wie dieser Prozess funktioniert, wissen wir nicht. Manchmal müssen wir uns einfach entspannen und unsere Unwissenheit zulassen.

Ein Exkurs: der Terrakotta-Weise

Ein Sammler alter chinesischer Terrakotten war erbost, weil er wieder einmal eine teure Fälschung gekauft hatte. Er suchte in der ganzen Welt nach dem größten Experten für Terrakotta, der ihn lehren sollte, einen weiteren Betrug zu vermeiden. Der uralte Weise führte ein einfaches Leben, verlangte aber von dem Sammler für seine Lehren eine Menge Geld. Sein Unterricht sollte sich über sechs Wochen erstrecken, in denen der Sammler genau das zu tun hatte, was ihm gesagt wurde. Der Sammler reiste zu der entlegenen Klause, in der

* Lady Macbeth: O großer Glamis, edler Cawdor!? Größer als beides durch das künft'ge Heil! / Dein Brief hat über das armsel'ge Heut / Mich weit verzückt, und ich empfinde nun / Das Künftige im Jetzt.
Übersetzung Dorothea Tieck, W. Shakespeare: *Macbeth,* I. Akt, 5. Szene. (Anm. d. Vlgs.)

der Asket lebte. Er kam mit Kameras und Computern. Der Weise bat ihn, all das draußen vor der Tür zu lassen. Er tat es, aber die Sachen wurden von anderen Einsiedlern gestohlen. Der Sammler war wütend, musste aber tun, was man von ihm verlangte, wenn er selbst zwischen echter und falscher Terrakotta unterscheiden lernen wollte.

Am ersten Tag wurden ihm die Augen verbunden, der Weise setzte ihn in einen Yak-Stall und drückte ihm ein Stück Terrakotta in die Hand. Der Sammler hoffte auf Anweisungen, aber der Weise sagte nichts. Dort saß er zwölf Stunden lang, mit nur etwas heißer Yak-Milch zum Abendessen. Am nächsten Tag geschah das gleiche: die Augenbinde, das Terrakotta, die Stille. So ging es Woche um Woche. Exakt das gleiche Ritual wiederholte sich jeden Tag. Der Sammler war aufgebracht, musste sich aber auf die Zunge beißen, weil er entschlossen war, das Geheimnis des Weisen zu erfahren.

Nach sechs Wochen, am letzten Tag, trottete der Weise in den Stall und verband ihm wieder die Augen. Noch einmal wurde ein Stück Terrakotta in die Hand des Sammlers gelegt, der plötzlich vor Wut explodierte und das Terrakotta auf einen in der Nähe stehenden Yak schleuderte. Er riss sich die Binde von den Augen und brüllte den Asketen an: »Jetzt reicht's! Sie haben mich hierher in ein entlegenes Kloster gelockt, sie haben ihre Freunde meine Computer stehlen lassen, Sie haben mich mit verdreckter Yak-Milch vergiftet, Sie haben mich mit verbundenen Augen in vollkommener Dunkelheit gehalten, doch der Gipfel der Beleidigung ist, dass Sie mir heute, statt einer echten Terrakottafigur, eine Fälschung in die Hand drücken!«

IDENTITÄT, PERSONA UND DIE MASKE

10

WENN der Begriff »Charakter« monumental und irreführend ist, welche anderen Termini oder Werkzeuge könnte Irina verwenden? Irina könnte ein paar bescheidenere, aber praktischere Werkzeuge schärfen. Genauer gesagt, Irina könnte mit der Einteilung in drei Begriffe arbeiten, nämlich Identität, Persona und Maske. Diese drei sind nicht realer als »Charakter«; es sind nur erfundene Bezeichnungen, aber sie könnten sich als sinnvoller erweisen.

Die Identität

Wir haben gesehen, dass etwas in »einem« finden zu wollen den Schauspieler lähmen kann. Statt auf »eins« zu stoßen, ist es besser, zwei gegensätzliche Elemente zu entdecken, die in Konflikt miteinander stehen.

Wo also *»Wer bin ich?«* keine nützliche Frage ist, erweisen sich *»Wer wäre ich lieber?«* und *»Wer fürchte ich zu sein?«* als praktischer. Diese Fragen stehen deutlich in Opposition zueinander. *»Wie ist meine Figur?«* ist keine hilfreiche Frage, weil die Antwort auf »eins« hinauszulaufen scheint. Daher wäre Irina besser beraten, sich an Begriffe oder Ideen zu halten, die, obwohl sie dem Begriff »Charakter« ähneln, dynamischer sind. Sie braucht Fragen, die sich im Widerspruch sonnen und den Konflikt nicht fürchten. Es ist besser für sie, daran zu denken, dass alle Eigenschaften »paarweise« erscheinen. Zum Beispiel, je mehr wir uns wünschen, reich zu sein, desto mehr müssen wir fürchten, arm zu sein, und je mehr wir stark sein wollen, desto mehr müssen wir fürchten, schwach zu sein.

Denken wir noch einmal daran, dass wir nie genau wissen, wer wir wirklich sind. »*Wer ich bin*« ist jenseits menschlicher Erkenntnis. Aber was ist erkennbar, so dass es für Irina vielleicht nützlich ist? Die Identität ist auszumachen. Die Identität sieht so aus wie ich, sie scheint so zu sein wie ich, sie riecht wie ich, aber sie ist nicht, wer ich bin. Ließe sich die Identität ganz und gar beschreiben, wäre sie ganz und gar tot. Es wird dem Schauspieler jedoch helfen, über ihr Funktionieren nachzudenken. Im Grunde genommen beschreibt unsere Identität, wie wir uns gerne sehen wollen. Um selbst zu erkennen, wer wir sind, müssen andere Menschen unsere Identität ebenfalls erkennen. Obwohl im realen Leben von zweifelhaftem Nutzen, kann die Identität ein nützliches Werkzeug beim Schauspielen sein.

Die Identität ist eine Konstruktion, die mir zu definieren hilft, wer das »Ich« ist, wenn ich spreche. Tatsächlich ist sie eine Erfindung oder eine Hülle, die wir schon in einem frühen Stadium unseres Lebens zu erweitern beginnen. Es geht um die ganze Palette unserer Möglichkeiten, uns selbst zu präsentieren und selbst zu sehen. Es ist unsere ganz private und persönliche Institution. Die Funktionsweisen der Identität sind für uns bei anderen viel klarer als bei uns selbst zu erkennen.

Ich bin

Wenn wir jemandem sagen, »was wir sind«, sagen wir ihm nicht sehr viel darüber, wer wir wirklich sind. Aber wir werden ihm eine Menge über unsere Identität erzählen. Wenn jemand wirklich wissen will, »was wir sind«, lässt das, was wir tun, bessere Rückschlüsse zu.

Bevor das jetzt zu abstrus wird, sollten wir einige praktische Beispiele betrachten. Auf die Frage, wie wir den Charakter des Othello definieren würden, könnten wir durchaus folgende Eigenschaften aufzählen:

mutig
nobel
großzügig
exotisch
beliebt
patriotisch
stolz
großherzig
liebend
unschuldig
loyal
vertrauensvoll
männlich
angepasst
aufrichtig

Othello selbst mag diese Liste als angemessen und zutreffend empfinden. Aber es gibt in dieser Liste keine Verben. Es ist keine Liste von Dingen, die Othello getan hat oder noch tun wird. Diese Liste besteht ausschließlich aus Adjektiven, also Worten, die sich nicht verändern – feindliche Worte.

Othello selbst verwendet ziemlich viele Worte zur Selbstdarstellung. Und vieles von dem, was er sagt, unterstützt diese Selbsteinschätzung. Aber auch wenn Othello glaubt, all diese Eigenschaften zu verkörpern, muss es alternativ einen anderen potentiellen Othello geben. Und dieser Othello verkörpert die entgegengesetzten Eigenschaften. In Othello verbirgt sich also eine ganz andere Identität, eine Art Nicht-Othello, der fest unter Verschluss gehalten wird. Wenn das stimmt, müsste der Nicht-Othello so sein:

feige
unehrenhaft

bösartig
durchschnittlich
verachtet
subversiv
wehleidig
kleingeistig
hasserfüllt
schuldig
heimtückisch
misstrauisch
kindisch
gesetzlos
pervers

Jago gelingt es, diesen verborgenen Nicht-Othello aufzuspüren. Er folgert die Existenz dieses Monsters, indem er die Darstellung Othellos, die den ersten Teil des Stücks beherrscht, einfach in ihr Gegenteil verkehrt. Außerdem spürt Jago, dass Othello seine immense Energie vielleicht gerade dadurch erlangt, dass er dieses Phantom in Schach hält. Aber wir dürfen nicht vergessen, dass dieser Nicht-Othello nicht existiert, so wenig wie der offizielle Othello. Beides sind Hirngespinste Othellos. Dass Othello irgendwo befürchtet, dieser Nicht-Othello könnte existieren, ist alles, was Jago interessiert. Wie viele Menschen verschwendet Othello ungeahnte Energien, um sicherzustellen, dass dieses »böse« Alter Ego, sein persönlicher Mr. Hyde, nicht zum Vorschein kommt. Auf Knopfdruck lässt Jago Othello eine Kehrtwendung machen und sich wie Nicht-Othello verhalten.

Die erste Liste von Eigenschaften macht einen Teil von Othellos Identität aus. Die zweite Liste ist ebenfalls Teil von Othellos Identität beziehungsweise seiner Nichtidentität. Mit der Intuition des Psychopathen weiß Jago genau, an welchen

Nerven er zerren muss, damit sich Othello selbst zerstört. In gewisser Weise erpresst er Othello, indem er damit droht, den sauberen, offiziellen Othello als den schmutzigen, geheimen Nicht-Othello zu enthüllen. Der Plan schlägt fehl. Wenn wir mit der Identität spielen, spielen wir mit dem Feuer. Hätte Othello aber ein genaueres Bild von seinem Nicht-Othello gehabt, Augenmaß, Sinn für Humor, ein Gespür für sich selbst, mehr Einblick in das, was er sein wollte und was er fürchtete zu sein, wäre er vielleicht immun gewesen gegenüber Jagos Manipulationen. Wer weiß? Diese Frage muss das Publikum beantworten.

Arkadina

Ein weiteres Beispiel ist Arkadina aus *Die Möwe*, die, als sie nach Geld gefragt wird, ausruft: »Ich bin Schauspielerin, kein Bankier!« Das gibt uns einen Hinweis auf die Nicht-Arkadina, die doch ein Bankier ist und keine Schauspielerin. Ihr Sohn Konstantin deutet mehrfach an, was für eine schlechte Schauspielerin sie ist, und an einem anderen Punkt bemerkt er, dass sie ein Konto mit 20.000 Rubeln bei einer Bank in Odessa hat. Konstantins genaue Menschenkenntnis bestätigt, was wir uns eigentlich über die Nicht-Arkadina hätten denken können. Wieder geht es nicht darum, »wer Arkadina *wirklich* ist«, sondern bloß um die Arkadina, die Arkadina fürchtet zu sein, die Arkadina, die als Trinkgeld für ihre Bediensteten einen einzigen Rubel hervorholt und sie auffordert, ihn untereinander zu teilen. Aber es gibt auch noch eine andere Arkadina, anspruchslos und freundlich, die vergisst, dass sie schon notleidenden Nachbarn geholfen hat, als sie selbst arm war.

Um zusammenzufassen: Meine Identität ist nicht, wer ich bin. Auch meine Nichtidentität ist nicht, wer ich bin. Alles, was wir sagen können, ist, dass beide zusammengenommen ein deutlicher Hinweis sind auf die Ängste und Hoffnungen einer Person, sowohl die bewussten als auch die unbewussten.

Ein hilfreicher Antrieb

Wir können noch weitergehen und behaupten, dass die meiste Energie eines Menschen darauf verwendet wird, die Identität zu fördern und die Nichtidentität zu unterdrücken. Für den Menschen ist der Krieg zwischen diesen beiden blutig und anstrengend; wenn er diese unablässige Förderung des einen und die Unterdrückung des anderen berücksichtigt, setzt der Schauspieler ungeheure Mengen an schöpferischer Energie frei.

Es wird Irina bei ihrer unsichtbaren Arbeit helfen, sich nicht nur mit Julia, sondern auch mit einer Nichtidentität zu beschäftigen. Wir haben alle eine Identität, und für jede Identität gibt es eine gleichberechtigte und gegensätzliche Nichtidentität. Keine entspricht der Wahrheit, aber beide können, solange sie zusammen betrachtet werden, den Schauspieler vorantreiben.

Julia und die Identität

Es fällt auf, dass Julia von der Frage der Identität besessen ist. Ihre erste bewegende Frage ist so bekannt, dass wir sie kaum noch hören können. Julia begreift plötzlich, dass Identität willkürlich ist.

> JULIA
> O Romeo! warum denn Romeo?
> Verleugne deinen Vater, deinen Namen!
> Willst du das nicht, schwör' dich zu meinem Liebsten,
> Und ich bin länger keine Capulet!
> ROMEO
> Hör' ich noch länger, oder soll ich reden?

JULIA
Dein Nam' ist nur mein Feind. Du bliebst du selbst,
Und wärst du auch kein Montague. Was ist
Denn Montague? Es ist nicht Hand, nicht Fuß,
Nicht Arm noch Antlitz, noch ein andrer Teil
Des Menschen selbst. O lass dich anders nennen.
Was ist ein Name? Was uns Rose heißt,
Wie es auch hieße, würde lieblich duften;
So Romeo, wenn er auch anders hieße,
Er würde doch den köstlichen Gehalt
Bewahren, welcher sein ist ohne Titel.
O Romeo, leg' deinen Namen ab
Und für den Namen, der dein Selbst nicht ist,
Nimm meines ganz!

ROMEO
Ich nehme dich beim Wort.
Nenn' Liebster mich, so bin ich neu getauft
Und will hinfort nicht Romeo mehr sein.

JULIA
Wer bist du …

Diese ganze Passage ist besessen von der Idee der Identität, denn Julia und Romeo kämpfen beide darum, deren Ketten zu sprengen. Julia bietet an, ihre Identität zu wechseln, bittet Romeo inständig, seine zu ändern, und Romeo bietet an, »neu getauft« zu werden.

Sieht Julia einen Romeo, der Sklave seines Vaters ist? Ganz sicher klingt in dem »Verleugne deinen Vater« das durchgängig subversive Urteil Jesu Christi nach, dass wir erst anfangen zu leben, nachdem wir unsere Eltern verlassen haben. Müssen wir also die Identitäten, die uns gegeben sind, zerstören? Wenn Romeo zu schwach ist, wird Julia ihrer Familie abschwören und sie beide erretten. Durch die Frage »Was ist ein Name?« teilt sie mit Romeo das große Geheimnis des Universums, auf das sie in dieser heiligen Nacht unerwartet gestoßen ist.

Ein Exkurs: die Struktur der Identität

Unsere Selbsteinschätzung beruht auf perfekten Gegensatzpaaren. Etwas Liebenswürdiges zu tun ist das eine. Aber zu sagen, dass ich deshalb liebenswürdig bin, ist etwas ganz anderes. Im gleichen Moment, in dem ich mich selbst für liebenswürdig erkläre, muss es auch die gleiche Überzeugung geben, dass ich grausam sein könnte. Zu sagen: *»Ich spiele«* ist eine Sache. Doch zu sagen: *»Ich bin ein Schauspieler«* eine ganz andere, denn ich kann nicht *»Ich bin ein Schauspieler«* sagen, ohne die Möglichkeit zu eröffnen: *»Ich bin kein Schauspieler.«*

Wie es die Nacht nicht ohne Tag, die Ehre nicht ohne Schande und Leben nicht ohne Tod gibt, so können wir uns selbst oder andere nicht beschreiben, ohne die diametral entgegengesetzten Eigenschaften, ob tatsächliche oder potentielle, einzubeziehen.

Es hilft dem Schauspieler, sich vorzustellen, dass der Zyniker und der Idealist dieselbe Person sind, genau wie der Heilige und der Sünder, der Erfolgreiche und der Versager, der Schlaue und der Dumme, der Engel und der Teufel, usw.

Dass die eine Identität unterdrückt und die andere gefördert wird, mag uns im wirklichen Leben erschöpfen; diese Dynamik zu berücksichtigen kann aber gewaltige und nützliche Energie freisetzen.

Ein Exkurs: Sentimentalität

Es ist eine alte und bewährte Theatermaxime, niemals die Figur, sondern nur die Situation zu spielen. Wenn wir also einen Bösewicht spielen, können wir nicht wirklich den Bösewicht spielen, sondern nur die Situation, in der er sich befindet. Wir können aber auch nicht nur die Nichtidentität spielen, also die Tatsache, dass diese Person irgendwo auch ein Feigling ist.

Wie kann also der Schauspieler das Wesen dieser Person, dieses Bösewichts, erfassen? Die Antwort lautet, dass wir niemandes Wesen »erfassen« können.

Wenn wir versuchen, das Wesen von jemandem zu erfassen, werden wir sentimental. Sentimentalität ist die Weigerung, Ambivalenz zu akzeptieren. Gewissheit ist sentimental. Wir sind nicht nur sentimental, wenn wir von jemandem sagen, er sei nett. Es ist ebenso sentimental, wenn wir von jemandem behaupten, er sei gehässig. Zu sagen, dass eine Rasse gut ist oder ein Volk schlecht, ist ebenfalls sentimental. Solche Urteile können entsetzliche Konsequenzen haben; und darum ist Sentimentalität entsetzlich.

Wir sind sentimental, wenn wir eine Figur als lieb einschätzen, wie vielleicht die Anfisa in Tschechows *Drei Schwestern,* aber wir sind gleichermaßen sentimental, wenn wir jemanden für böse halten, wie vielleicht Richard den Dritten. Was diese Figuren tatsächlich *tun*, kann selbstverständlich gut oder böse oder beides sein.

Eine Figur entweder als gut oder böse zu bezeichnen blockiert den Schauspieler. Nur was wir tun kann gut oder böse sein. Eine Figur kann im Wesentlichen weder das eine noch das andere sein. Anzunehmen, ein Mensch sei von Natur aus gut oder böse, ist zutiefst sentimental. Über das, was wir tun, Moral zu predigen, ist eine Sache. Über das, was Menschen sind, Moral zu predigen, eine ganz andere; solche Richtermentalität ist unter der Würde des Schauspielers.

Wir können niemals jemanden wahrheitsgemäß beschreiben, weil wir niemals alles über ihn wissen. Wir täuschen uns selbst, indem wir fragen, was wir sind, obwohl wir das niemals wissen können. Wir können niemals das Wesen einer Person kennen, kontrollieren oder begrenzen, unser eigenes Wesen eingeschlossen. Wir können jedoch stets beobachten, was wir tun. Sogar ein Physiker, der versucht, die Beschaffenheit von Materie zu analysieren, kommt schließlich an den Punkt, an dem er weniger beschreibt, was das Partikel ist, sondern mehr, wie das Partikel sich verhält.

Institutionen

Die Identität stellt unsere eigene, ganz persönliche Institution dar. Bei einer Institution handelt es sich lediglich um eine vom Menschen erfundene Abstraktion. Dennoch verfügen Institutionen über eine unheimliche Eigenschaft: Sie sind eifersüchtig auf ihre Erfinder und würden es insgeheim bevorzugen, eine von ihren menschlichen Regenten unabhängige Existenz zu führen. Sie würden gern eine fleischliche Form annehmen und sich »integrieren«. Einigen gelingt das sogar. Alle Institutionen haben jedoch eines gemeinsam: Ihr oberstes Gebot ist die Selbsterhaltung. Und wie jede andere Institution auch kämpft die Identität wie ein in die Enge getriebener Tiger, sobald sie das Gefühl hat, sie könnte ihrem menschlichen Wirt als bloße Illusion offenbart werden. In der Tat kann der Selbsterhaltungstrieb der Identität sogar dazu führen, dass sie ihrem Wirt befiehlt, Selbstmord zu begehen. Aber die Identität wird nicht überleben, denn wie viele andere Parasiten ist sie eher schlau als weise und begreift nie, dass sie von ihrem Wirt abhängig ist.

Die Persona

Wenn die Beschäftigung mit Identität und Nichtidentität sich für Irina als nicht hilfreich erweist, dann sollte sie versuchen, über die Frage »wer bin ich« unter Einbeziehung des Begriffs »Persona« nachzudenken. Wenn meine Identität beides bedeutet – wie ich mich selbst sehen und von anderen gesehen werden will –, ist die Persona die Möglichkeit, mit der Außenwelt eine Beziehung aufzunehmen.

In der Literatur verweist das Wort Persona auf die Person, die die Geschichte erzählt. Vielleicht ist es der Autor, vielleicht auch nicht – Jane Eyre war nicht Charlotte Brontë. Bei Filmstars können wir sagen, dass Humphrey Bogart eine Leinwand-Persona hatte und James Dean eine andere. Jung bezeichnete mit Persona die äußere Persönlichkeit, diejenige, die mit der Außenwelt kommuniziert. Diese Persona ist abgegrenzt vom »Selbst«, das nach Jung beschreibt, wer wir wirklich sind. »Wer wir wirklich sind« mag den Psychoanalytiker interessieren, doch der Schauspieler sitzt in der Klemme.

Im Theater wirkt die Persona auf mysteriöse Weise. Genau wie der Physiker die Partikel nur anhand ihres Verhaltens beschreiben kann, lässt sich die Persona leichter anhand dessen beschreiben, was sie tut. Die Persona kann uns nur mit dem Umriss einer Figur bekannt machen, doch wie viel wir bereits über diese Person wissen, kann uns in Erstaunen versetzen. Es ist fast so, als ob wir Kenntnisse aus einem früheren Leben besitzen. Manchmal beschweren wir uns, dass wir nicht genug Material über die Welt der Figur haben; aber gelegentlich stellen wir erschrocken fest, wie viel wir über eine Welt wissen, von der wir eigentlich nichts wissen sollten.

Ein anschauliches Beispiel von Persona begegnet uns in der Commedia dell'arte, in der verschiedene archetypische Charaktere bereitstehen, um von den Darstellern angenommen, verkörpert und gespielt zu werden. Der Schauspieler muss nicht unbedingt eine Fülle spezifischer Nachforschungen über die Figur des Pantalone angestellt haben. Ein Schauspieler, der die Persona dieses törichten alten Mannes erkennt, wird in der Lage sein, die Persona dieser altbekannten Figur anzunehmen. Nebenbei bemerkt: Der Schauspieler nimmt eine Persona an; nie adaptiert der Schauspieler eine Persona. Je mehr der Darsteller in der Lage ist, sich einer Persona hinzugeben, umso mehr wird die Persona den Schauspieler annehmen oder ihn sogar adaptieren. Es ist so, als hätte die Persona selbst die Hintergrundrecherche angestellt und würde dem Schauspieler ihre Ergebnisse zur Verfügung stellen.

Wie ist das möglich? Nur wenige Koordinaten können eine neue Welt zum Leben erwecken. Picasso konnte ein kraftvolles und komplexes Universum mit ein paar Bleistiftstrichen andeuten. Ein junger Mann fragte den Maler einmal, wie lange er gebraucht habe, um diese paar Striche zustande zu bringen. Picasso antwortete: »Oh, ungefähr vierzig Jahre.« Diese vierzig Jahre entsprechen der unsichtbaren Arbeit des Schauspielers. Sie sind in einer Zeichnung, die in vierzig Sekunden fertig wurde, nicht ausdrücklich erkennbar; aber diese vierzig Jahre verleihen dem Kunstwerk seine Lebendigkeit, ohne sich selbst zu offenbaren. Wir können sicher sein, dass Picasso diese vierzig Jahre nicht bewusst benutzte, während er die Striche hinkritzelte; auf sonderbare Weise haben vielleicht auch die vierzig Jahre ihn benutzt.

Die Persona funktioniert ähnlich. Mit Hilfe scheinbar spärlicher Informationen kann ein Schauspieler eine Vorstellung geben, die einer Fantasiewelt von großer Komplexität entstammt.

Die Maske

Der Unterschied zwischen der Persona und einer Maske ist schwer nachvollziehbar. Das etruskische Wort *phersu* kann mit *maskierter Mann* übersetzt werden. Verwandt ist es mit dem lateinischen *persona*, der Name bezeichnete ursprünglich eine im griechischen Theater verwendete Maske. Aus *persona* ist wiederum unser Begriff *Person* abgeleitet. Es ist ziemlich beunruhigend, dass »Maske«, »Schauspieler« und »Person« ein und dasselbe Wort sein könnten; allerdings verlangt das Theater, dass wir alle Vorurteile und Gewissheiten darüber, wer wir sind, ausräumen.

Die Maske ist auffallend weit verbreitet in den verschiedensten Kulturen. Der Hauptunterschied zwischen Persona und der Maske ist, dass die Maske in der Regel eine klar umrissene Form besitzt; in der Regel ist das Gesicht halb bedeckt. Ihre Verwendung im Theater oder zu religiösen und rituellen Zwecken mag sich stark unterscheiden, doch Folgendes gehört im Wesentlichen immer dazu:

> Der Darsteller sieht die Maske.
> Der Darsteller setzt die Maske auf.
> Der Darsteller sieht die Welt nur durch die Augen der Maske.
> Der Darsteller gibt sich auf Erlaubnis der Maske der Darstellung hin.
> Die Maske befähigt den Darsteller, eine andere Welt zu sehen.
> Das Publikum sieht, was der Darsteller sieht.
> Die Maske ermöglicht Darsteller und Publikum etwas zu sehen, was sie sonst nicht sehen könnten.

Die Maske der Julia

Welchen praktischen Nutzen hat die Maske für Irina? Kein Regisseur hat sie oder das Ensemble gebeten, Masken aufzusetzen. Doch einfache Maskenarbeit kann Schauspielern sogar bei den realistischsten Texten helfen.

Wenn Julia ein Kostüm hat, kann das wie eine Maske funktionieren; oder wenn Julia Make-up trägt, kann das ebenfalls als Maske dienen. Im Wesentlichen kann jedes vom Darsteller getragene konkrete Utensil eine Maske sein, solange der Darsteller es nur trägt, wenn er spielt. Mit anderen Worten, Irina könnte ein Paar besondere Schuhe haben, die ihr Gewicht verlagern und ihr helfen herauszufinden, wie Julia sich bewegt. Wenn Irina diese Schuhe nach der Probe anbehält, sind die Schuhe nur ein Zubehör oder ein Requisit. Hat Irina diese Schuhe aber nur an, wenn sie versucht, wie Julia zu sehen und zu gehen, dann beginnen die Schuhe, die Funktion einer Maske zu übernehmen.

Wenn die Schuhe wie eine Maske zu funktionieren beginnen, wird Irina jedes Mal, wenn sie sie anzieht, spüren, dass sie sich anders bewegt. Die Schuhe werden zu einer Art Auslöser, der ihre Darstellung in Gang setzt. Wenn Irina sich unbehaglich fühlt, wenn sie diese Schuhe während der Mittagspause trägt, ist das ein deutliches Zeichen dafür, dass die Schuhe begonnen haben, die Kraft einer Maske zu besitzen.

Die Maske muss gut behandelt werden, aber nicht weil es der Maske irgendetwas bedeuten würde! Der Grund ist, dass die Maske ihre zerbrechliche Kraft für uns verliert, wenn wir sie wahllos benutzen. Wir verleihen der Maske Kraft, damit wir von ihr Leben erhalten. Wenn wir der Maske durch Respektlosigkeit die Kraft verweigern, können wir nicht von ihr profitieren.

Die Maske und Bewegung

Die Maske verändert nicht nur die Erscheinung des Schauspielers – auch die Gliedmaßen des Schauspielers reagieren anders auf Anreize. Der Maskenspieler studiert die Maske in seiner Hand als Teil der unsichtbaren Arbeit. Auf griechischen Vasen finden sich 2500 Jahre alte bildliche Darstellungen solcher Vorbereitungen. Der Schauspieler wird dann in dieser Maske proben und weiter herausfinden, wer die Maske ist, indem er sieht, wie andere auf diese neue Identität reagieren. Früher oder später wird sich der Schauspieler als die Maske bewegen.

Die Augen der Maske

Es gibt aber einen Teil des Gesichts, den die Maske nicht verdeckt. Sie verdeckt nicht die Augen. Allerdings verändert die Maske das, was die Augen sehen. Das Ziel verwandelt sich.

Maskenarbeit ist bestens für den blockierten Schauspieler geeignet, denn mit der Maske kann der Schauspieler seine Befangenheit loswerden. Die Maske bringt die persönliche Identität des Schauspielers zum Schweigen. Die Maske gibt dem Schauspieler die Erlaubnis, verbotene Dinge zu tun – es ist nicht die Schuld des Schauspielers, es war die Maske.

Das Erkennen

Die Kraft der Maske ist proportional zur Fähigkeit des Schauspielers, sie zu erkennen. Wenn der Schauspieler die Maske nicht erkennt, bleibt die Maske inaktiv. In diesem Punkt ist die Maske parasitär. Es ist nicht nötig, dass dieses Erkennen bewusst geschieht. Was wahrscheinlich geschieht, ist, dass die Maske als Auslöser dient und teils verborgene oder vollkommen unbekannte Seiten des Schauspielers hervorholt. Das Erkennen vorausgesetzt, scheint das Aufsetzen der Maske den Schauspieler zu verwandeln. Diese Verwandlung ist aber in Wirklichkeit die Freisetzung von etwas, was bereits vorhanden war. Es ist nur eine scheinbare Metamorphose, da die Maske lediglich eine im Schauspieler versteckte Persona aktiviert hat.

Man kann Dinge erkennen, ohne sich dessen bewusst zu sein. Wir können Fremde auf den ersten Blick lieben oder verabscheuen, weil wir in ihnen unbewusst einen verborgenen Teil von uns selbst erkennen. Etwas Ähnliches läuft ab, wenn wir darüber erstaunt sind, wozu uns die Maske bringen kann. Vielleicht erkennt sich eine versteckte Persona in der Maske im Bruchteil einer Sekunde, und der Schauspieler erlaubt der Maske, den Keller aufzuschließen, in dem die Persona eingesperrt ist.

Wenn sie eine Rolle verkörpern, beschließen Schauspieler, für eine Weile nicht sich selbst zu spielen.

Wenn ich mich sehe

Befangenheit kann der tödlichste Feind des Schauspielers sein. Befangenheit beschreibt den Moment, in dem das Feigenblatt »Figur« zusammenschrumpft. Wie immer ist es in Momenten der *Angst* hilfreich, sich an zwei Dinge zu erinnern: Erstens können unsere Probleme meistens auf die Figur abgewälzt werden, und zweitens können wir die *Angst* normalerweise bezwingen, indem wir sie mit ihren eigenen Waffen schlagen.

Ein anderes Werkzeug, auf das Irina zurückgreifen könnte, um sich aus dieser »Ich-weiß-nicht-wer-ich-bin«-Problematik zu befreien, ist die Befangenheit selbst! Irina sollte sich Julias eigene Befangenheit vor Augen führen. Doch wie kann sie diesen ungewöhnlichen Judowurf ausführen?

Kehren wir zu den ersten beiden Regeln zurück: Nummer eins, es gibt immer ein Ziel, und Nummer zwei, das Ziel existiert außerhalb. Was aber geschieht eigentlich, wenn ich mit mir selbst rede? Dann muss ich selbst das Ziel sein. Zum Beispiel, wenn ich mich selbst anschreie, weil die Dusche nicht funktioniert, dann ist das »mich«, das ich anbrülle, ein anderes, idiotisches »Ich«, das vergessen hat, den Klempner anzurufen. Es gibt einen Unterschied zwischen dem »Ich«, das zurechtweist, und dem »mich«, das die Schuld trägt. Zwischen dem »Ich« und dem »mich« öffnet sich eine aktivierende Distanz.

Wir sollten ein wenig Zeit darauf verwenden, über diese Distanz und diese Dynamik nachzudenken, denn wir müssen uns mit dieser Idee wohl fühlen. Ich kann mich selbst ganz unterschiedlich wahrnehmen. Vielleicht sehe ich mich als schwach an oder als mutig und intelligent oder aber als dumm. Auf gewisse Weise verändert sich nicht das »Ich«, sondern nur das »mich«. Das »Ich«, das spricht, ist immer dasselbe, aber das »mich«, das ich sehe, ist jedes Mal anders. Ich bleibe immer gleich, aber ich sehe, wie ich mich verändere. Das »mich« ist ein Ziel und wird alle Regeln befolgen.

In den letzten zwanzig Jahren bin ich immer genau derselbe geblieben, nur dass sich heute meine Beine steifer anfühlen, wenn ich dem Bus nachrenne, dass mein Gürtel enger sitzt, die Kater schlimmer werden, ein seltsamer Kerl mittleren Alters mich aus dem Spiegel anstarrt, Leute anders zu sein scheinen, mich andere Dinge irritieren, mich andere Dinge amüsieren, mich andere Dinge traurig machen, mich andere Dinge glücklich machen; aber ich versichere, ich habe mich überhaupt nicht verändert!

Menschen verbringen sehr viel Zeit damit, »mich« zu sehen. Leider sind die »michs«, die wir sehen, selten fehlerfrei. Wie schon erwähnt, schwankt das »mich«, das Julia im Spiegel sieht, zwischen dem »mich«, das sie sehen möchte, und dem »mich«, das sie zu sehen fürchtet. Also ist Irina gut damit beraten, ihre eigene Befangenheit auf Julia abzuwälzen. Julias Befangenheit ist ein Alptraum für Julia, aber ein Segen für Irina. Julia möchte sich selbst nicht erröten sehen. Die mädchenhafte Schamesröte, die Julias Wangen überzieht, ist Julia peinlich und wird deshalb für Irina zum Ausgangspunkt. Irina kann sehen, was Julia sieht, wenn Julia sich selbst sieht. Irina kann sich nicht verwandeln und Julia werden, aber sie kann die unterschiedlichen Julias sehen, die Julia sieht.

Wir sollten es vermeiden, Zeit mit dem »Ich« zu verbringen, aber die Verwandlungen des »mich« sind für den Schauspieler außerordentlich nützlich.

Beispiele des »mich«

Krisen zwingen uns, uns selbst neu zu sehen, und Drama handelt in der Regel von Krisen. Also spielen Schauspieler oft Menschen, die lernen, sich selbst neu zu sehen. Als Julia Romeo kennenlernt, bezeichnet sie geistreich ihre Hände als die Hände einer Heiligen; später, bei der Verlobung mit Paris, bezieht sie sich auf ihr tränenüberströmtes Gesicht, als ob es nicht Teil von ihr wäre.

> »Was ich gesagt, sagt ich mir ins Gesicht.«

Und bevor sie sich betäubt, sieht sie noch weitere erstaunlich unterschiedliche Julias. Julia sieht – in Bildern, die eines Edgar Allen Poes würdig sind – eine wahnsinnige Julia voraus, die im Grab liegt:

> »Oh, wach' ich auf, werd' ich nicht rasend werden,
> Umringt von all den greuelvollen Schrecken,
> Und toll mit meiner Väter Glieder spielen?
> Und Tybalt aus dem Leichentuche zerren?

Und in der Wut, mit eines großen Ahnherrn
Gebein, zerschlagen mein zerrüttet Hirn?«

Es ist eine seltsame Julia, die Julia da sieht. Ohne Zweifel ist Julia überrascht von dieser Julia. Das endgültige »mich« Julias ist gleichsam die Scheide für Romeos Dolch:

»Dies werde deine Scheide. Roste da
Und lass mich sterben!«

Um solch einen makaberen Scherz zu machen, muss Julia sich verändert haben. Tatsächlich? Von wessen Standpunkt aus? Das sittsame Mädchen auf dem Balkon würde nie wissentlich Sex, Gewalt und Verfall miteinander verbinden und sich selbst als totes Behältnis für Romeos verrosteten Dolch beschreiben. Für uns, die wir Julia von außen betrachten, hat sie sich natürlich verändert. Aber für Julia ist das »Ich«, das spricht, dieselbe Person. Dieselbe Person an einem anderen Ort natürlich, denn sie hat sich fortbewegt und lebt in einer Welt voll schwarzem Humor und scheußlicher Ironie.

Wenn sich der Schauspieler auf der Suche nach der Figur blockiert fühlt, dann vielleicht deshalb, weil er oder sie am falschen Ort suchen; der Schauspieler sucht vielleicht nach dem »Ich«. Wir müssen der Tatsache ins Gesicht sehen, dass das »Ich« nie gefunden werden kann. Dafür aber das »mich«.

DIE MATRIX

11

MANCHMAL wird dem Schauspieler empfohlen, eine Biographie seiner Figur aufzuschreiben, etwa wo Julia geboren wurde, ihre Kindheit usw. Sollte diese Art der Vorbereitung aber auf Irina abschreckend wirken und sie ein Berg verfügbaren Materials einschüchtern, so gibt es auch alternative Herangehensweisen. Irina kann sich in Erinnerung rufen, dass eine Biographie auf einer vergangenen Geschichte basiert, und eine vergangene Geschichte ist eben eine Form von Geschichte. Aber unsere westliche Auffassung von Geschichte ist eigenwillig. Im Westen neigen wir dazu, uns selbst als ein Produkt der Vergangenheit zu sehen und zu glauben, dass der Boden für die Zukunft schon bereitet ist. Folglich sehen wir eine Geschichte oder Biographie als eine festgelegte Zeitspanne, in der die Zukunft nach und nach zur Gegenwart wird und die Gegenwart nach und nach zur Vergangenheit. Wir können Geschichte als Eisenbahnstrecke mit einem allmählich vorankommenden Zug betrachten. Einsteins Sichtweise war weniger beruhigend. Er hätte ganz trocken gefragt: »Um wie viel Uhr verlässt dieser Bahnhof den Zug?«

Die tantrische Lehre Asiens vertritt wieder einen anderen Standpunkt, nämlich, dass Geschichte ständig von der Gegenwart erfunden wird. Es ist so, als ob wir auf einem Schiff wären und zurück auf das Kielwasser blickten, das unaufhörlich unter dem Heck hervorgedrängt wird.

Nehmen wir einmal an, dass Irina jedes Stadium von Julias Entwicklung erforscht hat und sie dennoch das mulmige Gefühl hat, nicht genug getan zu haben, oder dass sie sich von dieser Art Studie von vornherein eingeschüchtert fühlte.

Dann sollte sie sich daran erinnern, dass Geschichte oder Biographien nicht nur linear sind. Geschichte lässt sich auch als *Matrix* beschreiben.

Die Matrix

»Erst geschieht A, dann geschieht B, dann geschieht C« ist nur eine mögliche Betrachtungsweise der Geschichte. »A geschieht, weil B geschieht, weil C geschieht« ist eine komplexere Auffassung. In beiden Fällen treten Ereignisse der Reihe nach ein. Zeit besteht aus einer geraden Linie, und auf dieser Geraden geschehen die Dinge nacheinander. Wir können aber auch folgender Auffassung sein: »A geschieht, und B geschieht, und C geschieht.« Das ist eine völlig andere Auffassung. Bei diesem Entwurf ist die Zeit nicht angelegt als Gerade und als Katalysator zwischen den Ereignissen. Es ist eine Sichtweise, bei der sich Zeit und Abfolge unterscheiden.

Durchlaufen wir in logischer Abfolge Kindheit und Jugend, dann das Erwachsenenalter bis hin zum Greisenalter? Eigentlich ja. Aber manchmal, wenn wir ehrlich sind, wissen wir, dass wir jede dieser Phasen auch an einem einzigen Tag durchleben können. Wir können uns einen Weg ausdenken, der durch einen Wald führt, aber sehr bald vergessen, dass der Weg, den wir entworfen haben, willkürlich ist. Der Weg ist für uns, nicht für den Wald. Der Wald wird weiterbestehen, mit oder ohne Weg. Die Geschichte unseres eigenen Lebens ist so provisorisch wie jeder Weg. Die Betrachtung der Vergangenheit ist für jeden Menschen schwierig. Letzten Endes läuft es darauf hinaus, dass Irina ebenso sehr Energie freisetzen kann, wenn sie sich die fünfzigjährige wie auch fünfzehnjährige Julia vorstellt.

Eine Rolle als Matrix zu sehen erkennt an, dass wir ohne ersichtlichen Grund aus der Haut fahren, uns (ohne ersichtlichen Grund) verlieben, mit jemandem (ohne ersichtlichen Grund) auskommen oder (ohne ersichtlichen Grund) Angst haben können.

Auf der Probe könnte Irina eine Frage hören wie: *»Warum, glaubst du, vergafft sich Julia in Romeo?«* Und einige mögliche Antworten wie:

> Weil er gut aussieht.
> Weil sie ihren Vater bestrafen will.
> Weil sie weg will von zu Hause.

Jede dieser Antworten, die von oberflächlich über schlau bis zynisch reichen, kann für die unsichtbare Arbeit von Interesse sein. Allerdings ist »Warum« ein Wort, das darauf besteht, dass alle Dinge einen erkennbaren Grund haben. »Warum« setzt voraus, dass etwas geschieht und dass deswegen wieder etwas anderes geschieht. Jede dieser drei Antworten deutet an, dass es einen erkennbaren Grund dafür gibt, warum Julia sich in Romeo verliebt.

Aber das wirkliche Leben ist nicht so gut organisiert, wie wir es gern möchten. Einer der Fehler, die wir während der Proben machen, ist, auf einer rationalen Erklärung und einem Zusammenhang zu bestehen, die es im wirklichen Leben einfach nicht gibt. Das Leben ist zufälliger und chaotischer, als wir wahrhaben wollen. Es gibt viele Gründe, warum wir uns verlieben; es gibt viele Gründe, warum wir viele Dinge tun. Einige dieser Gründe werden wir nie erfahren. Vielleicht gibt es für einige Ereignisse oder Gefühle einfach keine Gründe. Wie verwirrend das für uns auch sein mag, einen Schauspieler, den die Recherche zu seiner Rolle blockiert hat, kann diese Möglichkeit befreien.

Bild und Figur

Die Matrix kann Irina ebenfalls helfen, Shakespeares Metaphorik ans Licht zu bringen. Shakespeares Symbolik ist nicht linear; Bildmuster tauchen auf, verschwinden, erscheinen wieder in verwandelter Form, klingen auf, sterben und werden wiedergeboren. In diesen an Ideen und Bildern reichen Verbindungen kann Irina Hinweise auf das finden, was Julia wirklich sieht. Shakespeares Bilder hallen nach und befruchten einander, um so die Vorstellungsgabe des Schauspielers zu nähren.

> JULIA
> St! Romeo, st! Oh, eines Jägers Stimme,
> Den edlen Falken wieder herzulocken!
> Abhängigkeit ist heiser, wagt nicht laut
> Zu reden, sonst zersprengt' ich Echos Kluft
> Und machte heis'rer ihre luft'ge Kehle
> Als meine, mit dem Namen Romeo. (…)
>
> Es tagt beinah', ich wollte nun, du gingst;
> Doch weiter nicht, als wie ein tändelnd Mädchen
> Ihr Vögelchen der Hand entschlüpfen lässt,
> gleich einem Armen in der Banden Druck,
> Und dann zurück ihn zieht am seidnen Faden;
> So liebevoll missgönnt sie ihm die Freiheit. (…)
>
> Ach wärst du's, Lieber!
> Doch hegt' und pflegt' ich dich gewiss zu Tod.
> Nun gute Nacht! So süß ist Trennungswehe,
> Ich rief' wohl gute Nacht, bis ich den Morgen sähe.

Zuerst wünscht sich Julia, mit der Stimme eines Falkners Romeo zurückzulocken. Im nächsten Abschnitt ist der Vogel nicht mehr der für die Jagd abgerichtete und auf dem Kopf eine Haube tragende Falke, sondern das Haustiervögelchen, das ein kleines Mädchen mit einer Schnur angebunden hat, damit der geliebte Besitz niemals zu weit weghüpfen kann. Zuletzt erwähnt Julia den Vogel nur noch andeutungsweise. Uns wird das Gefühl vermittelt, dass der Vogel möglicherweise von der grenzenlosen Liebe des Mädchens erstickt wurde. Es ist bemerkenswert, dass eine vierzehnjährige Anfängerin die dunklen Seiten der Liebe tiefer zu ergründen weiß als der ergraute Kriegsheld Othello.

Irina kann *Sense-Memory*-Übungen machen, um diese Gefühle heraufzuholen.

»Wann habe ich je gefühlt, dass meine Besitzgier und meine Eifersucht töten könnten?«
»Was genau habe ich in diesem Moment gefühlt?«
»Habe ich jemals zuvor Ähnliches gefühlt?«
»Was habe ich gefühlt, als so etwas früher passierte?«
»Wie kann ich diese vergangenen Gefühle in der Gegenwart nutzen?«

Auch wenn einige Schauspieler diese Personalisierung als effektiv empfinden, kann diese Methode andere blockieren. Wenn Irina diese *Sense-Memory*-Techniken nicht als hilfreich empfindet, sollte sie sich daran erinnern, dass die Vergangenheit etwas ist, das in der Gegenwart erzeugt wird. Anders gesagt ist es für Irina extrem nützlich, zu beobachten, dass die steigenden Einsätze mit der Zeit tricksen. Oder genauer gesagt, wenn sehr viel auf dem Spiel steht, nehmen wir Zeit ganz anders wahr. Ein Beispiel wird das verdeutlichen.

Ein Autounfall

Für den Zeugen eines Autounfalls geschieht etwas wirklich Merkwürdiges mit der Zeit. Als ein Fahrrad frontal mit einem Auto zusammenstößt, hört er ein lautes Quietschen der Bremsen und einen nicht enden wollenden Schrei. Der Radfahrer wird in die Luft geschleudert und scheint über dem Auto zu schweben und zu kreisen, bevor er durch die zerberstende Windschutzscheibe fliegt. Der Beobachter ertappt sich, dass er langsam den Rettungswagen rufen geht. Es dauert ewig, bis das grell blinkende Blaulicht auftaucht, aber endlich verkünden die Sanitäter, dass Radfahrer und Autofahrer nur ein paar Schrammen abgekriegt haben, aber sonst nicht verletzt sind, und jetzt erst realisiert der Zuschauer, dass diese ganze Zeitlupenchoreographie nur wenige Sekunden brauchte, so dass also der Radfahrer in die Luft geschleudert und er selbst zum Telefon gerast sein muss.

Vielleicht hatte Irina schon einmal ein ähnliches Gefühl, dass die Zeit langsamer vergeht oder stillsteht. Vielleicht hat sie jemanden auf einer Party kennengelernt und plötzlich bemerkt, dass sie sich mit ihm oder ihr in einer merkwürdigen Art und Weise unterhält. Vielleicht hat sie die eigenartige Erfahrung gemacht, einem Fremden die Wahrheit zu sagen; einer dieser seltsamen Momente, in denen wir, ohne ersichtlichen Grund, plötzlich aus dem Herzen sprechen. Einer dieser Momente, in denen etwas Eigentümliches mit der Zeit geschieht und wir erkennen, dass wir mehr von diesem »etwas« in uns haben, als wir jemals wussten. Wenn Irina in der Lage ist, diesen Momenten, wenn sie in ihrem Privatleben vorkommen, Beachtung zu schenken und während ihrer Arbeit zu vertrauen, kann sie herausfinden, dass Julia ihre persönliche Geschichte auf dem Balkon tatsächlich neu erfinden kann. Vielleicht befreit Romeo sie von der gewöhnlichen Dimension der Zeit.

Das Ziel kann sie außerdem von ihrer Art befreien. Wer, zum Beispiel, könnte wirklich diese bizarren Zeilen äußern:

»Abhängigkeit ist heiser, wagt nicht laut
Zu reden, sonst zersprengt' ich Echos Kluft«

Irina kann alle Details in Julias Biographie untersuchen, um herauszufinden, was Julia mit diesem sonderbaren Bild ausdrücken will. Oder sie kann einfach behaupten: *»Julia hat diese Worte eigentlich gar nicht gesagt; es war jemand anderes.«*

Wie ist das möglich? Wer sonst könnte aus Julias Mund sprechen? Mit zunehmendem Einsatz ändert sich auch mein Gespür dafür, wer ich bin. Wenn mehr auf dem Spiel steht, kann ich mit Ideen, Visionen und Worten herausrücken, von denen ich nicht wusste, dass ich sie in mir hatte. Manchmal wundere ich mich, wer da spricht, und stelle fest, dass ich es bin. Es kann so viel auf dem Spiel stehen, dass ich irgendwann nicht mehr weiß, wer ich bin. Wenn noch mehr auf dem Spiel steht, kann meine sorgsam gepflegte Identität von mir abfallen wie der Kokon einer Schmetterlingspuppe. Wenn der Einsatz in die Höhe schießt, scheinen wir im Innern weniger Bilder aus der Vergangenheit aufzunehmen, als etwas zu entdecken, was von jetzt an immer vorhanden ist – und merkwürdigerweise schon immer vorhanden war.

Beispielsweise können wir das Gefühl haben, jemanden schon lange zu kennen, den wir gerade erst kennengelernt haben. Würde Julia allerdings ins Kreuzverhör genommen, sie hätte vermutlich keine Ahnung, wie sie auf »So tief ja wie das Meer« gekommen ist. Vielleicht hat Julia das Meer nie gesehen. Vielleicht sieht Julia das Meer zum ersten Mal, wenn sie diese Zeilen ausspricht. Danach taucht sie in eine Folge von Vogelbildern ein, obwohl sie wenig weiß über Ornithologie. Natürlich sollten Julia und Irina wissen, was mit dem »edlen Falken« im wörtlichen Sinne gemeint ist. Aber Krisen legen alle möglichen Arten von Vokabular und Informationen frei, die in uns begraben sind.

Wiedererkennung löst Nachforschungen aus, wie wir im Zusammenhang mit der Persona bereits gesehen haben.

> »Abhängigkeit ist heiser, wagt nicht laut
> Zu reden, sonst zersprengt' ich Echos Kluft«

Ist sich Julia der Gewalt dieser Metaphorik bewusst? Ist ihr bewusst, dass sie, wenn sie sich selbst mit Echo gleichsetzt, andeutet, dass Romeo vielleicht Narziss ist? Ist ihr bewusst, dass die zersprengte Kluft ein anschauliches Bild für die verlorene Unschuld ist? Zu diesem Zeitpunkt wohl nicht, doch jede dieser Überlegungen könnte für Irinas unsichtbare Arbeit hilfreich sein.

Intimität soll wie Vertrauen von der Zeit abhängig sein. Vertrauen, Liebe und Intimität, so wird uns versichert, brauchen immer Zeit, um sich zu entwickeln. Allerdings können unsere Erfahrungen das nicht gerade bestätigen. Wenn viel auf dem Spiel steht, missachtet die Zeit die Regeln, die wir für sie ausgedacht haben. Eine Empfindung beim Verliebtsein kann zum Beispiel sein: *»Ich liebe dich, ich werde dich immer lieben – und ich habe dich immer geliebt.«*

Geschichte hat nichts mit der Vergangenheit zu tun. Geschichte ist unsere heutige Wahrnehmungsweise früherer Ereignisse. Geschichte ist nur eine Abfolge von Neuerfindungen. Geschichte ist trotzdem nicht einfach Unsinn, sie ist einfach nur hochgradig subjektiv. Julia (und somit auch Irina) ist durchaus in der Lage, sowohl Julias Vergangenheit als auch ihr Wesen genau in dem Moment ihres Lebens vollkommen neu zu erfinden, als sie den Balkon betritt. Nichts ist so unvorhersehbar wie die Vergangenheit.

»ICH WEISS NICHT, WO ICH BIN«

12

WIE alle Spinnenbeine wiederholt *»Ich weiß nicht, wo ich bin«* das »Ich« zweimal. Dinge um das »Ich« herum anzuordnen ist keine Hilfe. Wir könnten wieder unkonventionell vorgehen und die Aussage nicht im Hinblick auf ihren Inhalt, sondern auf ihre Form nochmals lesen. Wie der Rest der Spinnenbeine wiederholt sie das gleiche Wort zweimal: und es ist gleichgültig, ob es Ich, I, Je, Ya, Io, Yo oder я heißt.

Bevor wir uns jetzt auf die Regeln stürzen, sollten wir zunächst das »wo« analysieren. »Wo« verweist auf den Raum. Der Balkon ist nicht der Raum. Der Balkon ist innerhalb des Raums. Der Balkon teilt den Raum. Der Balkon stellt eine Regel auf. Der Raum ist nicht neutral, und Julia kann in diesem Raum nicht einfach machen, was sie will.

Während einer Fernsehdebatte für die Präsidentschaft der USA wurden die Kandidaten gebeten, die Studiodekoration für ihr bevorstehendes Rededuell in Augenschein zu nehmen. Der eine kam an, warf einen Blick auf das Rednerpult und auf die Stühle und zeigte sich zufrieden damit. Der andere sah sich ebenfalls die Position des Rednerpults und der Stühle an, nahm sich dann aber alle erdenkliche Zeit, um das Hinsetzen, das Aufstehen, das zum Rednerpult Laufen, das Gehen zum Stuhl, das Aufnehmen des Wasserglases vom Tisch, das Trinken und das Absetzen des Glases zu üben. Die Aufnahmeleiter lächelten herablassend über den unsicheren Kandidaten. Er gewann sowohl das Duell als auch die Wahlen.

Irina kann den Raum während einer Übung in der ersten Probenphase entdecken. Wie viele Übungen scheint sie trügerisch einfach zu sein. Für Irina ist es erst einmal wichtig, zu entdecken, was *Irina* in dem Raum alles machen kann. Rennen, springen, treten, sich anlehnen, hinausgehen, wieder eintreten, fallen, balancieren, tanzen, kriechen, sich herumwälzen usw. usf. Nur wenn Irina alle Möglichkeiten und alle Beschränkungen ihres Körpers im Raum für sich herausgefunden hat, kann sie die ganz anders geartete Aufgabe in Angriff nehmen und beginnen, herauszufinden, was der Raum *Julia* erlaubt. Irina hat einen Raum, und Julia hat einen anderen. Irina darf nicht Opfer des Raums sein, Julia hingegen muss Opfer des Raums sein. Irina muss herausfinden, welche Freiheiten der Raum Julia lässt und welche Beschränkungen er ihr auferlegt.

Julia betritt den Raum: »O Romeo! Warum denn Romeo?«, usw. Was für einen Raum sieht sie? Dunkelheit? Mondlicht? Einen wohlbekannten Balkon? Einen ungewöhnlichen Mond? Einen Balkon, der um so viel kleiner geworden ist wie sie größer? Einen Mond, der sich verändert? Und einen Romeo, der nur in ihrer Vorstellung lebt.

Was werden all diese Ziele Julias Körper erlauben?
Wird der Raum Julia zwingen, sich zu bewegen?
Wird der Mond sie dazu bringen, nach ihm zu greifen?
Wird der Balkon sie dazu bringen, sich dagegen zu lehnen?
Wird der Fußboden sie auf und ab gehen lassen?
Oder sie auf ihm herumrennen lassen?
Wird die Tür ihr erlauben, hin und her zu schwingen?
Wird die Nacht sie zwingen, ihr zu trotzen?
Wird die Kälte sie zittern lassen?
Wird das Kleid ihren Körper groß erscheinen lassen?
Werden die Sterne ihren Körper klein erscheinen lassen?

Der Raum wird dich finden

Wenn Irinas Angst ihre Glieder gegenüber dem Raum blind macht, ist der Raum dennoch vorhanden. Er ist immerhin ein Ziel, und muss sich deshalb an die Regeln halten. Da das Ziel nicht zu erschaffen ist, ist es auch nicht zu zerstören. Alles, was Irina tun muss, ist, den Raum zu sehen, den Julia sieht. Manchmal scheint das unvorstellbar schwer. Aber sehen ist nicht kompliziert; es ist nur die Blockade, die es so schwierg macht. Wie kann Irina ihrem Körper helfen zu sehen?

Als Erstes muss Irina Irina davon abhalten, dem, was sie sieht, im Weg zu stehen. Dann muss sie auch Julia daran hindern, das abzublocken, was Irina sieht. Irina muss durch Julia hindurch das sehen, was Julia sieht. Wie gehabt kann Irina nicht sehen, wer Julia ist; Irina kann nur sehen, was Julia sieht.

»Ich weiß nicht, wo ich bin« scheint eine instinktive Reaktion zu sein, ein einfacher und gefühlsbetonter Ausdruck von *Angst*. Bei näherem Hinsehen entpuppt sich der Aufschrei als Reaktion auf eine Theorie. Nach dieser Theorie weiß das »Ich«, wo ich bin, ohne Bezug auf den Raum zu nehmen.

Auch wenn Irina nicht weiß, wo sie ist, der Raum weiß, wo Julia ist.

Wieder einmal wurde das nützliche »mich« in dem panischen Schrei ausgelöscht. Satzkonstruktionen mit »mich« sind befreiender. Zum Beispiel:

> *»Der Balkon hält mich zurück.«*
> *»Die Nacht ermutigt mich, danach zu greifen.*
> *»Die Vorstellung von Montague macht mich wütend und lässt mich auf ihn einschlagen.«*

Der Balkon, die Nacht und die Vorstellung von Montague bürden Julia Regeln auf. Irina mag in der Lage sein, in dem

Raum zu machen, was sie will, Julia hingegen nicht. Diese Ziele verbieten, beschränken, verformen, begrenzen und verhindern alles, was Julia gern tun möchte. Aus diesem Konflikt wird die Energie der Aufführung geboren. Zusammengefasst bilden alle diese Ziele Julias Raum, egal ob es um den Balkon geht oder die Vorstellung von Montague. Irina muss zulassen, dass Julias Körper angewiesen ist auf den Balkon, die Nacht und die Vorstellung von Montague, um die Freiheit zu erlangen, sich wie Julia bewegen zu können.

Irina denkt vielleicht, dass sie frei sein möchte, aber *Angst* verführt uns oft dazu, Freiheit durch Unabhängigkeit zu ersetzen. Wenn Irina Julia machen lässt, was sie will, wenn Julia unabhängig ist von allen Zielen, die sie einschränken, dann wird Irina sich selbst blockieren.

Der Schauspieler muss auf jegliche Unabhängigkeit vom Raum verzichten und stattdessen nach allen Zwängen und Fluchtmöglichkeiten suchen, die dem Körper der Figur durch den Raum auferlegt und angeboten werden.

Man kann im Raum nicht verloren sein. Es gibt keine Leere.

Raum und Konflikt

Julias Körper ist immer mit dem Raum in Konflikt. Sie kann sich dem Raum fügen oder verweigern. Der Raum stellt eine Regel auf, die Julia versuchen kann zu übertreten oder nicht. Die Gefangenschaft der Figur ist die Freiheit des Schauspielers.

»Ich weiß nicht, wo ich bin!« mag wie der Schrei eines Opfers klingen. Doch die doppelte »Ich«-Konstruktion verrät, dass das Gegenteil auch zutrifft. Es kann ebenso gut der Schrei von jemandem sein, der alles kontrollieren will. Weil Irina nicht das Opfer der Verhältnisse sein will, erklärt sie unwissentlich ihre Unabhängigkeit von ihnen.

Die Welt macht nicht immer das, was wir wollen, und das mögen wir nicht besonders. Aber diese Fähigkeit der Welt, unabhängig zu handeln, hilft Irina. Das Ziel muss von Irina unabhängig sein, um sie zu inspirieren. Irinas Freiheit liegt ausschließlich in der Erkenntnis, dass das Ziel ihr Meister, ihr Diener und ihr Führer ist.

Ein Schalentier

»Figur« und »Raum« haben erstaunlich viel gemeinsam. Meine »Figur« ist eine Art Raum, den ich bewohne. Es kann Irina helfen, sich die Figur als etwas Äußerliches vorzustellen, wie der schützende Panzer eines Schalentiers, im Gegensatz zum inneren Skelett eines Wirbeltiers. Irina sollte also nach dem suchen, was bereits außerhalb vorhanden ist, statt sich zu bemühen, Dinge im Inneren aufzubauen. Irina soll finden, statt zu erfinden. Sie soll sich vorstellen, dass die Entscheidungen bereits gefallen sind; sie muss sie nur noch entdecken. Noch einmal, Neugier ist eine bessere Freundin als Kreativität.

Wie kann das in der Praxis aussehen? Sagen wir, es gibt einen Stuhl auf dem Balkon. Dann könnte Irina herausfinden, ob Lady Capulet dort gesessen hat oder nicht. Die einzige Person, die Irina fragen kann, ist … Irina.

Aber statt eine Antwort zu erfinden, ist es für Irina hilfreicher, so zu tun, als ob sie sich an etwas erinnert, das sie bereits wusste. Ist es der Stuhl ihrer Mutter? Der Stuhl ihres Vaters? Stand er immer schon hier? Oder ist er umgestellt worden? Welche Erinnerungen gibt es, die sie wachrufen, wiederentdecken und neu wahrnehmen kann? Denn jede dieser Bedeutungen schränkt die Möglichkeit, wie auf diesem Stuhl gesessen werden muss, ein. Soll der Stuhl entscheiden. Soll Irina erforschen, was der Stuhl verlangt. Was genau sieht sie, wenn sie auf die Mauern des Gartens sieht? Statt eine Geschichte zu erfinden, soll Irina die Mauer ansehen und sich fragen, warum sie weiß, dass sie *»hoch, schwer zu erklimmen«* ist. Ist die Amme über sie hergezogen, als sie als kleines Kind versuchte, über die Mauer in die Freiheit zu klettern? Wieder einmal ist nichts so unvorhersehbar wie die Vergangenheit.

Natürlich kann Irina sämtliche einmal gemachten Entdeckungen verändern. Sie kann später bei den Proben feststellen, dass es doch nicht der Stuhl der Mutter war, sondern der Stuhl, auf dem die Amme sie gestillt hat. Oder wenn Irina den Stuhl sieht, auf dem ihr Vater zu sitzen pflegte, wird auch dieser spezielle Stuhl sie dazu auffordern, auf eine bestimmte Art auf ihm zu sitzen. Er wird konkrete Anforderungen an ihren Körper stellen. Der Stuhl wird ihr vorschreiben, wie sie sich auf ihm zu bewegen hat – träge, aufgeregt, ausladend, angespannt, mitten auf dem Sitz oder halb auf der Lehne. Julia kann mit Zärtlichkeit oder Ehrfurcht oder Argwohn auf ihm sitzen.

Es wird Irina helfen, sich weniger als Schöpferin zu sehen denn als unerschrockene Forscherin, die die Geheimnisse des Stuhls lösen soll. Der Künstler findet, statt zu erfinden und zu kontrollieren. Zu sagen, dass wir entdecken, statt zu erfinden, ist nicht bescheiden; es ist realistisch.

Ein Exkurs: Gehorsam und Ungehorsam

Der Raum stellt Regeln auf. Einige dieser Regeln wird Julia beachten – es wäre unklug von ihr, sich über die Balkonbrüstung zu werfen. Aber andere Regeln wird sie vielleicht versuchen zu missachten. Julia weiß, dass der Balkon eine unüberwindbare Barriere darstellt, aber sie könnte versuchen, Romeo trotzdem zu berühren, indem sie sich über die Brüstung lehnt und die Hand ausstreckt. Figuren versuchen oft, die Gesetze des Raums zu brechen. Macbeth versucht, einen imaginären Dolch zu ergreifen. Cleopatra versucht, eine giftige Viper zu liebkosen. Pyramus versucht, durch einen Riss in einer Wand mit Thisbe zu kommunizieren. Wenn viel auf dem Spiel steht, versuchen wir häufig, die Grenzen des Raums zu überschreiten. Es gibt keinen Grund, warum die Figur die Regeln des Raums anerkennen sollte. Auch im wirklichen Leben versuchen wir, unveränderliche Regeln zu brechen, und selbst pausenlose Fehlschläge halten uns nicht davon ab.

Für den Schauspieler ist der Raum künstlich. Auch das realistischste Bühnenbild, ausgestattet mit robusten Türen und Glasfenstern, trennt Irina nicht von Verona, sondern vom Inspizientenpult. Dennoch muss der Schauspieler der Figur ermöglichen, fest an den Raum zu glauben. Julia muss vollkommen von der Realität ihrer Umgebung überzeugt sein. Sonst kann Julia nicht existieren. Denn Julia kann nicht außerhalb eines Kontextes existieren – eines Kontextes, an den Julia bedingungslos glaubt. Ein Raum, den sie lieben oder hassen, achten oder zerstören kann.

Um keinen Preis darf der Schauspieler die Figur den Raum erfinden lassen. Der Raum muss bereitstehen, damit die Figur ihn sieht.

Den Raum missachten

Ein altes Theatersprichwort besagt: Nicht der König spielt den König, die Gefolgschaft spielt den König. Für den König ist die Gefolgschaft Teil des Raums. Wenn der König nicht glaubt, dass die Gefolgschaft ihn als König sieht, muss der Schauspieler sich ständig selbst zum König machen, seine Nase hoch tragen und gemächlich herumstolzieren, eingehüllt in den über den Boden schleifenden Hermelin. Stattdessen muss der Schauspieler glauben, dass die Gefolgschaft schockiert wäre, wenn er sich auf den Boden setzen würde, um mit dem Narren zu spielen. Wenn der Schauspieler nicht daran glaubt, dass die Gefolgschaft ihn als König sieht, wird er niemals frei genug sein, um den König zu spielen.

Der Raum sagt immer »nein«

Der Raum, in dem wir uns bewegen, widersetzt sich uns ständig; sogar die Luft ist im Widerstreit mit unseren Körpern. Diese Widerstände erzeugen Reibung, und Reibung erzeugt Feuer, also Hitze und Licht zugleich. Es ist für Irina wichtig, auf so viele Widerstände wie möglich zu stoßen. Je mehr wir uns allerdings konzentrieren, desto mehr verlieren wir uns im Innern und werden gleichgültig gegenüber diesen feinen Widerständen. Julia wird von ihrem Raum geprägt, so wie die Küste vom Wind und dem Meer geformt wird. Das Kliff entscheidet nicht allein über seine Gestalt.

Wir wissen, dass Irina sich nicht irgendwie in Julia verwandeln kann. Doch Irina kann die Elemente, Räume und Widerstände sehen, die Julia geformt haben, die sie genährt oder verformt haben und die immer noch vorschreiben wollen, wie sie sich bewegt. Für den Schauspieler ist der Raum niemals leer, der Raum ist immer aufgeladen mit Bedeutung. Für den Schauspieler ist der Raum niemals neutral; andernfalls würde der Schauspieler neutral werden und Energie verlieren. Andererseits ist Neutralität natürlich nur eine weitere Theorie.

Leben und Tod

Unser Konflikt mit dem Raum endet erst, wenn wir tot sind. Und wenn wir sterben, verschmelzen wir mit dem Raum. Die Distanz zum Raum, die Abweichung vom Raum und der Konflikt mit dem Raum, sie alle wirken zusammen in einem für das Leben entscheidenden Kräftespiel. Physiker haben entdeckt, dass es keine zwei Oberflächen gibt, die glatt genug sind, um bei einer Berührung keine Reibung entstehen zu lassen. Soll Irina also herausfinden, wie viel Widerstand der

Raum Julias Körper entgegensetzt. Das Aufdecken dieser Widerstände wird Irina helfen, sich wie Julia zu bewegen. Doch wenn Irina stattdessen bewusst schöpferische Entscheidungen darüber trifft, wie Julia sich bewegen soll, und zwar ohne Rücksicht auf die Bedingungen des Raums, dann wird sie sich selbst blockieren.

Der wandelbare Raum

Alles ist in Bewegung, auch der Raum. Wenn sich also Romeo unter dem Balkon zu erkennen gibt, wird sich der Raum für Julia verändern. Natürlich verändert sich der Raum nicht wirklich, aber dies ist nur eine weitere Wahrheit, die uns nichts nützt. Für Julia ist der Raum, wenn sie ihn betritt, schon besetzt, angefüllt mit der Nacht, den Sternen, dem Balkon. Und wenn Romeo plötzlich dazukommt, sieht sie nicht diesen Raum plus Romeo, sondern einen vollkommen anderen Raum. Romeos plötzliche Anwesenheit verändert nicht nur die Regeln des Raums, sondern auch die Beschaffenheit all dessen, was Julia zuvor dort wahrgenommen hat. Die Nacht ist nun eine andere Nacht; sie verbirgt und enthüllt; die Nacht verbirgt plötzlich mehr und ist zugleich gefährlicher. Die Nacht ist für Julia anders, weil in der Nacht plötzlich so viel mehr auf dem Spiel steht. Nicht nur die Nacht hat sich verändert, auch der Balkon hat sich in etwas Fremdes verwandelt. Auf einmal ist der Balkon beschützender, frustrierender, leichtfertiger, wichtiger, und auch die Forderungen des Balkons, wie er berührt oder abgelehnt, wie sich gegen ihn gelehnt, über ihn gebeugt, auf ihn gesetzt oder hinter ihm versteckt werden soll, haben sich grundlegend geändert. Irina verwandelt sich nie, Julia verwandelt sich nie, das »Ich« verwandelt sich nie; alles andere verändert sich, so wie der unbeständige Mond.

Anfangs waren Astronomen der Überzeugung, dass sich das Universum um die unbewegliche Erde dreht; und dieses Prinzip erweist sich für den Schauspieler noch immer als nützlich. Wir wandeln uns nicht, der Raum tut es. Wir üben nicht die Kontrolle aus, die Situation tut es.

Julias Kleid verändert sich für sie, ihre Finger verändern sich für sie, ihr Gesicht verändert sich für sie. Für Julia steht jetzt mehr auf dem Spiel bei der Frage, ob sie errötet oder nicht, ob ein kühlerer Wind über ihre heißer glühenden Wangen streicht oder nicht, ob Luft zu schöpfen schwerer ist oder nicht, ob ihre Lippen die richtigen Worte formulieren oder nicht. Julias Bewegungen und Gesten sind zunehmend dem auf Gedeih und Verderb ausgeliefert, was ihre Sinne ihr übermitteln. Vielleicht möchte sie, dass Romeo eine verärgerte junge Frau sieht oder ein intelligentes Mädchen oder eine Julia, die nicht völlig aufgewühlt ist.

Der Raum kommt vor der Figur

Warum ist die Balkon-Szene bis heute unser stärkstes Bild romantischer Liebe? Die Antwort hat wenig mit der Figur, aber alles mit dem Raum zu tun. Der Grund sind nicht die Liebenden; der Grund ist der Balkon. Zusammen an einem Ort würden uns die beiden Liebenden weit weniger berühren. Ihre Leidenschaft braucht das Hindernis, um wirklich zum Ausdruck zu kommen. Der Balkon führt eine aktive Handlung aus: er trennt die beiden. Die Reaktion der Liebenden besteht in dem Versuch, diese Kluft zu überbrücken. Dieser Kampf, den, den wir lieben, zu erreichen, wird in der ganzen Welt anerkannt, denn es ist das Hindernis, das uns hilft zu empfinden, was sie empfinden. Es gibt keine Liebe ohne Trennung.

Schauspielen und Ungehorsam

Ein Großteil der schauspielerischen Arbeit besteht darin, zu unterscheiden zwischen dem, was missachtet, und dem, was beachtet werden soll. Zum Beispiel weiß Alex sicherlich, dass es für Romeo rein physisch unmöglich ist, auf den Balkon zu springen. Dies ist eine physikalische Tatsache, die Romeo jedoch nicht davon abhalten muss, es zu versuchen.

Über Julias Ungehorsam nachzudenken bietet Irina schnell eine Möglichkeit, mit Julias Augen zu sehen. Als Erstes muss Irina fragen: *»Auf welche Weise ist Julia ungehorsam?«* Setzt sie sich über Regeln hinweg, die sozial, sexuell, religiös, politisch, häuslich und/oder persönlich sind? Bevor also zu viele Arbeitsstunden mit faszinierenden Probendiskussionen verschwendet werden, lohnt es sich, diese allgemeinen Äußerungen zu konkretisieren oder zu veranschaulichen. Wird sie ihren Vater verletzen? Wird sie ihre Mutter verletzen? Was ist der Unterschied? Vermutlich wird Julia viel mehr über sich selbst, ihre Familie und ihre Gesellschaft herausfinden, wenn sie gezwungen ist, sich diese Fragen im Verlauf des Stücks zu stellen. Und das wird natürlich auch Irina tun. Irina muss über die Eigenheit von Julias tatsächlichem Ungehorsam nachdenken.

Ein Diskurs: Theater und Ungehorsam

Drama beschäftigt sich mit Ungehorsamen. Es ist interessant, dass Shakespeare von der Tochter besessen war, die sich ihrem Vater widersetzt. Entweder den lebenden Vater zu missachten oder Mühe zu haben, sich dem toten Vater zu fügen, ist die treibende Kraft in vielen seiner Stücke. Hamlet gelingt es, beides zur gleichen Zeit zu tun. Kindlicher Gehorsam/Ungehorsam ist Leitmotiv für Ödipus, für Orestes in der *Orestie*, für Haimon in *Antigone*, für Rodrigo in *Der Cid*. Konstantin in *Die Möwe* ist gefangen zwischen Gehorsam und Ungehorsam gegenüber Arkadina. Die Evangelien sprechen oft vom Ungehorsam des Sohnes, bis auf eine interessante Ausnahme, der Hochzeit zu Kanaan, wo Jesus der Sorge seiner Mutter um den fehlenden Wein nachgibt und ein Wunder vollbringt. Die meisten Bücher, die wir lesen, Filme, die wir uns ansehen, und Zeitungen, die wir kaufen, handeln von Menschen, die Autorität missachten. Aber wenn wir am Ende selbst an der Reihe sind, uns zu widersetzen, ist es selten so, wie wir uns das vorgestellt haben. Das Drama ist besessen von diesem Akt des Erwachsenwerdens, vielleicht um uns darauf vorzubereiten – wie die Mutter, die sich hinter dem Kissen versteckt.

Ein Diskurs: Betäubung und Gehorsam

Zivilisation kann mit Ungehorsam schwer umgehen. Nichtsdestotrotz müssen wir den Gehorsam verweigern, es gehört zum Menschsein und konnte durch keine Zivilisation bis heute vollständig aufgehoben konnte.

Die Zivilisation produziert nützliche Betäubungsmittel, aber auch solche, die hochgefährlich sind. Betäubungsmittel stumpfen die Sinne ab, so dass wir keine Reize mehr aufnehmen können.

Die Zivilisation benutzt Betäubungsmittel, um unterwürfigen Gehorsam als sein genaues Gegenteil erscheinen zu lassen. Die Betäubung benebelt uns, bis wir glauben, ein Akt der Unterwerfung sei revolutionär oder subversiv. Ungehorsam kann in der Verkleidung des Gehorsams erscheinen und umgekehrt. Der Drogenhandel beispielsweise scheint die soziale Ordnung zu zerstören, dabei ist der Drogendealer ein wahrer Konservativer; insofern die Energie, die dazu genutzt werden könnte, die Gesellschaft zu verändern, so lange gelenkt und betäubt wird, bis sie die bestehende Ordnung unterstützt. Der Süchtige begeht jedesmal, wenn die Nadel in den Arm einsticht, einen massiven Akt des Gehorsams. Dieses Betäubungsmittel lässt Sklaverei wie Macht aussehen. Ob wir das alles nun glauben oder nicht, es hilft uns, zu hinterfragen und zu erforschen, was wirklichen Ungehorsam ausmacht.

Ein Diskurs: Panik

Wenn sich die Einsätze erhöhen, werden wir in einen privaten Krieg verwickelt zwischen Konzentration und Aufmerksamkeit, Sehen und Zeigen, dem Ich und dem Ziel. Wenn der Straßenräuber das Messer zückt, zerschneidet es mich bereits in zwei Teile, ehe es mein Fleisch nur berührt. Wenn das Messer zum ersten Mal aufblitzt, strömt Adrenalin durch meine Adern, um Konzentration und Aufmerksamkeit zu steigern. Durch diese besondere Aufmerksamkeit entsteht das Gefühl, dass sich die Zeit verlangsamt. Ich weiß, dass ich mich auf mich selbst verlassen muss, aber ich weiß auch, dass mein Leben von allen Informationen abhängt, die ich aufnehmen kann. Ich bewerte, was ich sehe: die Bewegungen seiner Augen, das Zögern des Messers, die Verkrampfung des Handgelenks, der genaue Abstand zwischen mir, der Tür und den Menschen, die hinter seinem Rücken davonlaufen, die Kraft meiner Arme, die Schnelligkeit meiner Beine und die Stärke meines Willens.

Zur selben Zeit drängt ein anderes Gefühl um Aufmerksamkeit, ein Gefühl, das wir sehr frei als Panik bezeichnen, aber sofort als unseren Feind erkennen. In solch einem gefährlichen Augenblick spüren wir instinktiv, dass wir sehr wohl sterben könnten, sollten wir diesem Gefühl nachgeben. Das Adrenalin steigert meine Wahrnehmung des Ziels, bei der Panik hingegen geht es um Konzentration. Um zu überleben, muss ich die Panik verdrängen, muss ich vergessen, was das »Ich« empfindet. Zwischen den beiden entbrennt ein

Kampf, ein erbitterter Kampf. Wenn ich mich der Panikattacke überlasse, werde ich den Kampf gegen die wirkliche Bedrohung verlieren.

Der Schauspieler entdeckt, wo die Figur ist, indem er den Raum so wahrnimmt, wie die Figur ihn sieht, als eine Anhäufung von Regeln, die zu befolgen oder zu brechen sind. Nur das sich wandelnde Ziel macht die Figur ausfindig. Die Welt wird entdeckt und nicht erschaffen, sie wird gefunden und nicht vorgegeben.

»ICH WEISS NICHT, WIE ICH MICH BEWEGEN SOLL«

13

Wo ich mich befinde und wie ich mich zu bewegen habe, lässt sich nicht voneinander trennen. Wie wir gesehen haben, zwingt uns der Raum, uns in einer bestimmten Weise zu bewegen. Damit dies geschieht, müssen wir nicht nur einen aufmerksamen Geist, sondern auch einen aufmerksamen Körper haben. Natürlich sind Geist und Körper keine eigenständigen Einheiten.

Der Körper muss gut in Form sein. Es hilft, fit zu sein und den Körper beweglich zu halten. Nicht um sich gut anzufühlen oder gut auszusehen soll der Körper eines Schauspielers in Form sein, sondern um wachsam und empfänglich für äußere Reize zu bleiben. Der Körper muss eine fließende Verbindung mit den Sinnen eingehen, damit das Ziel sofort erkannt wird. Zum Beispiel: Wenn Romeo aus dem Schatten hervorspringt und ruft: »Ich nehme dich beim Wort«, kommt Irina vielleicht auf die Idee, in den Schatten zurückzuweichen. Wenn Julia aber zurückschreckt, dann nicht, weil Irina diese bewusste Entscheidung während der Probe getroffen hat, sondern weil Julia in diesem Moment spontan reagiert. Letzten Endes wird Irina alle Gedanken und Ideen geistig so verarbeiten, dass ihr Körper während einer Vorstellung automatisch auf das reagieren kann, was Julia sieht. Irinas Körper muss so aufmerksam sein, dass es aussieht, als würde ihr zentrales Nervensystem ihre Muskeln sofort und automatisch mit dem Ziel verbinden. Idealerweise wird sie reagieren, ohne nachzudenken. Ihre Muskeln müssen bereit für das Ziel sein.

Motilität

Die körperliche Fähigkeit eines Schauspielers, offen für den geringsten Reiz zu sein, ist so wichtig, dass sie nach einem eigenständigen Begriff verlangt. Mein Ausdruck dafür ist *Motilität.*

Irina muss ihre Motilität trainieren, damit sie »motil«, also frei beweglich, sein kann. Natürlich kann eine Figur derart blockiert sein, dass ihre Reaktion auf einen Reiz minimal ausfällt. Aber das ist die Entscheidung der Figur. Gut gespielt wird auch der coolste Filmheld so lebendige Augen haben, dass man in ihnen unzählige Gedanken wahrnehmen kann. Seine Augen werden motil sein. Sobald ein Schauspieler ernsthaft blockiert ist, unterdrückt er diese natürliche Motilität und neigt dazu, jede Gelegenheit, sich zu bewegen, abzulehnen. Wenn das Spiel fließend und lebendig und der Schauspieler selbstsicher ist, wird er jede Gelegenheit, sich zu bewegen, in Erwägung ziehen, selbst wenn er sie letzten Endes verwirft. Und auch wenn die Gelegenheiten am Ende verworfen werden, beeinflussen die meisten Bewegungen weiterhin die unsichtbare Arbeit und unterstützen die Lebendigkeit des Schauspielers. Irinas Motilität ist wertvoll. Die folgenden Übungen dienen dazu, Irinas Motilität zu aktivieren.

Bewegung und das Ziel

Ohne Distanz kann man nirgendwo hingehen. Wenn ich genau da bin, wo ich sein möchte, habe ich keine Reise vor mir. Wenn es keine Distanz gibt, gibt es keinen Weg und somit keine mögliche Bewegung.

Wie wir uns bewegen, hängt ganz und gar vom Ziel ab, so wie alles andere, was wir tun. Wir bewegen uns nicht in einem Vakuum. Wir bewegen uns nur wegen etwas anderem; wir bewegen uns nur in Zusammenhang mit etwas anderem. Eine Bewegung oder eine Geste ist ebenso eine Reaktion auf eine Aktion wie irgendein Text. Wir bewegen uns, um etwas zu erreichen. Wir bewegen uns, um das Ziel zu verändern. In erster Linie bewegen wir uns, weil wir das Ziel sehen und weil wir, genauer gesagt, sehen, was das Ziel bereits tut, wie wir bei dem vergesslichen Geschäftsmann sahen. *»Ich rutsche auf meinem Stuhl hin und her«* wird weniger helfen als: *»Die Naht in meiner Hose ist so unangenehm, dass ich auf meinem Stuhl hin und her rutsche!«*

Schauspieler sehen mit dem ganzen Körper.

Die Übung mit der Botschaft

Diese Übungen sollen eher angewendet als verstanden werden. Sie können einen Schauspieler, der ins Stocken gerät, entlasten, wenn die wenigen Regeln genau befolgt werden und der Beobachter aufmerksam ist.

Irina wählt die Worte: *»Nein! Da bist du, da bin ich, und da ist der Raum.«* Das ist die »Botschaft«. Eine Regel dieser Übung ist, dass der einmal festgelegte Wortlaut der Botschaft in keiner Weise mehr verändert werden darf. Irina muss die Richtigkeit dieses Fragments anerkennen, als ginge es um Poesie von höchstem Wert.

In der Szene, die Irina aufschlüsseln will, wird das »Du« zu Romeo, das »Ich« zu Julia und der »Raum« zum Balkon, zum Garten, zur Familie innen, zu Verona außen, zu allem, was Julias eigentliche Welt ausmacht. Irina richtet diese Worte wiederholt an Romeo, während sie sich die Situation ins Gedächtnis ruft, und spielt die Botschaft so gut sie kann. Irina sieht einen Romeo, der den genauen Unterschied zwischen diesen drei Punkten nicht versteht, und sie muss ihm diesen Unterschied verständlich machen. Irina wird enttäuscht sein über ihren banalen Text, und diese Frustration wird Julias Körper und ihre Fantasie antreiben. Sie wird immer einfallsreichere und überzeugendere Mittel benutzen, damit Romeo diesen grundlegenden Unterschied begreift. Nach und nach wird Irina vergessen, Julia darzustellen, und stattdessen versuchen, Romeo mit allen ihr zur Verfügung stehenden Waffen zu beeinflussen, ihrer Stimme, ihrem Tonfall und ihren Gesten.

Wenn Irina diese Übung zum ersten Mal spielt, wird der Beobachter vielleicht bemerken, dass sie für alle drei unterschiedlichen Entitäten dasselbe »sieht«. Sie könnte unwissentlich »du« und »ich« und »der Raum« zu einem zusammengeschweißt und so die Verschiedenheit zwischen ihnen ausgelöscht haben. Aber »du«, »ich« und »der Raum« müssen sich voneinander unterscheiden. Diese Regel ist so offensichtlich, dass sie leicht als selbstverständlich angesehen wird. Sie ist so unsichtbar wie Sauerstoff und für den Schauspieler ebenso bedeutend.

Im wirklichen Leben müssen wir selten zwischen den dreien unterscheiden; sie unterscheiden sich bereits klar und deutlich. Im Spiel allerdings können wir Grundlegendes übersehen bei dem Versuch, Anspruchsvolleres zu begreifen. Irina kann nichts als gegeben annehmen und muss diese drei Entitäten immer voneinander trennen, wenn sie spielt. Diese jeweiligen Unterschiede zu verwischen ist allzu leicht und löst riesengroße Probleme aus.

Die Übung kann Kontrollmechanismen aufdecken, die den Schauspieler hemmen. Diese unsichtbare Kontrolle blockiert das instinktive Zusammenspiel des Schauspielers mit der Außenwelt. Diese Kontrolle ist ein Kind der *Angst* und für den Schauspieler besonders tödlich.

Den Schwarzen Peter weitergeben

Irina kann ihre eigene Frustration nutzen, indem sie sie umfunktioniert. Sie stellt sich vor, ihre Frustration wäre Julias

Frustration. Soll Julia darüber frustriert sein, dass Romeo den unübersehbaren Unterschied zwischen den drei Einheiten nicht begreift. Überlassen wir den Kampf ganz allein Julia; überlassen wir den ganzen »Versuch« Julia. Dann wird sie einen Romeo sehen, dem diese Unterschiede dargelegt, erklärt und eingebleut werden müssen.

Julia könnte mit der banalen Botschaft zum Beispiel Folgendes ausdrücken wollen:

> *»Nein, Romeo, du bist ein Montague, aber ich bin eine Capulet; wir können diese Kluft niemals überbrücken, dieser Balkon trennt uns weniger grausam als unsere Namen.«*

Oder die Botschaft:

> *»Nein! Da bist du, da bin ich, und da ist der Raum«*

könnte auch so verstanden werden:

> *»Nein, Romeo! Du bist ein Mann, ich bin eine Frau, und die Leute tratschen; bei dieser Beziehung steht für mich mehr auf dem Spiel!«* usw.

Sobald die Einsätze in die Höhe schnellen, fangen wir mit dem »Versuchen« an, wir versuchen, absolut still und regungslos zu sein, während der Bär am Zelt vorbeistapft. Aber nur Julia sollte etwas »versuchen«, nicht Irina. Irina sieht durch Julias Augen einen Romeo, dem gesagt werden muss, dass die Welt in ihren drei Einheiten in Wahrheit ganz anders ist als die, die er sieht. Seine Sichtweise ist schlicht falsch. Für Julia ist ihre Sichtweise richtig … und entscheidend. Und deshalb muss sie ändern, was Romeo sieht. Julia muss versuchen, das zu ändern, was Romeo glaubt.

Jeder Text ändert, was wir glauben

Jeder Text versucht, einen Blickwinkel zu verändern. Gibt es Ausnahmen von dieser Regel? Nein. Angenommen, dass jemand *»Ich sehe fürchterlich aus, stimmt's?«* sagt und wir *»Ja, du hast recht. Du siehst wirklich fürchterlich aus«* antworten, dann bestärken wir ihn in seinem Gefühl der Erschöpfung; weil nämlich unterstützen auch verändern bedeutet.

In der Tat ist *»Ich möchte ändern, was du glaubst«* die Basis aller Texte, wie wir später noch sehen werden.

Irina muss einen Romeo sehen, der fortwährend den genauen und wesentlichen Unterschied zwischen diesen drei Entitäten und dessen überwältigende Bedeutung missversteht. Und um ihm dies verständlich zu machen, wird Irina alles tun, was sie kann. Sie kann zeigen, gestikulieren, wild um sich schlagen, laufen, auf der Stelle stehen, schreien, flüstern, sich zusammenkauern; und er versteht immer noch nicht, und sie wird erneut versuchen, die richtige Geste oder Betonung zu finden, die Romeo begreiflich macht, was er begreifen soll. Julia kann so viel »zeigen«, wie sie will, um zu erreichen, was sie will. Irina hingegen darf nichts zeigen. Die Übung kann bei dieser Abgrenzung helfen.

Der Beobachter

Wenn Irina sich verloren hat in dem, was Julia tut, wenn sie beginnt, diese drei Dinge als grundverschieden anzusehen, und Romeo diesen Unterschied zeigt, zu erkennen gibt und vorführt, dann sollte ein Beobachter *»Text«* rufen, wonach sich Irina sofort und ohne Vorbereitung in Shakespeares Text stürzt. Wichtig ist, dass ihr Körper sich weiter so bewegt und ihre Augen weiter so sehen wie in dem Moment, als die alberne Botschaft sie begrenzte und frustrierte. Irinas Körper und ihre Fantasie erinnern sich daran, wie sie während der Botschaft reagiert hat. Die unerträgliche Unzulänglichkeit der Botschaft hat Irina gezwungen, ihre Fantasie zu durchforsten, um ihren Partner zu überzeugen.

Die ersten paar Male, wenn diese Übung durchgeführt wird, kann es passieren, dass Irinas Körper, nachdem der Beobachter *»Text«* gerufen hat, wieder in die überkontrollierte Haltung zurückfällt. Obwohl sie während der Übung vielleicht wunderbare Dinge entdeckt hat, lässt sie sie möglicherweise alle fallen aus panischer Angst, zum Text zurückzukehren. Die Übung zu wiederholen bedeutet sowohl Frustration als auch Entkrampfung. Doch nach und nach wird sich Irina freier fühlen, wenn sie gezwungen ist, ihren ganzen Körper und alles außerhalb ihres Körpers zu nutzen, um ihrem verständnislosen Partner diese Unterschiede klarzumachen. Wichtig ist, dass Irina nie weiß, wann *»Text«* gerufen wird, damit sie den Übergang von der Botschaft zum Text nicht planen kann.

Der Raum

Wie wir gesehen haben, kann Julia nicht machen, was sie will. Sie wird immer von den speziellen gegebenen Umständen eingeengt. Zum Beispiel kann Julia vermutlich nicht laut rufen, aus Angst, das Haus aufzuwecken. Diese Einschränkung kann in die »Botschaft« eingebaut werden. Aber wie wird es eingebaut? Der »Raum« ist hier das Schlüsselwort. Vielleicht liegt das Schlafzimmer der Eltern zwei Fenster weiter. Vielleicht zeigt Irina, auf das Wort »Raum« hin, Romeo das Fenster. Vielleicht muss sie ihm die immense Bedeutung des Fensters verständlich machen und des Schnarchens dahinter, das unheilvoll nach draußen dringt. Während Irina also versucht, dass Romeo sich des Fensters und seiner Bedeutung bewusst wird, wird sie feststellen, dass sie nicht laut rufen kann. Nicht Irina hält Julia davon ab, zu rufen; das Fenster hält sie vom Rufen ab. Der Raum beginnt, sich aktiv einzubringen.

Auf ähnliche Weise kann sich »der Raum« auch auf den Garten oder den Balkon beziehen. Die Verwendung des Begriffs »der Raum« hilft Irina, konkrete Ziele und deren Bedeutung zu sehen und zu erforschen. Und sie muss Romeo dazu bringen, diese konkreten Ziele so zu sehen, wie sie sie sieht. Julias wegen muss Romeo die Welt so sehen, wie Julia sie sieht. Insbesondere muss er die genauen Unterschiede zwischen den Dingen auf die gleiche Weise sehen, wie Julia sie sieht. Zum Beispiel erkennt er nicht ganz den genauen Unterschied zwischen sich und Julia. Sicherlich nimmt er bestimmte Unterschiede zwischen ihnen wahr, aber nicht den genauen und wesentlichen Unterschied, den Julia ihm klarmachen muss. Julia wird sich anstrengen müssen, um ihn dazu zu bringen, die Dinge so zu sehen, wie sie sie sieht, die Unterschiede so zu sehen, wie sie sie sieht, die Prioritäten so zu setzen, wie sie sie setzt.

Man kann die Übung mit der Botschaft so verstehen, dass die Botschaft für die unsichtbare Arbeit und der Text für die sichtbare Arbeit steht. Der Zwischenruf *»Text«* bedeutet den Wechsel zwischen den beiden. Der Zwischenruf des Beobachters macht diesen Wechsel plötzlich und unvorhersehbar. Je plötzlicher und unvorhersehbarer der Wechsel, umso wahrscheinlicher beeinflusst die Botschaft den Text, umso eher bestimmt das Unsichtbare das Sichtbare. Wie wir später sehen werden, sollte man den Text am besten als ein unzulängliches Werkzeug betrachten; wenn viel auf dem Spiel steht, gelingt es selbst der erhabensten Poesie nicht, das auszudrücken, was wir fühlen und brauchen.

Beispiele der Übung mit der Botschaft

Es können andere Botschaften erfunden werden wie etwa:

»Nein! Es ist nicht deine Szene, es ist meine Szene, und das ist mein Raum!«
»Nein! Es ist nicht meine Szene, es ist deine Szene, und das ist deine Welt!«
»Nein! Nicht du hast die Kontrolle, ich habe die Kontrolle, und das ist mein Raum!«
»Nein! Nicht ich habe die Kontrolle, du hast die Kontrolle, und das ist dein Raum!«
»Nein! Du bist das Opfer, nicht ich, und ich kann diese Mauern berühren!«
»Nein! Du bist nicht frei, ich bin frei und kann mich auf diesem Boden fortbewegen!«

Fassen wir zusammen: Die Botschaftsübungen werden normalerweise von Schauspielern paarweise gespielt. Jeder Schauspieler benutzt die gleiche Botschaft und unterbricht seinen Partner mit *»Nein!«* – es sieht nämlich so aus, als ob der Partner nicht versteht. Der Partner soll aber verstehen. Es muss zusätzlich eine dritte Person geben, den Beobachter, der die Übung leitet. Der Beobachter ruft: *»Text«*, so dass die Schauspieler nie selber entscheiden, wann sie zur ursprünglichen Szene zurückkehren. Wenn die Schauspieler selbst entscheiden können, wann sie von der Botschaft zum Text wechseln, findet der Übergang nicht fließend statt, stattdessen wird sie diese Unterbrechung auf schnellstem Weg zum Ausgangspunkt, nämlich nach Hause, zurückbringen. Dieser Wechsel zwischen Botschaft und Text muss außerhalb der Kontrolle der Schauspieler liegen, damit die Schauspieler, in dem sicheren Gefühl, dass es einen externen Beobachter gibt, ihre Köpfe leeren und ihre Körper und Augen mit dem füllen, was sie sehen. Die Schauspieler müssen frei sein, um ihre Partner sehen und deren Überzeugungen ändern zu können. Der Außenstehende, der Beobachter, ruft *»Text«*, sobald die

Köpfe und Körper der Schauspieler ausreichend von Konzentration befreit, aufmerksam und offen sind und sie sich ganz in ihren Reaktionen aufeinander verlieren.

Wie wir gesehen haben, ist der Raum in der Übung mit der Botschaft unbedingt notwendig. Auf das entsprechende Wort hin berührt oder zeigt der Schauspieler etwas im Raum. Das Bedürfnis, zu berühren, weckt den entspannten Körper. Natürlich werden einige Gesten in der eigentlichen Szene mit dem (richtigen) Text unbrauchbar sein. Möglicherweise wird der Großteil der Energie, die in der Übung freigesetzt wurde, wieder verworfen. Aber oft bleibt etwas Lebendiges bestehen.

Wie auch immer, es ist für Irina äußerst wichtig, mit Bewegungen zu experimentieren, denn um zu wissen, wie man sich nicht bewegt, muss sie wissen, wie man sich bewegt.

Ein Exkurs: Sitcom

Wie wir gesehen haben, sind Raum und Figur seltsam miteinander verknüpft. Wir können an der Figur nicht unabhängig vom Raum arbeiten. Und auch Beziehungen haben ihre Räume. Tatsächlich können sich Beziehungen, die von einem Raum in einen anderen Raum versetzt werden, auf überraschende Weise verändern. Den Probenraum zu wechseln beeinflusst die Proben ungemein. Ein anderes kurioses Beispiel begegnet uns im Fernsehen in der »Sitcom«.

Die erfolgreichsten Produktionen dieser Art spielen sich in nur ein bis zwei Räumen ab, sagen wir in einer Kneipe, einem Zimmer in einer Wohnung oder einer Familienküche. Nun ist offensichtlich, dass das Publikum die Figuren lieben lernt und weniger offensichtlich, dass wir die Dynamik zwischen den Figuren lieben. Aber lernen wir wirklich den Raum lieben? Diese gesichtslosen Sofas und Studiotüren? Aber gewiss tun wir das. Gelegentlich beschließen die Produzenten, eine Episode etwas aufzupeppen, indem sie beispielsweise alle

Figuren in den Urlaub schicken, so dass eine ganze Folge in einer unbekannten Umgebung spielt. Das Skript ist so gut wie immer. Die Story ist so gut wie immer. Die Schauspieler sind so gut wie immer. Nur, wir lachen nicht genausoviel. Dieselben Beziehungen sind in einer anderen Umgebung irgendwie weniger lustig. Aber wie kann ein Sofa lustiger als ein anderes sein? Natürlich ist es nicht lustiger. Aber die Vertrautheit, die Intimität ist der ausschlaggebende Faktor.

Alle guten Sitcoms verfügen über eine begrenzte Anzahl von Räumlichkeiten. Und so entsteht beim Publikum eine unsichtbare Vertrautheit mit der bestimmten Küchenanrichte, der bestimmten Position der Haustür, dem bestimmten Klang der Türklingel. Das Publikum betrachtet diese nüchterne Umgebung als selbstverständlich ... solange, bis sie entfernt wird.

Ein Exkurs: Alles Leben bewegt sich

In der lebendigen Natur gibt es hinter scheinbarer Unbeweglichkeit immer Bewegung. Umgekehrt funktioniert dieses Prinzip aber nicht. Hinter dem Leben hält sich keine Bewegungslosigkeit versteckt. Hinter sichtbarer Bewegung wird es noch mehr Bewegung geben, vielleicht eine ganz andere als die, die wir sehen, denn nichts Lebendiges ist jemals vollkommen bewegungslos. Auch wenn Irina entscheidet, dass Julia jede körperliche Bewegung unterdrückt, regt sich hinter ihrer scheinbaren Bewegungslosigkeit immer der Wunsch nach Bewegung. Selbst die japanische Gastgeberin, die den Tee beinahe reglos serviert, kann dabei beobachtet werden, wie sie sich beim Sprechen leicht bewegt, auch wenn es nur die kleinste Bewegung ihrer Finger auf dem Tisch ist.

Bewegungslosigkeit und Ruhe sind von ungeheurer Kraft. Wie die Symmetrie sind sie Ideale, nach denen wir uns sehnen, die wir aber in ihrer Reinheit niemals erreichen. Irina kann während ihrer Proben eine Ahnung von Bewegungslosigkeit und Ruhe bekommen und sie während der Vorstellung wiederentdecken. Aber es ist riskant, unbeweglich anzufangen; es ist gefährlich, aus der Trägheit heraus zu beginnen. Bewegungslosigkeit wird in der Bewegung entdeckt. Und Bewegung entsteht nicht im Innern. Wir bewegen uns aufgrund dessen, was wir sehen.

Ein Exkurs: Manierismus und Motilität

Wie schon erwähnt und obwohl die Ausdruckskraft des Körpers entscheidend ist, ist »ausdrucksvoll« für den Schauspieler ein belastetes Wort. Eigentlich können wir gar nichts aktiv »ausdrücken«. Wenn wir also einen Schauspieler sehen, der etwas flüssig zum Ausdruck zu bringen scheint, dann sehen wir einen Schauspieler, der die Gnade oder Begabung oder Übung hat, nicht zu blockieren. Wir sehen einen Schauspieler, der frei beweglich ist.

Wenn ein Schauspieler hingegen aktiv versucht, einen ausdrucksvollen und vom Raum unabhängigen Körper zu entwickeln, kann etwas Alarmierendes passieren. Nutzlose Techniken laden den Körper oberflächlich auf, der natürliche Bewegungsablauf des Körpers wird von einem scheinbaren Bewegungsfluss verdeckt – und ironischerweise wird so die natürliche Motilität des Schauspielers blockiert. Mit diesem zweifachen Bluff übertreffen wir uns selbst. Um ihre alternde Haut zu verbergen, soll Elisabeth I. ihr Gesicht und ihre Brust mit einer dicken Schicht weißer Farbe bedeckt haben. Zum Abschluss malte man der Königin dünne, blaue Äderchen auf, um die echten, Millimeter darunter liegenden zu imitieren.

Manierismus scheint oft in hohem Maße spezifisch. Wir können einen Kollegen wegen seiner unsauberen Zischlaute, gedehnten Vokale oder übertrieben lässigen Bewegungen verhöhnen. Die Manierismen anderer Menschen sind immer viel lustiger als unsere eigenen. Ob liebenswert oder irritierend, diese grotesken Verhaltensweisen haben eines gemeinsam. Die Wurzel aller Manierismen ist immer dieselbe: Der manierierte Schauspieler ist vom Ziel abgeschnitten. Manierismus befällt begabte Menschen normalerweise dann, wenn *Angst* sie vom unberechenbaren Ziel trennt.

Eine einstudierte Aufführung, die trotz bestmöglicher Vorsätze künstlich wirkt, resultiert aus der lästigen, alten Angst, die Außenwelt könnte nicht da sein, wenn wir sie brauchen. Deshalb erklärt der Schauspieler seine Unabhängigkeit von dem, was er im Eifer des Gefechts sehen oder auch nicht sehen mag, und schottet sich dadurch ab. Er will nichts dem Zufall überlassen – er wird alles genau vorbereiten, so dass er niemals außer Kontrolle erwischt wird. Er wird sich vor dem Unberechenbaren schützen. Allerdings wird seine Festung schnell zu seinem Gefängnis werden.

KONTROLLE

14

NIEMAND hat einen Körper, der perfekt reagiert, aber das liegt nicht so sehr daran, dass wir nicht in Form oder unbeweglich sind. Der Körper wird durch unbewusste *Kontrolle* gefesselt. *Kontrolle* ist eine heikle Angelegenheit. Manche Art von Kontrolle ist wichtig; manche Art von Kontrolle ist destruktiv. Es kommt ganz darauf an.

Grundsätzlich gibt es zwei Aspekte von *Kontrolle*: die Kontrolle, die wir sehen können, und die Kontrolle, die wir nicht sehen können. Es ist die zweite, die unsichtbare Kontrolle, die den Schauspieler straucheln lässt. Wir laufen nicht wie ein Klotz herum, weil wir uns von Natur aus hölzern bewegen, sondern weil wir uns fürchten. *Angst* ruft in der Regel zwei körperliche Symptome hervor:

Wir können uns nicht bewegen, und:
Wir können nicht atmen.

Wie Feuer ist *Kontrolle* ein guter Diener und ein schlechter Meister. *Kontrolle* kann ein Fluch für den Schauspieler sein, obwohl sie so freundlich und hilfsbereit aussieht. Die *Kontrolle* flüstert: »*Wenn du mich benutzt, kann ich dir helfen, dich aus den Fängen der Angst zu befreien.*« Aber das ist nur ein abgekartetes Spiel, ein großer Coup. Wenn wir versuchen, vor der *Angst* zu fliehen, geraten wir nur noch mehr in *Angst*: »*Sie gaben vor, Feinde zu sein, dabei steckten sie die ganze Zeit gemeinsam unter einer Decke!*«

Angst bedroht, *Kontrolle* paktiert. Und wir werden immer tiefer und tiefer verwickelt. *Angst* betreibt ihren eigenen Geheimdienst, so dass wir nach und nach nicht mehr wissen, wer unsere echten Freunde sind. *Kontrolle* ist ein Doppelagent: *»Ich bin dein Werkzeug. Du kannst mich für all deine Zwecke benutzen, sogar um die Angst zu besiegen und jedes andere unangenehme Gefühl.«* Aber das ist die größte Lüge der *Kontrolle*. Es ist die *Kontrolle*, die aufschreit: *»Ich weiß nicht, was ich fühlen soll!«*

Kontrolle hasst es, kontrolliert zu werden.

Die Boeing 747

Angst mag es lieber, wenn wir uns in einem Zustand gedankenloser Kontrolle befinden. *Angst* mag es nicht, wenn wir vernünftig denken. Wenn eine Boeing 747 in Turbulenzen gerät und absackt, kann die Katastrophe vielleicht verhindert werden, wenn ich nur ganz still sitze und nicht mehr atme. Oder ich kann wie wahnsinnig auf den verdutzten Fremden im Sitz neben mir einreden. Beide Methoden zielen darauf ab, die Wahrnehmung der Außenreize zu kontrollieren und zu zensieren: *»Wenn ich mein Bordmagazin genau betrachte, merke ich es vielleicht nicht, wenn eine Tragfläche abfällt.«*

Dies sind bewusste Entscheidungen. Doch beängstigender sind die unsichtbaren Kontrollmechanismen, die nicht nur unermüdlich auf unsere physischen Reaktionen einwirken, sondern auch auf genau die Reize, die wir aufnehmen dürfen. Manchmal führen sie sich auf wie ein Gefängniswärter, der unsere Körper wegsperrt. Manchmal gebärden sie sich wie Zensoren in Kriegszeiten, die Teile aus Briefen herausschneiden. Wir sind vielleicht unfähig, diese Kontrollen abzuschaffen, aber wir können sehen, wie sie funktionieren. Statt also zu fragen: *»Warum kann ich mich nicht bewegen?«*, soll Irina fragen: *»Was blockiert meinen Körper?«* oder besser: *»Warum blockiere ich meinen Körper?«*

Leben ist in ständigem Fluss; etwas anderes tritt auf die Bremse. Dieses »andere« muss freigelegt werden. Das Prinzip ist simpel: Wir hören auf, uns zu bewegen, weil *Angst* uns unter *Kontrolle* hält.

Der blockierte Körper

Der erste Schritt, den wir zur Befreiung unseres Körpers tun müssen, ist, anzuerkennen, in welchem Maße wir ihn eingesperrt halten. Das Ausmaß eines Problems anzuerkennen ist der erste Schritt auf dem Weg zur Lösung. *Angst* erhält ihren Status quo, indem sie uns ermutigt zu leugnen, dass das Problem existiert. Die Weigerung, unsere Einschränkungen zu akzeptieren, mag aufsässig erscheinen. In Wirklichkeit ist es ein Akt der Sklaverei. *Angst* ist genial.

Irina kann folgende Übung nutzen. Sie stellt sich an einen Tisch und hebt ein Glas Wasser hoch. Sie wiederholt diese einfache Handlung immer und immer wieder und beobachtet dabei aufmerksam, was ihr Körper tut. Das Glas ist ganz in der Nähe. Vielleicht muss sie nur ihren Arm bewegen. Welche Muskeln beansprucht sie? Ihre Fingermuskeln? Welche genau? Ihre Nackenmuskeln? Welche genau? Nach und nach wird sich Irina jener Körperteile bewusst, die sie beanspruchen muss, um das Glas Wasser hochzuheben.

So weit so gut. Nun wendet Irina ihre Aufmerksamkeit den Muskeln zu, die sie nicht beansprucht. Davon gibt es viele. Ihre Fußmuskeln zum Beispiel. Nun könnte sie fragen, warum sie ihre Fußmuskeln beanspruchen sollte? Der Tisch ist nicht so niedrig, dass sie sich bücken muss. Eine bessere Frage aber ist: *»Wäre die Bewegung nicht ein bisschen leichter, wenn ich meine Füße ein wenig benutzen würde?«* Soll Irina herausfinden, ob die Fußmuskeln helfen könnten. Irinas Reichweite zum Glas könnte sich um einen Bruchteil verringern, wenn sie ihr Fußgelenk leicht beugen würde.

Es mag sonderbar scheinen, seine Zehen zu Hilfe zu nehmen, um ein Glas Wasser hochzuheben, aber sobald ein Muskel spürt, dass sich ein anderer bewegt, möchte er gern mitmachen. Wie ein Kind, das man an einem sonnigen Nachmittag im Haus eingesperrt hat und das die Kinder nebenan Fußball spielen sieht.

Je mehr Muskeln beansprucht werden, um eine einzige Handlung auszuführen, desto weniger wird der einzelne Muskel belastet; aber diese Erklärung entspricht nur dem Nützlichkeitsprinzip. Die schlichte Wahrheit ist, dass Muskeln sich einfach bewegen wollen, das liegt in ihrer Natur. Genauso wie es unserer Natur entspricht, leben zu wollen.

Wir kontrollieren unsere Muskeln weit mehr, als wir ahnen. Diese unsichtbare Bremse bedarf ernsthafter Untersuchung und Aufdeckung, da sie eine der größten Hindernisse für eine lebendige Darstellung ist. Wir ziehen es vor, zu glauben, dass wir unsere Muskeln von der Arbeit abhalten, weil wir faul sind. Die Wahrheit ist weniger unbekümmert. Wir halten unsere Muskeln von der Arbeit ab, weil wir uns vor dem fürchten, was sie tun könnten.

Wenn also Irina zu ihrem Wasserglas zurückkehrt, sollte sie nicht fragen: »*Warum soll ich alle meine Muskeln bewegen, wenn mein Arm das Glas alleine hochheben kann?*« Sie sollte vielmehr fragen, warum sie ihren anderen Muskeln das Vergnügen verweigert, mitzumachen? Warum schließt sie sie von der Party aus?

Irina kann sich viele Bewegungsübungen selbst ausdenken, und vielleicht werden noch viele weitere in der Gruppe durchgeführt. Die Übungen können jede erdenkliche Aktivität untersuchen, wie Greifen, Berühren, Gehen. Die Übungen werden wiederholt, so dass auf jede einzelne Bewegung größere Aufmerksamkeit gelenkt wird. Dies ist etwas ganz anderes, als sich auf jede Bewegung zu konzentrieren.

Denn wenn wir analysieren würden, wie wir es fertigbringen, stehen zu bleiben, würden wir wohl hinfallen. Man kann ein Fahrrad nicht durch Denken fahren.

Die Übungen lenken Irinas Aufmerksamkeit nicht so sehr darauf, wie ihre Muskeln arbeiten, sondern auf das, was Irina tut, damit ihre Muskeln das Arbeiten einstellen. Die Übung ist nicht dafür gedacht, ihre müden Muskeln zu wecken, sondern sie soll Irina behilflich sein, zu erkennen, dass sie ihnen heimlich ein Betäubungsmittel spritzt, wie eine wahnsinnige Krankenschwester.

Wir vergeuden Unmengen von Energie darauf, unsere Muskeln zu bremsen, zu unterdrücken, zu zügeln, zu begrenzen, abzutöten und einzuschränken. Wir brauchen aber jedes bisschen dieser vergeudeten Energie, um der Entwicklung der Situation Aufmerksamkeit zu widmen. Diese Übungen lenken die Aufmerksamkeit auf geheime innere Sperren. Der einzige Schlüssel, den wir verwenden können, ist Aufmerksamkeit, aber Aufmerksamkeit passt wie ein magischer Dietrich in jedes Schloss.

Bodenenergie

Die »Bodenenergie« kann ebenfalls helfen. Stellen wir uns vor, dass alle Energie aus dem Boden hervorquillt. Der Schauspieler legt sich hin und spürt, wie der Fußboden den Rücken trägt. Er lenkt seine Aufmerksamkeit allmählich auf jeden einzelnen Kontaktpunkt zwischen Fußboden und Rücken. Je mehr sich der Schauspieler entspannt, desto mehr Teile des Körpers kommen mit dem Fußboden in Berührung. Die Wirbelsäule lockert und streckt sich. Nach einiger Zeit kann er oder sie den Text sprechen, als ob er aus dem Boden hervorkommt und durch das Zwerchfell, die Lungen, dann durch den Brustkorb und schließlich im ganzen Körper nachhallt. Wenn der einzige Weg für die steigende Bodenenergie durch die Fußsohlen, über die Knöchel und so weiter nach oben führt, kann sich der Schauspieler langsam aufrichten, bis er steht.

Es ist wichtig, dass die Knie des Schauspielers auch im Stand beweglich bleiben. Wir haben viele Belastungspunkte im Körper, an denen wir den Energiefluss ausschalten können. Die Knie und der Nacken sind nur zwei der mehr in Anspruch genommenen Verbindungspunkte. Der Nacken muss frei von Verspannungen sein, und die Knie müssen locker bleiben.

Diese Übung kann nicht im Kopf ausgeführt werden. Wie alle Übungen ist sie nur sinnlich zu erfahren, so wie es der klügere Präsidentschaftskandidat tat, der den Raum spüren musste. Besonders wenn die Schauspieler bei Probenbeginn über einen Tisch gebeugt saßen, können Bodenenergie-Übungen das daraus resultierende Energieungleichgewicht korrigieren helfen.

Sich vorzustellen, dass die Energie vom Boden aufsteigt, hilft, denn viel zu oft denken Schauspieler unbewusst, dass alle brauchbare Energie aus dem Gehirn hinuntersickert. Diese vage Vermutung beschränkt die Freiheit des Schauspielers. Leider ist für uns zivilisierte Menschen die Vorstellung, dass Energie vom Kopf aus nach unten strahlt, nur allzu leicht; sie wurde uns geradezu eingebleut. Sogar wenn wir Schulen besucht haben, die nur Tanz und Sport unterrichteten, gehört es doch fest zu unserer Kultur, Kontrolle immer zu betrachten als a) eine gute Sache und b) physikalisch im Körper nach unten ausstrahlend. Natürlich ist das unbewusst, aber es ist hilfreich bei der Erklärung, warum so viele von uns, sogar Athleten und Tänzer, sich nicht so gut bewegen, wie sie könnten.

Atmen

Wie die Bewegung ist die Atmung eine der sieben Charakteristika aller Lebewesen. Atmen ist lebensnotwendig. Wir atmen von selbst – andernfalls wären wir alle tot. Wir atmen instinktiv, dem Gedanken entsprechend. Das ist einfach. Nicht so einfach zu erklären ist, warum wir diesen Prozess stören. Warum zwingen wir uns, zu sonderbaren Zeiten ein- und auszuatmen? Wenn du wissen willst, wann du atmen sollst, ist die Antwort einfach: *»Wann immer du willst.«*

Aber wie entscheidet Irina, wann Julia atmen will? Sie kann es nicht; auch sollte sie etwas so Haarsträubendes gar nicht versuchen. Aber auch Julia entscheidet nicht, wann sie atmet. Julia atmet, wenn das Ziel es ihr befiehlt. Das Ziel allein entscheidet, wann wir ein- und ausatmen, wie tief der Atemzug sein muss, und wie schnell und vollständig wir ausatmen sollen. Ein Beispiel:

Ein schmerzliches Treffen

Nehmen wir an, wir haben einem Freund etwas Schmerzliches mitzuteilen. Es kommt der Moment für unsere sorgfältig vorbereitete Rede. Wir schauen unseren Freund an und atmen tief ein. Doch wenn die Zeit gekommen ist, sind nicht wir es, die entscheiden, wann und wie wir atmen. Die Entscheidung fällt, wenn wir unseren Freund ansehen und überlegen, welche Worte wir benutzen sollen. Ist er glücklich, verängstigt, entspannt? Wir betrachten ihn, sammeln unsere Gedanken und atmen dann entsprechend ein, ohne an den Atem zu denken. Das Ziel gibt uns genau vor, wie viel Atem wir brauchen. Und das Ziel scheint diese Information mehr oder weniger direkt an unsere Lunge weiterzugeben. Um ein weiteres Beispiel zu nennen: Stellen wir uns vor, dass ein Betrunkener in einer Kneipe sich ziemlich unerwartet hochrappelt und bedrohlich im Raum umsieht, eine Flasche zerschlägt, in unsere Richtung taumelt, mit der Scherbe vor unserem Gesicht herumfuchtelt und dann … gegen die Tür fällt und auf der Straße landet. Wir atmen automatisch aus, und das wahrscheinlich unisono mit allen anderen. Obwohl die anderen Gäste immer noch aufgewühlt sind, brauchen sie nicht länger unbequem die Luft zurückzuhalten als Reserve, falls sie hätten eingreifen müssen. Wir halten den Atem an, wenn eine Situation gefährlich wird. Flucht und Kampf können zwar unseren Darm leeren, aber sie zwingen uns, Sauerstoff zurückzuhalten. Das ist keine bewusste Entscheidung, sondern ein Reflex. Wir atmen entsprechend der Gefahr, die wir in der Situation ausmachen, mit anderen Worten, entsprechend den Einsätzen, die das Ziel uns vorgibt.

Ein heimlicher Mord

Wenn Schauspieler nicht genug Atem holen, fallen sie über ihren Text her und verunstalten die Gedankengänge. Statt außer Atem zu geraten, kann der Schauspieler längere Gedanken in kleine Abschnitte zerteilen. Jedes Wort wird berücksichtigt, da der Text ja in verfügbare kleine Portionen zerteilt wurde. Das Problem ist nur, bevor er zerstückelt werden kann, muss der lange Gedanke ermordet werden.

Ein Gedanke ist ein Ziel und muss erkannt werden, bevor er in Angriff genommen werden kann. Ein Gedanke muss gesehen werden, bevor er ausgesprochen werden kann. Und wie alle Ziele muss auch ein Gedanke alle Regeln befolgen. Besonders der Gedanke ist in ständigem Wandel begriffen. Ein Gedanke bleibt nie starr. Ein einzelner Gedanke wird sich anpassen, wird sich immer weiter verändern, wie die Variation zu einem Thema. Ein Versdrama wie *Romeo und Julia* hat eine Fülle ausgedehnter Gedankenabläufe, die in umfassenden Wortsequenzen ausgedrückt werden.

Atmung und Vorstellungsgabe

Wenn Irina eine leidenschaftliche Passage mit halbvoller Lunge beginnt, ist es riskant für sie zu sagen: *»Beim nächsten Mal muss ich mehr Luft holen«*, obwohl das absolut zutrifft. Irina muss herausfinden, warum sie ursprünglich zu wenig Atem geholt hat. Der knappe Atem ist nur ein Symptom; die Ursache liegt weiter zurück. Irina geht die Luft aus, weil sie nicht den richtigen Einsatz im Ziel gesehen hat. Halbvolle Lungen reichen aus, wenn man seinem Freund Vorhaltungen machen will, weil er zu spät zur Verabredung kommt. Halbvolle Lungen reichen nicht aus, um einem Liebhaber entgegenzutreten, der einen vernichten kann.

Aber dies ist weder eine Entscheidung von Irina noch von Julia. Diese Entscheidung wird vom Ziel getroffen. Diese Entscheidung wird beim Anblick Romeos getroffen. Weder Irina noch Julia benachrichtigen direkt ihre Lunge. Bewusst den Zeitpunkt zum Atmen festzusetzen kann einem Schauspieler die Luft abschnüren und die Vorstellungskraft ersticken. Nur das, was wir sehen, lässt uns angemessen atmen.

Irina muss deshalb doppelt ausgerüstet sein. Erstens muss ihre Vorstellungskraft ausgeprägt genug sein, um das Ziel zu sehen, das sie dazu bringen wird, mit diesen vielen Wörtern zu reagieren. Genau wie der Körper braucht auch die Vorstellungskraft Geduld, Training und Ausdauer. Wie wir gesehen haben, trainieren wir unsere Vorstellungskraft nur, indem wir uns selbst erlauben, zu sehen. Aufmerksamkeit ist unser bester Trainer.

Zweitens jedoch muss Irina ihre Atemtechnik trainieren, um jeden langen Gedanken halten zu können. Ihre Atemmuskulatur muss fit sein.

Zu Irinas unsichtbarer Arbeit gehört das körperliche Training. Sie braucht die körperliche Leistungsfähigkeit, um jederzeit allen Anforderungen an ihre Atmung nachzukommen. Irina darf sich keine Sorgen darum machen, dass ihr Körper nicht bereit ist, stets das zu tun, was er tun soll. Dieses Training muss früh in ihrer unsichtbaren Arbeit und als ein Teil ihrer allgemeinen Schauspielausbildung absolviert werden. Leider gibt es keine Pille, um uns fit zu halten, deshalb wird Irinas Training nie abgeschlossen sein. Der Schauspieler benötigt Disziplin, um frei zu sein.

Die vierte unangenehme Entscheidung: Sicherheit oder Vertrauen

Bevor wir fortfahren, sollten wir eine weitere unangenehme Entscheidung ins Auge fassen. So wie die anderen Entscheidungen, muss auch diese während der unsichtbaren Arbeit bedacht werden. Sicherheit und Vertrauen arbeiten parallel. Natürlich können wir sie nicht direkt benutzen, aber sie helfen uns bei der Umorientierung in eine sinnvollere Richtung. Von Sicherheit abhängig zu sein, lähmt den Schauspieler. Zum Beispiel möchte Irina gerne sicher sein, dass sie nicht steckenbleibt. Aber wir können uns keiner Sache sicher sein. Den Text in den Kulissen wieder und wieder zu repetieren, ist eine ziemlich sichere Methode, ihn auf der Bühne zu vergessen. Alles, was ein Schauspieler tun kann, ist, darauf zu vertrauen, dass der Text da ist, wenn er ihn braucht. Von Sicherheit besessen zu sein, zerstört das Vertrauen. Wir können nicht gleichzeitig Sicherheit und Vertrauen haben; wir können entweder das eine oder das andere haben. Irina kann auch nicht sicher sein, dass ihre Gefühle sich auf Stichwort einstellen. Aber sie kann daran glauben.

»ICH WEISS NICHT, WAS ICH FÜHLEN SOLL«

15

Wir können Gefühle nicht ausdrücken. Niemals. Gefühle, welcher Art auch immer, drücken sich selbst in uns aus, ob wir wollen oder nicht. Wir können ein Gefühl nicht »ausführen«. Wir können ein Gefühl nicht »machen«. Wir können ein Gefühl nicht »präsentieren«. Unsere Emotionen drücken sich einzig in dem aus, was wir tun. Um beispielsweise meinem Hass gegen jemanden Ausdruck zu verleihen, muss ich irgendetwas tun, sagen wir, ihm einen finsteren Blick zuwerfen oder ihn böse zurichten. Wir haben keine Kontrolle über den Hass, den wir gegen jemanden hegen, aber wir können entscheiden, was damit zu tun ist. Wir können unseren Hass ignorieren. Oder wir können beschließen, ihn wahrzunehmen. Dann wird er sich vielleicht von selbst verändern. Aber nur vielleicht.

»Gefühle« und »Empfindungen« sind ungenaue Bezeichnungen für eine breite Palette von Ungefährem. Noch verwirrender ist, dass unsere konkreten Namen von »Gefühlen« und »Empfindungen« oft absichtlich in die Irre führen. Wut kann umgetauft sein in Liebe, das Bedürfnis, sich um jemanden zu kümmern, kann den Drang zu zerstören kaschieren, und der selbstzerstörerische Teenager schützt vielleicht andere vor seiner Gewalt. Wir können ihre Namen verheimlichen, aber unsere Gefühle unterliegen nicht unserer Kontrolle. Sie befallen uns ohne unsere Erlaubnis, und wir sind für sie nicht verantwortlich. Was wir allerdings kontrollieren können, ist das, was wir tun.

Gefühle sind vielfältig und bekämpfen sich untereinander, wie die Götter im antiken Griechenland. Das bedeutet, dass wir uns in einem inneren Kriegszustand oder bestenfalls in einem Zustand instabiler Waffenruhe befinden. Diese Zerrissenheit bereitet uns so viel Schmerzen, dass wir uns höchstens einen flüchtigen Blick auf das Schlachtfeld erlauben. Wenn wir die Wahl hätten, würden wir es auf jeden Fall vorziehen, dass dieser Konflikt auf fremdem Terrain ausgetragen würde. Das ist einer der Gründe, warum wir ins Theater gehen.

Was fühlt meine Figur?

Es ist also für Irina gefährlich zu fragen: *»Was fühlt Julia?«* Die Frage erscheint naheliegend und sogar selbstlos, aber in Wirklichkeit schnürt sie das Herz zusammen. Die Frage ist mit der subtilen Eitelkeit infiziert, dass ich mir meiner Gefühle immer vollkommen sicher sein kann. Aber wenn ich nicht sicher sein kann, was ich fühle, wie kann ich dann sicher sein, was Julia *»fühlt«*? *»Was fühlt meine Figur?«* enthält keine brauchbare Antwort für den Schauspieler, deshalb ist es zwecklos, diese Frage zu stellen.

Gewaltige widersprüchliche und wechselnde Gefühle bringen Julia während ihrer Begegnung mit Romeo durcheinander, aber es ist unwahrscheinlich, dass Julia sie deuten oder nur einzeln aufzählen kann. Wie kann also Irina, ein Regisseur oder sonst jemand behaupten, sämtliche Gefühle genau bestimmen zu können, die in Julia miteinander kämpfen? Einige sind der Meinung, dass unsere Gefühle etwas sind, was wir kennen können. Ein Ausspruch aus dem englischen Gesetz lautet, dass »der Geisteszustand eines Menschen dem Zustand seiner Verdauung ähnelt«, ein Prinzip, das viele an den Galgen gebracht hat. Vereinfachung mag die Arbeit des Richters erleichtern, nicht aber die Arbeit des Schauspielers. Auf alle Fälle ist Irina Künstlerin und ihre Arbeit das genaue Gegenteil davon, ein Urteil über jemanden zu fällen. Jeder Versuch Irinas, zu wissen, was Julia fühlt, ist zum Scheitern verurteilt. Deshalb muss alles, was Irina für sich allein an Vorstellungen über Julias Gefühle entwickeln konnte, auch falsch sein. Vielleicht war es anstrengend; aber trotzdem falsch.

Viele von uns, ich selbst inbegriffen, gehen aber ins Theater, um extreme Gefühle zu sehen, und können leidenschaftslose Darstellungen nicht ausstehen. Also muss das, was Julia fühlt, wesentlich für Irinas Darstellung sein. Was also bedeutet es, dass »der Schauspieler keine Gefühle produzieren kann«? In dieser Hinsicht sind sich Gefühl und Figur schrecklich ähnlich. Beide sind für Irina entscheidend, und doch scheinen beide furchtbar unabhängig von ihr zu sein; sie tun einfach nicht, was sie will. Wie kann Irina mit der frustrierenden Tatsache umgehen, dass sie über das, was für sie am wichtigsten ist, keinerlei Kontrolle hat?

Das Gefühl und das Ziel

Zuallererst muss Irina der harten Tatsache ins Auge sehen, dass sie niemals direkte Kontrolle über die Figur oder das Gefühl haben kann. Sie muss der Illusion aus dem Weg gehen, dass wir selbst entscheiden, wer wir sind, und selbst entscheiden, was wir fühlen.

Wir müssen dieser verführerischen Lüge den Rücken kehren und sie voll und ganz hinter uns lassen. Diese beiden Illusionen wirken sehr real, führen uns aber zwangsläufig in die Irre. Was aber kann Irina tun, gelähmt vor Angst, nichts fühlen zu können? Sie kann sich selbst helfen, wie in anderen Situationen auch, indem sie sich an das Ziel erinnert.

Verallgemeinerungen vergehen schnell

Wir können uns in einem allgemeinen Zustand des Wünschens befinden, jedoch verlangt dieses Gefühl danach, Erfahrung zu haben in einem konkreten Vorstellungsbild. Sexuelle Begierde braucht einen Körper, um sich selbst zu erkennen. Was immer den Anreiz ausmacht, er ist immer ein Ziel; das Ziel ist der Katalysator, der ein Gefühl auslöst. Kein Gefühl kann ohne Ziel ausgelöst werden. Wir können zum Beispiel mürrisch aufwachen, unsere schlechte Laune hinnehmen und uns damit befassen. Oder wir entdecken für diese Stimmung einen konkreten Grund – das Wetter, den Beruf ... oder wir gehen vielleicht los und brechen einen Streit vom Zaun. Je mehr ein Gefühl zunimmt und nach Erleichterung verlangt, desto wahlloser werden wir möglicherweise bei unserer Entscheidung für ein Ziel, das das Gefühl freisetzen könnte. Schlimmer, als vor etwas Angst zu haben, ist es, vor nichts Angst zu haben.

Das Ziel im Konflikt

Schauen wir einmal, wo der Text uns Beispiele von emotionalem Krieg liefert, wo das Ziel in einen Konflikt gerät. Da müssen wir nicht lange suchen; tatsächlich liefert uns jede Textstelle in dieser Szene, wonach wir suchen. Zum Beispiel:

> »So grenzenlos ist meine Huld, die Liebe
> So tief wie ja das Meer. Je mehr ich gebe,
> Je mehr auch hab' ich: beides ist unendlich.«

Bei *»grenzenlos«* könnte Julia einen Romeo sehen, der vor der Gefahr gewarnt werden muss, auf die er sich einlässt, aber sie könnte auch einen Romeo sehen, den sie liebt, den sie nicht verwirren, ängstigen oder abweisen will. Und alle diese Romeos, die Julia sieht, fügen sich einfach nicht zu einem einheitlichen Romeo zusammen. Er ist eine Anhäufung von Widersprüchen. Diese Bilder widersprechen und bekämpfen sich gegenseitig; die Ziele verursachen einen Konflikt. Irina kann Julias Einstellung Romeo gegenüber niemals zusammenfassen. Und sogar Julia selbst könnte niemals alle Gefühle Julias für

Romeo genau beschreiben und aufzählen. Alles, was Irina tun kann, ist, die verschiedenen Romeos zu sehen, die Julia sieht.

Wenn also Julia ausruft: »O, schwöre nicht beim Mond, dem wandelbaren«, sieht sie vielleicht einen Romeo, den sie schlagen will, aber auch einen Romeo, den sie küssen will. Wie immer muss das Ziel konkret sein. Julia könnte einen Romeo sehen, den sie heftig schlagen möchte, und einen Romeo, den sie ebenso heftig küssen möchte. Letztendlich wird das Bild in ihrer Vorstellung alle Gefühle hervorrufen, die Irina braucht, um Julia zu spielen. Aber wenn Irina versucht zu fühlen, was Julias fühlt, wird das ihre Darstellung zerstören.

Praktisch betrachtet werden alle Gefühle des Schauspielers durch das hervorgerufen, was sie sehen. Ein Gefühl kann nicht aus sich selbst heraus erzeugt werden. Die Gefühle folgen dem Ziel, aber das Ziel wird niemals den Gefühlen folgen. Jeder Versuch, ein Gefühl unabhängig vom Ziel hervorzurufen, lähmt den Schauspieler.

Die Abwesenheit von Gefühl

Wir sind erschüttert, wenn wir hören, dass sich jemand, den wir kennen, umgebracht hat. Aber die erste Frage, die uns vermutlich durch den Kopf schießt, ist nicht *»Warum?«*, sondern *»Wie?«*. Und über das Wie etwas wissen zu wollen beschämt uns in gewisser Weise. Wir sollten eigentlich die Tragik dieses Ereignisses unmittelbar und frei von Neugier emotional erfassen. Wir möchten Mitgefühl für den Schmerz und den Verlust aller Betroffenen empfinden. Und wir möchten dieses Mitleid augenblicklich und auf Befehl empfinden.

Aber nein. Stattdessen wollen wir wissen *»Wie?«* und dann vielleicht: *»Wer hat ihn gefunden?«* Uns ist es peinlich, neugierig auf diese makaberen Details zu sein. Aber wir müssen die leere Flasche oder das straffe Seil sehen und fühlen uns unbehaglich, weil wir ohne ein Vorstellungsbild nichts empfinden können. Wir mögen uns dafür schämen, dass wir etwas über die trivialen technischen Details erfahren wollen, bevor wir anfangen, »bessere« Fragen wie die nach dem Warum zu stellen. Wir empfinden uns als kleingeistig angesichts des Ausmaßes des Ereignisses, und alles, was wir wissen wollen, ist: *»Lag er im Bett, oder ist er über dem Lenkrad zusammengesackt?«*

Aber haben wir je etwas auf Befehl empfunden? Gab es einmal ein goldenes Zeitalter, in dem einfache, aber eindeutige, intensive und unmissverständliche Gefühle spontan geäußert wurden? Wurde diese reine Unschuld der Gefühle durch das moderne Verlangen, in den geschmacklosen Details herumzuschnüffeln, erniedrigt?

Der Bote

Sophokles' *Antigone* endet mit der Schilderung von drei Selbstmorden. Zunächst berichtet der Bote der Königin, dass ihr Sohn und ihre Nichte sich das Leben genommen haben. Der Bote erspart Eurydike kein einziges Detail. Er berichtet ihr vom »Leinenband«, mit dem sich ihre Nichte erhängt hat; danach wird ihr genau berichtet, wie und wo ihr Sohn sich den Degen in den eigenen Leib stieß, und ganz genau, wie in seinem Todeskampf sein Blut auf die Wange der Nichte spritzte. Daraufhin bringt sich Eurydike in ihrem Palast um. Als Kreon mit dem toten Körper seines Sohnes in seinen Armen eintrifft, überbringt der Bote ihm die grausame Nachricht vom Tod seiner Frau. Auch dem Witwer wird kein Detail erspart. Genauestens wird ihm berichtet, wie seine Frau zu Tode kam: »Mit eigner Hand hat sie sich selbst die Brust durchbohrt.«* Der Bote weiß, dass Kreons gesamte Familie ausge-

* Zitiert nach Sophokles: *Antigone*, übersetzt von Wilhelm Willige, Zürich 1995. (Anm. d. Vlgs.)

löscht wurde; warum quält er den Überlebenden mit diesen drastischen Einzelheiten? Aber der Bote ist nicht dumm. Er weiß, dass Kreon sehen muss. Kreon muss sehen, um fühlen zu können. Es geht nicht darum, Kreon zu bestrafen. Kreon soll sehen, was er in seiner Verblendung angerichtet hat.

Sophokles hat außergewöhnliche Dramen geschrieben, weil er erkannte, dass wir nicht so gut sehen, wie wir könnten. Besser gesagt, er wusste, dass wir nicht genau sehen, was wir fühlen. Er weiß, Fühlen benötigt Sehen. Er sieht, dass die menschliche Zivilisation sich emotional nicht so klar ausdrücken kann, wie sie sich das vorstellt. Er will, dass wir aus unserer Betäubung erwachen, wenn auch nur für die kurze Zeit im Schutz des Theaters. Er möchte unsere Augenbinden im heiligen Raum herunterreißen, bevor wir sie draußen wieder fest über die Augen ziehen. Er weiß, dass es sehr eitel ist zu glauben, wir könnten auf Befehl fühlen. Er weiß, dass sogar Kreon, plötzlich und brutal seiner ganzen Familie beraubt, nicht begreift, was er fühlt. Bevor er wirklich anfangen kann, ihren Tod zu empfinden, muss Kreon die Leber seiner Gattin sehen.

Schmerz hat keinen Namen. Auch Freude nicht. Noch irgendein anderes Gefühl, weil jedes Gefühl so charakteristisch ist wie ein Fingerabdruck. Aber das Namenlose macht uns Angst. Wir geben den Dingen Namen, um über sie nachdenken zu können. Wir können nicht vernünftig denken oder fühlen, bevor wir unsere Gedanken und Gefühle nicht benannt haben. Nur weil die Namen ungenau sind, heißt das nicht, dass wir mit dem Denken und Fühlen aufhören sollen. Gefühle kommen nicht und winken mit ihren Ausweisen. Sie erscheinen unter Pseudonymen. Das ist eine schlechte Nachricht für das wirkliche Leben, aber eine gute Nachricht für den Schauspieler.

Das Gefühlszentrum

Irina ist vielleicht frustriert, dass sie Julias Liebe zu Romeo nicht »fühlen« kann, dass sie nichts empfindet und ihre Liebe nicht ausdrücken kann. Aber da Liebe ein Gefühl ist, kann Julia es niemals auf direkte Weise ausdrücken.

> »So grenzenlos ist meine Huld, die Liebe
> So tief wie ja das Meer. Je mehr ich gebe,
> Je mehr auch hab' ich: beides ist unendlich.«

Wenn Irina bei diesen Worten versucht, innige Liebe für Romeo zu empfinden, und hofft, von diesem Gefühl getragen zu werden und irgendwie Julias starke Gefühle auszudrücken, wird ihre Darstellung leidenschaftslos sein. Wenn sie versucht, heiß zu sein, wird sie so kalt werden wie der Tod. Wenn sie versucht, ein imaginäres »Gefühlszentrum« zu stimulieren, wird sie für sich selbst absolut nichts erzeugen als Elend; Irina wird nur dramatisieren und »zeigen« und sich so zu Hause einschließen.

Emotion und Kontrolle

Wie wir gesehen haben, löscht der Versuch, Gefühle zu zeigen, das Ziel aus. Und ironischerweise beraubt der Versuch, Gefühle zu zeigen, die Aufführung sämtlicher Gefühle. Aber vielleicht sollten wir ein wenig darüber nachdenken, warum wir versuchen, Gefühle zu zeigen. Eine gezeigte Empfindung ist ein verzweifelter Ausdruck von Kontrolle. Das Verlangen, Gefühle zu kontrollieren, ist aus der *Angst* geboren. Wenn Irina – als Sicherheitsnetz – beschließt, dem Publikum vorzuführen, dass ihre Liebe zu Romeo tief und aufrichtig ist, kann sie sich vielleicht mit ihrer Technik hervortun, aber sie wird ihre Lebendigkeit und ihre spontane Reaktionsfähigkeit auslöschen. Sie wird auf der Bühne verloren sein.

Wir können behaupten: *»Dieses will ich kontrollieren, das aber nicht. Dieses würde ich lieber wegsperren, jenem aber freien Lauf lassen«*, aber ganz so funktioniert Kontrolle nicht. Wie schlau wir uns auch vorkommen, wie subtil wir auch diskret und gezielt Kontrolle auszuüben versuchen, die Kontrolle will immer die Macht übernehmen. Es ist nicht möglich, nur das zu kontrollieren, was wir kontrollieren wollen. Wenn wir versuchen, das zu kontrollieren, was »schlecht« ist, kontrollieren wir oft auch das, was »gut« ist. Jede Kontrolle hat die Angewohnheit, außer Kontrolle zu geraten.

Beobachtung

Beobachtung ist eine Form von Kontrolle. Spione beobachten. Irina möchte vielleicht gern beobachten, wie das Publikum Julia sieht. Doch sobald sie versucht zu beobachten, was das Publikum sieht, wird sie damit ihre eigene Beobachtungsgabe schwächen. Wie wir wissen, kann Kontrolle hilfreich oder destruktiv sein; es kommt ganz darauf an. Ein nützliches Prinzip jedoch ist:

Der Schauspieler kontrolliert nicht, die Figur hingegen schon.

Wir sind diesem Konzept in der Botschaftsübung bereits begegnet. In dieser Übung darf sich der Schauspieler nicht bemühen, die Figur hingegen schon.

Ein Exkurs: ermordete Emotionen

Wenn wir Emotionen zeigen wollen, wirkt dies immer unecht. Wenn wir anderen unsere Liebe zeigen wollen, stellen wir oft fest, dass es nicht wirklich funktioniert. Liebe drückt sich in dem aus, was wir tun. Liebe passiert, wenn wir aufmerksam sind. Aber »Liebe« ist eine weitere, äußerst ungenaue Bezeichnung, um eine Vielfalt von Gefühlen und Beziehungen zu erfassen. Zum Beispiel kann Julia Romeo aufrichtig lieben, wobei es um ihn geht, oder sie kann in ihn »verliebt« sein, wobei es mehr um sie geht.

Ein Exkurs: Tabu

Im Großen und Ganzen ist unbewusste Kontrolle destruktiv. Ein Tabu jedoch ist ein Beispiel für eine unbewusste Kontrolle, die unserer Kultur gutzutun scheint. Diese unbewusste Gruppenkontrolle ist ebenso elementar für die Gesellschaft wie das Theater. Ein Tabu ist eine kollektive unbewusste Kontrolle, die soziale Beziehungen im Rahmen eines Gesetzes ordnet, das eher instinktiv zu sein, als auf einen Erlass zurückzugehen scheint. Das Drama kann all diese Gesetze, sowohl die erlassenen wie die unbewussten, in Frage stellen, weshalb sich das Theater häufig im Widerspruch zu Politikern und Priestern befindet. Medea, Gertrud, Ödipus, Kreon, Angelo, Macbeth, Desdemona, Romeo und Julia, sie verstoßen alle sowohl gegen das Gesetz als auch gegen das Tabu.

Die Kontrolle der Figur

Auch wenn Irina nicht kontrollieren darf, wie sie gesehen und verstanden wird, muss Julia zu kontrollieren versuchen, wie sie gesehen und verstanden wird. Irina versucht nicht die Wahrnehmung der Szene durch das Publikum zu kontrollieren, aber Julia muss Romeos Wahrnehmung von Julia zu kontrollieren versuchen.

Wahrscheinlich muss Julia einen ähnlichen Kampf ausstehen wie der von einem Messer bedrohte Mann. Wird die Aufmerksamkeit oder die Konzentration schwerer wiegen, oder wird die Waagschale auf unerträgliche Weise zwischen beiden hin- und herpendeln? Für Julia steht, was Romeo betrifft, sehr viel auf dem Spiel; sie muss eine Menge an Informationen aus dem herausholen, was er sagt, und dem, was er ungesagt lässt. Sie muss lernen, sein Gesicht und seine Gesten zu interpretieren, sie muss sehen, ob er sie belügt oder sich selbst oder aufrichtig versucht, die Wahrheit zu sagen. Sie muss erkennen, ob er großzügig, oberflächlich, intelligent oder beständig ist. Sie wird all diese Dinge spüren, indem sie sie aufmerksam beobachtet. Und es wird ihr Kopfschmerzen bereiten, weil all diese Dinge einfach keinen Sinn ergeben. All diese Dinge ergeben einfach keine einheitliche Linie.

Irina kann die Komplexität von Julias Gefühlen weder herstellen noch kontrollieren. Alles, was sie tun kann, ist, mit Julias Augen zu sehen. Julia hat Romeo einige wichtige Dinge zu sagen. Zum Beispiel muss Julia Romeo beibringen, wer sie ist. Sie muss Romeo aufmerksam zuhören, um Erfolg zu haben. Sie muss sein Gesicht und seine Worte erkunden, um das, was er versteht, von dem, was er nur glaubt zu verstehen, zu unterscheiden. Wenn sie sich aber nur mit Worten Romeo gegenüber äußert, wird er nur wenig begreifen. So sieht sich Irina vor das Paradoxon gestellt, dass Irina keines von Julias Gefühlen unmittelbar ausdrücken kann, Julias Gefühle aber dennoch ausgedrückt werden müssen. Was kann Irina tun?

Emotionen behindern immer, was wir tun

Dieses Prinzip kann für Irina sehr befreiend sein. Unsere Gefühle machen alles, was wir tun, immer nur schwieriger und niemals leichter. Deshalb müssen Julias Gefühle für Romeo das, was sie mit ihm macht, erschweren. Egal, wie Irina es anpackt – ob sie Romeo amüsieren, verführen, belehren, warnen, verwirren, besitzen, beruhigen, umarmen, trösten, ängstigen oder aufregen will –, durch ihre Liebe zu Romeo wird das, was sie machen will, schwieriger.

Stellen wir uns zum Beispiel vor, wir wären so zornig auf jemanden, dass wir ihn anbrüllen: »Hau ab!«, und dieser

Schrei wäre für uns der vollkommene Ausdruck unseres Zorns. Nur ist das für den Schauspieler nicht hilfreich. Der Schauspieler muss das, was die Figur fühlt, von dem, was die Figur tut, trennen. Die Figur kann jetzt Zorn empfinden, aber ausführen kann die Figur den »Zorn« nicht. Der Schauspieler sollte sich vorstellen, dass die Wut der Figur sie eigentlich daran hindert, den anderen dazu zu bringen, dass er geht. Um den anderen dazu zu bringen, dass er geht, muss die Figur ihre Wut kontrollieren. Vielleicht senkt sie ihre Stimme zu einem Flüstern oder spricht in einem sehr kühlen Ton.

Das Prinzip kann wie folgt ausgedrückt werden: Ein Schauspieler kann niemals ein Gefühl spielen, aber ein Schauspieler kann spielen, als ob ihn Gefühle behindern würden. Tatsächlich ist es für einen Schauspieler unmöglich, überhaupt etwas zu spielen, ohne dass Emotionen dies behindern. Die Liebe zu Romeo macht es für Julia schwieriger, ihm gegenüber ihre Liebe zum Ausdruck zu bringen.

Der Schauspieler muss nicht nur Gefühl und Reaktion in Gegensatz bringen, er muss sogar dafür sorgen, dass sie miteinander im Streit liegen.

Dramatisieren

Irina fühlt sich möglicherweise versucht, Julias Worte »So tief ja wie das Meer« groß und breit zu »malen«, um die Unendlichkeit des Meeres zu unterstreichen. Das nennt man »dramatisieren«. Irina kann von der schieren Größe der Worte und den durch sie implizierten Emotionen eingeschüchtert werden, was als gefährliche Nebenwirkung bei Irina ein Gefühl der Unzulänglichkeit auslösen kann. Sie kann in Panik geraten, dass ihre emotionalen Reserven nicht ausreichen, um diesen großen Moment zu füllen. Sie kann das Gefühl haben, sich mit dem Text messen zu müssen. Wenn Irina das Gefühl hat, ihr Inneres in Stimmung bringen zu müssen, wird sie sich nur selbst lähmen. Oder sie wird ihre Darstellung platzen lassen, wie ein Ballon zerplatzt, der hoch genug steigt, um die Erdatmosphäre zu verlassen. Wenn kein Gas mehr von außen Druck ausübt, wird das Gas innerhalb des Ballons sich so lange ausdehnen, bis es die dünne Plastikschicht zersprengt.

Das Gefühl ist immer größer als das Wort

Wie bei liebeskranken Jugendlichen übertrifft das, was wir fühlen, immer unsere Ausdrucksmöglichkeiten. Das wird umso offensichtlicher, je mehr wir fühlen. Je mehr auf dem Spiel steht, desto größer der innere und auch der äußere Druck.

Mit anderen Worten, wenn Irina in Panik gerät, dass sie womöglich nicht genug fühlt, sollte sie sich daran erinnern, dass Julia umso mehr fühlen wird, je mehr Irina Julias Handeln kontrolliert.

Die kritischen Phasen beim Fliegen sind der Start und die Landung, weil in diesen Minuten der größte Druck auf das Flugzeug ausgeübt wird. Je mehr wir zu gewinnen oder zu verlieren haben, desto größer wird das, was innen ist, und desto größer wird das, was außen ist. Das britische House of Commons ist absichtlich mit zu wenig Sitzen ausgestattet, um allen Abgeordneten auf einmal Platz zu bieten. Diese seltsame Einsparung soll die Bedeutsamkeit des Anlasses hervorheben, wenn das Haus bei einer wichtigen Debatte brechend voll ist.

Der Schauspieler kann niemals herstellen, was die Figur empfindet. Die Figur versucht immer zu kontrollieren, was die Figur fühlt.

Selbst wenn ein Mensch allem Anschein nach starke Emotionen ausdrückt, sehen wir genau genommen nicht, dass diese Person Gefühle ausdrückt, sondern nur den verzweifelten Versuch, diese zu kontrollieren. Die arabische Mutter, die um ihren toten Sohn trauert, kontrolliert und formt ihren Kummer zu einem rituellen Akt, damit er zum Ausdruck kommen kann. Der Vater, der im Fernsehen um eine Nachricht von seinem vermissten Kind fleht, muss seine Tränen unter Kontrolle halten, damit sein Appell gut verständlich ist und erhört wird. Das Kind, das vor Freude auf und ab hüpft, wenn es seinen Vater aus dem Krieg heimkehren sieht, kontrolliert seine Freude durch seine Sprünge. Nichts kann seine wilde Freude wirklich ausdrücken, also hüpft es nur. Es ist das Beste, was es tun kann; es fühlt viel mehr, aber diese Geste muss reichen.

Die Gestik ist immer kleiner als das Gefühl, das sie auslöst.

Ein Exkurs: Lügen

Wenn wir lügen, kann sich dieses Verhältnis umkehren. Dann ist das Innen kleiner als das Außen; der Inhalt schrumpft innerhalb seiner Form, wie alte Schuhcreme in einer Dose. Freudenschreie bei einer Begegnung klingen verlogen, wenn nicht genug Zuneigung vorhanden ist, um sie auszufüllen.

Wenn es eine Kluft zwischen dem Inneren und dem Äußeren gibt, wenn das Gerüst der Kontrolle größer ist als das spontane Gefühl, dann ist das Ergebnis eine Lüge. Es muss keine schwerwiegende Lüge sein, aber eine Lüge ist es trotzdem. All das wäre natürlich nützlich, wenn wir einen sehr schlechten Lügner spielen müssten!

Auf einer weit ernsteren Ebene, in Kriegszeiten, wenn Positionen eingenommen und Probleme bereinigt werden, wird folgendes Verhältnis nur allzu deutlich: Je korrupter die Machenschaften, desto größer die Lüge.

Das Leben verabscheut das Gefühl der Leere. Und es gibt kein Leben ohne ein gewisses Maß an Druck. Dasselbe gilt auch für ein lebendiges Gefühl. Es braucht Widerstand, um wahrgenommen zu werden. Ein Gefühl muss beherrscht werden, bevor es sichtbar wird. Wir können ganz vergessen, dass sich der Zug bewegt, bis der Zugführer auf die Bremsen tritt.

Phaetons Sonnenwagen

Ein weiteres Bild kann Irina helfen, den Konflikt zwischen dem, was wir tun, und dem, was wir fühlen, zu nutzen. Phaeton, auf den wir später wieder zurückkommen, ergriff die Zügel des Sonnenwagens seines Vaters, und die Pferde gerieten außer Kontrolle. Auf Irina bezogen, stehen die ausbrechenden Pferde für das, was sie fühlt, und das Lenken für das, was sie tut. Je stärker unsere Gefühle werden, umso fester halten wir die Zügel in der Hand. Irina weiß, dass sie Julias Gefühle nicht heraufbeschwören kann, dass sie aber tun kann, was Julia tut. Folglich kann Irina die Pferde zwar nicht erschaffen, aber sie kann sie im Zaum halten. Sie kann das Gefühl nicht erzeugen, aber sie kann die Kontrolle über das Gefühl ausüben.

Schnelligkeit ist eindeutig nicht Phaetons Problem; er will die Pferde lenken und versucht, sie zu bremsen. Phaeton will die Pferde unter Kontrolle bringen. Nur wenn Phaeton verrückt wäre, würde er den Pferden die Peitsche geben. Es gäbe eine Menge Möglichkeiten, Phaeton zu spielen, aber bei keiner würde er aus dem Wagen aussteigen, um die Pferde anzutreiben. Die Pferde anzutreiben wäre absurd, aber genau das macht Irina, wenn sie ein Gefühl vorantreiben will. Gefühle zu zeigen entspricht einem Versuch Phaetons, die Pferde anzutreiben.

Ein Exkurs: Unwissenheit oder die Notwendigkeit, dumm zu sein

Die folgenden Widersprüchlichkeiten überraschen uns immer wieder: Zurückhaltende Menschen können in Gewalt ausbrechen; die mit dem Dauerlächeln explodieren vor Wut; die Warmherzigen erstarren wenn nötig; die Anspruchslosen beweisen außergewöhnlichen Mut; die Schüchternen haben ein enormes Selbstbewusstsein; die Begabten stellen ihre Leistung bloß als glücklichen Zufall hin; die Selbstgerechten sind oft korrupt; die Neurotiker erweisen sich in einer Krise als die Stärksten; diejenigen, die zu spät kommen, hassen es, wenn man sie warten lässt; die Sentimentalen sind ausnahmslos grausam.

Eigentlich sind diese Beobachtungen nicht im Geringsten bemerkenswert. Äußerst bemerkenswert ist allerdings, dass wir behaupten, von diesen Widersprüchen überrascht zu sein – trotz der überwältigenden Beweise aus unserer eigenen Erfahrung. Wir bringen unglaublich viel Energie auf, um uns selbst immer wieder aufs Neue einzureden, dass Menschen immer nur so sind, wie sie zu sein scheinen. Wir sind jedes Mal furchtbar überrascht, wenn wir von einem fundamentalistischen Gottesmann hören, der in einen Korruptionsskandal verwickelt ist. Eine unserer sehr außergewöhnlichen Eigenschaften ist unsere Fähigkeit, unwissend zu sein. Besonders wären wir entsetzt, wenn unser tatsächliches Problem darin besteht, dass wir genau das nicht sind. Die einfache Tatsache, dass wir alle aus einer Anhäufung von Widersprüchen bestehen, nicht zu begreifen, ist wirklich faszinierend. Um die Ambivalenz der Gefühle zu vergessen, muss man sich alle Mühe geben. Es ist, als würde dasselbe Enzym, das Träume aus dem schlaftrunkenen Gehirn spült, es auch von umständlich erworbenem Wissen säubern.

Freud und Stanislawski strebten beide danach, mit dem einzigen uns zur Verfügung stehenden Werkzeug zum Unbewussten vorzudringen: mit dem Bewusstsein. Es kommt uns vielleicht so vor, als wäre es für das Bewusstsein schwierig, zum Unbewussten vorzudringen. Aber das ist nicht das Problem. Das eigentliche Hindernis ist raffiniert und tückisch.

Beunruhigend ist, dass das Bewusstsein der Todfeind des Unbewussten ist und es ihm lieber wäre, wenn es das Unbewusste gar nicht gäbe. Unser einziger Verbündeter verbirgt ein persönliches Interesse; der ergebene Diener ist in seinem Innern ein Saboteur. Das Bewusstsein ist so gefährdet in seinem Verhältnis zur Identität, dass es vielleicht so tut, als ob nichts anderes existiert. *»Es hat da unten nicht geraschelt. Ehrlich! Außer dir ist niemand im Haus.«* Warum sonst würde das erwachende Bewusstsein jeden Morgen darum kämpfen, das letzte Traumstückchen aus unserer Erinnerung zu tilgen?

Vielleicht verbirgt jeder von uns in seinem Innern eine Penelope, die jede Nacht nach unten schleicht, um die Webarbeit des Tages wieder aufzutrennen, so dass ihr Tuch immer unvollendet bleibt. Die Königin in Homers Epos nahm ihre Arbeit immer wieder am Ausgangspunkt auf, kehrte immer wieder zum Anfang zurück, um sich so ihren Freiern gegenüber nie verpflichten zu müssen.

Aber warum lassen wir uns selbst im Ungewissen? Angenommen, wir gäben zu, dass andere Gefühle haben, die sie nicht kennen, dann könnten ja auch wir Dinge empfinden, ohne davon zu wissen. Wie alarmierend, dass wir Geheimnisse vor uns selber haben könnten – und was für Geheimnisse könnten das sein? *»Nein, diese ganze Idee ist absurd!«* Vielleicht erklärt das, warum wir jemanden eher zum ausgemachten Lügner erklären, als einzusehen, dass er an die Lüge glaubt, mit der er hausieren geht. Wir räumen bereitwillig ein, dass eine Organisation durch einen Saboteur von Innen unterwandert werden kann. *»Natürlich, das ist doch einfach, das passiert oft!«* Aber ein unbewusster Saboteur in unserem Inneren? *»Niemals! Jetzt bringst du mich plötzlich ganz durcheinander! Also, das klingt viel zu kompliziert!«*

Verborgene Geschichten

Noch verstörender als das Konzept der umgetauften Emotionen ist der Gedanke, dass wir unsichtbare Geschichten verbergen. Nicht nur spontane Emotionen, die wir lieber umbenennen und ungefühlt machen, sondern ganze Erzählungen, Geschichten und Versionen von Ereignissen, die uns völlig unbewusst sind. Gibt es wirklich ein unbemerktes Komplott in mir, das seine Kraft aus seiner Unsichtbarkeit bezieht? Mit Sicherheit sind wir von geheimen und unsichtbaren Verschwörungen in der Außenwelt fasziniert. Solange das Komplott nicht in uns ausgeheckt wird, ist alles in Ordnung. Während des Spanischen Bürgerkriegs behauptete General Mola, dass fünf Kolonnen bereitstünden, um Madrid einzunehmen – vier, die die Stadt belagerten, um von außen gegen Madrid zu marschieren, und eine fünfte Kolonne innerhalb Madrids, von der aber die meisten in der Stadt nichts wussten. Aber wie entsetzlich, wenn sich in unserem Kopf, ähnlich wie in Madrid, irgendein unsichtbarer Saboteur versteckte? Wir sind Experten in Unwissenheit, und unsere Träume deuten an, dass wir viele Welten kennen, die wir im wachen Zustand nicht zu sehen wünschen.

Für normale Leute, wie wir es sind, ist es beunruhigend, darüber nachzudenken, zu was wir alles in der Lage wären, hätten wir uns nicht einfach dagegen entschieden. Nur dieser dünne Film unserer Entschlussfähigkeit trennt uns vom Chaos. Dieses Wissen untergräbt unsere sorgfältig gepflegten Identitäten. Wir sehen es nicht gern, dass wir unsere »schlechten« Gefühle, etwa Mordlust oder Neid, nicht kontrollieren können. Wir wollen diese Gefühle überhaupt nicht haben. Und haben sie doch. Wir tragen nicht die Verantwortung für das, was wir fühlen. Wir tragen nur die Verantwortung für das, was wir tun.

Welchen praktischen Nutzen hat das alles für Irina? Was Erfahrungen anbelangt, kommt sich Irina vielleicht unzulänglich neben Julia vor. Irina befürchtet vielleicht, dass sie nicht wirklich weiß, wie es ist, wenn man seine ganze Zukunft aufs Spiel setzt, und dass ihr Gefühle in dieser Intensität fremd sind. Das ist keine unbegründete Angst. Julia hat es auch noch nie erlebt. Julia spielt um unglaublich hohe Einsätze.

Bevor wir unschuldig wurden

Wenn Irina befürchtet, dass es ihr an Erfahrung fehlt, weil sie Gefühle von solcher Intensität wie Julias nie erlebt hat, sollte sie sich entspannen. Das wahrscheinlichere Problem ist, dass sie irgendwo, unbewusst, diese Gefühle nur allzu gut kennt und lieber nichts darüber wissen würde. Irina hat in ihrer Kindheit sicherlich viele gewaltige Gefühle erlebt. Tatsächlich vertrat Freud die Meinung, dass unser Mangel an Erinnerungen aus der Zeit vor dem fünften Lebensjahr beweist, dass wir unsere frühen Empfindungen genau deshalb abblocken, weil sie so überwältigend und subversiv sind. Wir erinnern uns nicht gern an den Neid und den Zorn aus der Kindheit. Vielleicht werden deshalb Kinder, die töten, mehr gehasst und gefürchtet als ihre erwachsenen Gegenstücke.

Irgendwo wissen wir alles; das Prinzip mag nicht stimmen, aber es kann dem Schauspieler helfen, der von der emotionalen Erfahrung eingeschüchtert ist, die eine Rolle verlangt.

Ein Diskurs: die Fantasiepolizei

Wir können nicht alle unsere Gefühle ausleben; manchmal müssen wir »nein« zu unseren Impulsen sagen. Aber dieser Konflikt bereitet uns Kopfschmerzen. Wir hassen die Qual widersprüchlicher Gefühle; also versuchen wir notgedrungen zu kontrollieren, was wir fühlen. Nur können wir das nicht. Da es aber sehr anstrengend ist, immer »nein« zu sich selbst zu sagen, tun wir so, als ob wir frei wären von bestimmten unangenehmen Gefühlen. Wir machen uns vor, dass es bestimmte Gedanken und Impulse nicht in uns gibt. Unsere Gefühle auszusondern scheint eine Begleiterscheinung der Zivilisation zu sein.

Wir kontrollieren unsere Fantasie ständig. Unsere Gedanken und Gefühle sind ein Teil von uns. Bestimmte Gedanken und Gefühle lernen wir zu hassen, nur mögen wir es nicht, einen Teil von uns selbst zu hassen. Aber wir können ja jederzeit lügen und verfügen dabei über eine Auswahl an Methoden, die uns helfen zu glauben, dass Lügen Wahrheit sind. Zum Beispiel können wir unsere Gefühle umbenennen oder uns vorstellen, dass nicht wir selbst, sondern andere diese »schlechten« Gefühle beherbergen.

Die Polizei, die diese Unterdrückung anordnet, hat ausgedehnte Machtbefugnisse: kein Verbrechen muss begangen worden sein. Diese Polizei kann Gefühle in Gewahrsam nehmen, bloß weil sie möglicherweise zu einem Verbrechen führen, oder sie kann einen Gedanken inhaftieren, bloß weil er möglicherweise eine Gefahr für den Frieden darstellt. Die Polizei gibt den neuen Gefangenen neue Kleider, einen neuen Namen, einen langweiligen Job, hirnlose Unterhaltung, Unterricht zur moralischen Wiedereingliederung, eine kleine Zelle und Beruhigungsmittel.

Alles scheint so vorbildlich, dass es eine Weile dauert, bis die Gedanken und Gefühle erkennen, dass es nie zu einer Gerichtsverhandlung kommen wird. Hier gibt es kein *Habeas Corpus**, nur fortgesetzte Haft ohne Anklage. Gelegentlich

* *Habeas Corpus Amendment Act* (England, 1679): Gesetz zum Schutz der pers. Freiheit. (A. d. Ü.)

laufen die Frustrationen über, und die Gefangenen randalieren. Wir bekommen davon nur einen Hauch Tränengas und entferntes Geschützfeuer mit, aber die Polizei unterdrückt den Aufstand mit aller Härte. Sie sperrt die meuternden Gedanken in kleinere Zellen, ermuntert die Spione und verdoppelt die Beruhigungsmittel.

Wenn wir ins Theater gehen, erwarten wir, dass wenigstens ein paar dieser Zellen gelüftet und einige Insassen wachgerüttelt werden – es ist immer gut, sich daran zu erinnern, was wir hinter Schloss und Riegel halten. Im Theater sehen wir andere Menschen mit jenen Gefühle, von denen wir selbst nicht zugeben würden, dass wir sie haben. Das Theater mag geheimnisvoll sein, aber es ist etwas, was wir auf gewisse Weise überwachen können, wie ein kontrolliertes Feuer. Wir können eine Aufführung beginnen und enden lassen, so ähnlich wie wir ein Lagerfeuer entzünden und löschen können. Die Launen des Schicksals sind nicht immer so gefällig. Wir möchten ein sicheres Zuhause, also muss unser Theater gefährlich erscheinen.

Ein Exkurs: Zensur

Zensierte Gefühle sind normalerweise ein großes Problem für den Schauspieler. Aber zuzugeben und zu akzeptieren, dass jeder von uns die Erinnerungen an uneingestandene und nicht anerkannte intensive Gefühle mit sich herumträgt, ist nützlich. Es hilft dem Schauspieler sich vorzustellen, dass es in jedem von uns einen Vorrat an allen möglichen Gefühlen gibt, wenn nicht sogar die Erfahrung damit. Jeder von uns ist in der Lage, alles zu fühlen. Möglicherweise hat jeder von uns, irgendwann, irgendwo, alles schon einmal empfunden. Vielleicht wurde die unerträgliche Last nur umbenannt. Die Schauspieler, die Macbeth und Lady Macbeth spielen, brauchen sich keine Sorgen zu machen, dass sie nicht wissen, wie man töten will. Das Problem ist, dass sie es irgendwo nur zu gut wissen.

Abschließende Lobpreisung

Man kann ebensowenig Gefühle ausdrücken wie durchs Ohr scheißen. Man kann drücken und drücken, so fest man will, und trotzdem kommt nichts heraus. Die Leitungen sind nicht miteinander verbunden, das ist alles.

Wie wir gesehen haben, entsteht Panik häufig dadurch, dass unser Inneres an unser Äußeres nicht herankommt. Aber der Plan ist klar und die Regel einfach: Nicht das Innere ist unzulänglich, sondern das Äußere. Das Äußere ist immer kleiner als das Innere; das Wort ist immer kleiner als das Gefühl. Heißt das, dass der Text des großen Shakespeare es nicht vermag, Gefühle auszudrücken? Ja, das heißt es, und wir müssen herausfinden, warum.

»ICH WEISS NICHT, WAS ICH SAGE«

16

Worte funktionieren nicht. Worte machen nicht das, was wir von ihnen erwarten. Gemessen an unseren Erwartungen sind Worte unzulänglich und geradezu banal. Mit Worten ausdrücken zu wollen, was wir brauchen oder empfinden, kommt dem Versuch gleich, mit Baumstämmen einen Schal zu stricken. Wir wollen vielleicht die Wahrheit sagen, aber Worte lügen; sie haben keine andere Wahl. Gefühle und Worte leben in verschiedenen Dimensionen, so wie Polarbären und Wale. Wie irgendeine andere Reaktion scheitert auch Sprache immer. Worte können nur dann etwas Wunderbares bewirken, wenn wir einsehen, dass sie fast gar nichts erreichen. Natürlich kann Shakespeares Sprache nicht die Unermesslichkeit dessen, was Julia fühlt, zum Ausdruck bringen. Genau deshalb ist Shakespeare ein Genie. So wie Tschechow sieht er klar die Distanz zwischen dem, was wir sagen wollen, und den dürftigen Worten, die uns dafür zur Verfügung stehen. Genauer gesagt, beide erkennen die Unmöglichkeit, jemals wahrhaft gehört zu werden.

Auch wenn Irina durch die bloße Textfülle wahrscheinlich eingeschüchtert wird, muss sie sich daran erinnern, dass Julias Problem das genaue Gegenteil ist. Während Irina fürchtet, ihre Emotionen könnten nicht stark genug sein, um den Text zu tragen, wird Julia ihr Gefühl als zu gewaltig empfinden, um in die kleinen, begrenzten Worte gepresst zu werden. Dies bleibt als wichtige und lebendige Distanz zwischen Schauspieler und Figur bestehen. Es ist eine befreiende Distanz. Außerdem haben wir gesehen, dass Irina, wenn sie versucht, Julia nahezukommen, indem sie die Unterschiede zwischen beiden aufhebt, sich vielleicht für eine kurze Zeit beruhigt, später aber selbst blockiert.

Und das ist eine wichtige Unterscheidung zwischen Irina und Julia: Irinas Herausforderung liegt darin, dass der Text zu gut ist; Julias Problem ist, dass der Text nicht gut genug ist. Je mehr uns etwas bedeutet, umso banaler erscheinen alle uns zur Verfügung stehenden Worte. Wir wissen, wie schwer es ist, jemandem, dessen naher Angehöriger gestorben ist, unser Beileid auszusprechen: *»Ich finde keine Worte.«*

Worte bringen nicht nur etwas zum Ausdruck. Worte können sich dem Ausdruck auch verweigern. Und je mehr auf dem Spiel steht, desto mehr neigen Worte dazu, die Gefühle zu ersticken.

»Nein! Es ist nicht *das*; es ist *dies*«

Irina kann an diesem Problem mit Hilfe einer weiteren praktischen Botschaftsübung arbeiten. In diesem Beispiel muss Irina Romeo immer und immer wieder erklären: *»Nein! Es ist nicht das; es ist dies! Es ist nicht das; es ist dies!«* usw. Irina muss daran denken, dass sich *»das«* auf etwas Allgemeines bezieht und *»dies«* auf etwas Konkretes. Sie kann *»das«* mit einer weit ausholenden Geste hervorheben und *»dies«* mit einer zielgerichteten.

Es ist bekanntermaßen schwer, eine Geste mit Worten zu beschreiben, und ich möchte von einer Zeichnung absehen. Irinas Arme könnten sich hilflos und weit ausbreiten, um Romeo den Schwachsinn seines romantischen Gefasels durch ein *»das«* anzuzeigen, während *»dies«* eine winzige, einfache Geste sein kann, bei der Daumen und Zeigefinger zusammengedrückt werden, um zu unterstreichen, dass Romeo praktisch denken soll. Das ist nur ein Beispiel, aber bei *»das«* und *»dies«* geht es immer um diametrale Gegensätze. Das *»das«* ist »schlecht« für Julia, das *»dies«* ist in jedem Fall

»besser«; das *»das«* ist für Julia hoffnungslos allgemein und das *»dies«* immer konkret und hilfreich.

Diese Gesten und Bewegungen fassen die Botschaft von *»Nein! Es ist nicht das; es ist dies!«* zusammen in: *»Nicht deine allgemeine Vorstellung, sondern meine sehr konkrete Vorstellung ist das, was zählt.«*

Irina muss diese Übung auf möglichst viele verschiedene Arten immer und immer wiederholen und dabei so viele *»das«* und *»dies«* wie möglich entdecken. Sobald der Beobachter den Eindruck hat, dass der richtige Moment erreicht ist, ruft er: *»Text!«*

Mehr zur Übung mit der Botschaft

Wie wir gesehen haben, sollte Irina auf das Kommando *»Text!«* ohne die kleinste Unterbrechung in: *»So grenzenlos ist meine Huld …«* übergehen. Wie wir außerdem gesehen haben, lässt der Schauspieler bei den ersten Versuchen mit dieser Übung oft »eine Kontrolllücke«, bestehen, die sich wie eine Brandmauer zwischen die Energie der Botschaft und die Energie des Textes schiebt. Sinn und Zweck aller Botschaftsübungen ist es, die physische Energie der Botschaft direkt in den Text einfließen zu lassen. Sowohl die organischen Muskeln wie die der Fantasie sollen sich so an ihre Bewegung während der Übung erinnern. Irinas Körper und ihre Fantasie erinnern sich daran, wie sie bei einem *»das«* vor der Wand zurückschreckte und auf sie losstürmte bei einem *»dies«*. Wenn der Text an der Reihe ist, verhalten sich die Muskeln nach den gleichen Mustern wie während der Übung und bewegen sich auf ähnliche Weise, um den Text zu unterstützen.

Das ist zwar nur ein Aspekt dieser Szene, aber zugleich Grundlage für viele Szenen und auch eine gute Methode, den Kopf zu leeren, wenn er nicht mehr aufnahmefähig ist.

Der leere Kopf

Bei einer Blockade fühlt sich der Kopf so vollgestopft an, dass der Moment der Befreiung oft wie eine Entleerung wirkt. Tatsächlich fragt der eben befreite Schauspieler oft: *»Ist das alles?«*

Nachdem Irina die Botschaftsübung eine Zeitlang gespielt hat, wird sie sich in ihren Reaktionen verlieren. Das ist der Augenblick, in dem Irina sich selbst vergisst, ihren Kopf leert und Irina daran hindert, das zu vereiteln, was Irina versucht zu tun. Der Schauspieler muss vergessen, zu blockieren.

Zum Beispiel scheinen anfangs die beiden unterschiedlichen Dinge *»Nein! Es ist nicht das; es ist dies«* für Irina gleich zu sein. Wenn Irina jedes *»das«* und jedes *»dies«* verwischt, wird der Beobachter spüren, dass Irina nicht zwischen diesen Dingen unterscheidet. Es ist aber Irinas Aufgabe, Romeo begreiflich zu machen, dass *»das«* und *»dies«* diametrale Gegensätze sind. Nach einer Weile wird Irina beginnen, deutlicher zwischen diesen beiden zu unterscheiden. Sie wird mehr und mehr daran verzweifeln, dass Romeo diesen entscheidenden Unterschied nicht sehen kann. Also sieht sie sich gezwungen, den Unterschied zwischen *»das«* und *»dies«* zu übertreiben. Sie wird ihrem Partner in dieser Szene die gewaltige Diskrepanz zwischen *»das«* und *»dies«* vorführen, veranschaulichen, andeuten, erklären oder beweisen.

Romeo dazu zu bringen, den Unterschied zwischen *»das«* und *»dies«* zu erkennen, wird im Laufe der Übung für Irina mehr und mehr an Bedeutung gewinnen. Für Irina geht es in der Szene weniger darum, wie sie klingt, sondern mehr um das, was Romeo hört. Irinas ständiges Kreisen darum, wie sie rüberkommt, wird nachlassen. Irinas Energie wird sich zunehmend mit Romeo beschäftigen. Ihre Impulse werden ihren Ursprung mehr in ihrem Partner haben: *»Warum bloß* *kann er nicht verstehen?«* In der Szene geht es weniger darum, wie Irina Julia darstellt, sondern mehr um das, was Romeo sehen, hören und glauben kann oder nicht.

Irina beginnt erst dann, als Julia zu spielen, wenn sie frei genug ist, um diesen Übergang zu schaffen. Und auch hier ergibt sich die Reaktion einzig aus dem Ziel, das Julia sieht. Irina kann sich niemals in Julia verwandeln, aber Irina kann auf die Welt reagieren, als sähe sie sie mit Julias Augen.

Wie immer muss der Schauspieler sehen, was für die Figur auf dem Spiel steht, und nicht, was für den Schauspieler auf dem Spiel steht.

Die Eigenschaft der Unterbrechung

Die Botschafts-Übungen helfen nur, wenn sie die Eigenschaft einer Unterbrechung haben. Denken stellt sich als eine Folge von Zielen dar. Wenn ich etwas denke, sehe ich es als Ziel. Alle Gedanken sind Ziele. Und alle Gedanken müssen alle Regeln des Ziels befolgen.

Denken hat für den Schauspieler eine ganz spezielle Eigenschaft, nämlich die Eigenschaft der Unterbrechung. Wir haben einen Gedanken niemals aus dem Nichts heraus. Und wir haben immer einen Gedanken. Ein Mensch kann nicht gleichzeitig bewusst und gedankenlos sein. Jeder Gedanke verdrängt einen alten Gedanken. Jeder neue Gedanke zwingt uns, einen alten Gedanken zu verwerfen, der im Gegenzug aus dem Mittelpunkt unseres Interesses verdrängt wird durch einen noch »besseren« Gedanken. Gedanken sind ehrgeizig und scheuen nicht davor zurück, ihre Ellbogen zu benutzen, um sich gegenseitig aus dem Weg zu räumen – außerdem sind keine zwei Gedanken gleich.

Denken und Text

Entwicklung ist unvermeidbar. Wir können dasselbe Wort nicht zweimal auf dieselbe Weise sagen. Wir können denselben Gedanken nicht zweimal haben.

> »Die Gartenmau'r ist hoch, schwer zu erklimmen«

Irina kann »hoch« und »schwer« nicht die gleiche Bedeutung beimessen. Es sind zwei verschiedene Wörter. Also muss der Impuls für »hoch« ein anderer sein als der für »schwer«; es muss eine Entwicklung von einem zum anderen stattfinden. In dem Moment, in dem sie »hoch« sagt, könnte Julia sich einbilden, dass das Wort »schwer«, das sich gerade in ihr Blickfeld drängt, »besser« geeignet ist, um das zu kriegen, was sie braucht; beispielsweise, um eine Antwort aus Romeo herauszubekommen. Ein ähnlicher Fall ist:

> »Gern hielt' ich streng auf Sitte, möchte gern
> Verleugnen, was ich sprach: doch weg mit Förmlichkeit!
> Sag, liebst du mich? Ich weiß, du wirst's bejahn,
> Und will dem Worte traun; ...«

Die beiden Male, die Irina »gern« sagt, müssen sich voneinander unterscheiden, denn wir können dasselbe Wort nicht zweimal auf dieselbe Weise sagen. Zudem entspricht kein Gedanke seinem Vorgänger. Jeder Gedanke glaubt, er sei »besser« als sein Vorgänger. Jeder Gedanke drängt sich so lange vor, bis er seinerseits unsanft hinausgeworfen wird, wenn er länger bleibt als erwünscht. Die Ziele, die Julia in Romeo sieht, wandeln sich, und der Rest ihrer Gedanken wandelt sich auch.

»Hielt' ich streng auf Sitte« ist bei weitem nicht mehr so nützlich wie das aufregend einfache »Verleugnen, was ich sprach«. Gerade als sich Julia mit »doch weg mit Förmlichkeit!« unterbricht, um sich selbst zum Schweigen zu bringen, unterbricht sie sich erneut mit der unkontrolliert naiven Frage: »Sag, liebst du mich?«, unterbricht anschließend Romeo mit »Ich weiß, du wirst's bejahn« wieder sich selbst sowie alle seine möglichen Proteste mit »Und will dem Worte traun«.

Unterbrechung muss nicht wörtlich gemeint sein, in dem Sinne, dass Irinas neues Wort das vorangegangene tatsächlich auslöschen würde. Aber der alte Gedanke löst sich nicht einfach in Nichts auf, und der neue Gedanke entsteht niemals erst nach einer angemessenen Pause. Noch ehe der alte Gedanke Zeit zum Erlöschen hatte, klettert schon der neue Gedanke über seinen Leichnam. Irina wird befreiter sein, wenn ihre Gedanken die Fähigkeit zur Unterbrechung erwerben. Diese Fähigkeit entsteht, wenn man den Gedanken freien Lauf lässt, genau wie bei einem Ziel, das kommen und gehen darf, wann immer es dem Ziel gefällt; das Ziel kommt und geht nicht, wenn es dem Schauspieler gefällt.

Je mehr der Text aufgrund äußerer Reize entstanden ist, desto besser. Je mehr der Text als Reaktion auf verschiedene Ziele aufgeschlüsselt wird, desto freier fühlt sich Irina. Je mehr sie sich selbst erlaubt, von einer Vielzahl winziger oder gewaltiger, emphatischer oder flüchtiger Ziele abhängig zu sein, desto freier strömt ihre Fantasie. Je unterschiedlicher die Impulse, desto besser.

Einzig und allein das Ziel diktiert uns den Rhythmus, die Geschwindigkeit und die Energie bei allem, was wir tun.

Rhythmus, Ziel und Unterbrechung

Der Rhythmus ist abhängig vom Ziel. Die Unterbrechung sollte das Ziel niemals blockieren. Der Schauspieler muss dem

Ziel seine ganze Aufmerksamkeit schenken. Wenn wir unterbrechen, entziehen wir nicht gleichzeitig allem anderen unsere Aufmerksamkeit. Wenn es den Anschein hat, dass wir unterbrechen, hat in Wirklichkeit ein neues Ziel uns unterbrochen. Infolgedessen entfernen wir uns mit unserer Aufmerksamkeit vom alten Ziel. Das neue Ziel fesselt so lange unsere Aufmerksamkeit, bis ein »besseres« auftaucht. Wenn es um das Ziel geht, sind wir hoffnungslos untreu. Die Unterbrechung entsteht aufgrund des neuen Ziels. Wenn wir mit dem Sehen und dem Unterbrechen zu spielen beginnen, scheint es so, als könnten wir nur eins nach dem anderen tun. Aber der Schauspieler muss sowohl das Sehen als auch das Unterbrechen üben. Natürlich kommt das Sehen einen Moment vor dem Unterbrechen; wir sehen erst und handeln dann.

»Unterbrechen« heißt nicht »schneller werden«

Das ist eine einfache und strenge Ermahnung zum oben Erwähnten; es kann sich als unerwartet schwer erweisen, zu unterbrechen, ohne allgemein schneller zu werden. Bei der Unterbrechung geht es um den Übergang von einem Gedanken zum nächsten, und ein zu schnelles Vorgehen trennt den Schauspieler vom Ziel. Unterbrechung hat nichts mit Geschwindigkeit zu tun. Wenn wir anfangen, das Unterbrechen zu üben, kommt es oft zu dem Nebeneffekt, dass wir schneller werden. Wenn der Schauspieler einfach nur generell schneller wird, wird das Ziel verwischen. Wir kontrollieren unsere Geschwindigkeit nicht. Nur das Ziel kontrolliert unsere Geschwindigkeit. Unser Rhythmus wird diktiert von dem, was wir sehen. Im Großen und Ganzen fließen unsere Gedanken schneller, als uns lieb ist, und brechen sogar alle Rekorde, sobald die Einsätze steigen. So entspricht es auch nicht der ganzen Wahrheit, wenn wir behaupten, wir könnten vor lauter Nervosität nicht denken. Unsere Frustration entsteht nicht, weil wir nicht denken können, sondern weil unsere Fantasie mit allen möglichen Gedanken zum Bersten voll ist – nur der, den wir brauchen, ist nicht darunter.

»Unterbrechen« ist etwas anderes als »nicht zuhören«

Unterbrechung bedeutet nicht, dass der Schauspieler aufhören muss zuzuhören.

> ROMEO
> Ach, du verlässest mich so unbefriedigt?
>
> JULIA
> Was für Befriedigung begehrst du noch?
>
> ROMEO
> Gib deinen treuen Liebesschwur für meinen!
>
> JULIA
> Ich gab ihn dir, eh' du darum gefleht; …

Aber wie schafft es Julia bei diesem schnellen Wortwechsel, Romeo zuzuhören und ihn gleichzeitig zu unterbrechen? Wie in aller Welt kann sie den Gedanken begreifen und »Was für Befriedigung« sagen, noch bevor sie Romeo überhaupt das Wort »unbefriedigt« sagen hört? Wenn ihr Schlüsselwort sein letztes Wort ist und wenn sie dieses Wort in »Befriedigung« abwandelt, dann muss sie doch vorher zweifellos jede Silbe davon gehört haben, um es aufzugreifen?

Irina kann sich zwei Dinge ins Gedächtnis rufen: Erstens neigen wir dazu, genauer zuzuhören, wenn die Einsätze steigen. Zweitens beginnen wir bei steigenden Einsätzen die zugrunde liegenden Gedankenanstöße bei dem anderen wahrzunehmen. Wenn die Situation an Bedeutung gewinnt, strengen wir uns an, das vorauszusehen, was geschehen wird. Je mehr für uns auf dem Spiel steht, desto genauer ahnen wir voraus, was der andere sagen wird. Unsere Produktion von Voraussagen und Möglichkeiten wächst ins Unermessliche. Je mehr auf dem Spiel steht, desto mehr fantasieren wir uns etwas zusammen und erleben Alpträume wegen der nächsten Worte des anderen.

Stellen wir uns vor, ein Freund ruft an und bittet uns mit ernster Stimme vorbeizukommen … auf der Stelle. Er öffnet die Tür, ist weiß wie ein Laken und murmelt: *»Es tut mir leid, bitte komm herein, schließ die Tür hinter dir und setz dich. Ich habe sehr schlechte Neuigkeiten.«* Und dann macht er eine Pause, um sich eine Zigarette anzuzünden …

Was passiert in dieser … Pause? Wie lange fühlt sich das … an? Was kann man sich während des … vorstellen? Wie viele unterschiedliche Szenarien können wir vorausahnen? Vor wie vielen möglichen Worten von ihm graut es uns? Wir haben bereits genug erfunden, um einen Roman schreiben zu können. Und deshalb haben wir möglicherweise dieses sonderbare Gefühl, dass wir bereits wissen, was gleich gesagt wird, noch bevor wir es gehört haben. Die Worte scheinen einen Raum zu füllen, der in unseren Ohren schon für sie bereit steht. Machen sie Extremhellseher aus uns? Es ist wohl eher so, dass die steigenden Einsätze unsere Vorstellungskraft anregen und sich die Szenarien, die wir erfinden, vervielfachen. Je mehr mögliche Ergebnisse wir voraussehen, desto wahrscheinlicher ist es, dass sich immerhin eins davon als richtig erweist.

Mit anderen Worten, kurz bevor Romeo »unbefriedigt« sagt, könnte Julia fürchten/hoffen, dass sein nächstes Wort folgendes sein wird: ermutigt/einsam/glücklich/ängstlich/frustriert/wütend/traurig/befriedigt oder unbefriedigt usw.

Sie muss nicht erst das ganze Wort hören und anschließend kurz ihre Antwort überdenken. Ihre Antwort kann halbfertig bereitstehen. Irina muss ebenso unterbrechen wie zuhören. Das ist nicht einfach, aber es ist das, was wir naturgemäß tun, sobald viel auf dem Spiel steht.

Unterbrechung ist unausweichlich

Auch wenn Irina beschließt, eine lange erstaunte Pause einzulegen, bevor sie nachfragt: »Was für Befriedigung …« – sie wird letztendlich doch etwas unterbrechen. Denn wie lang auch immer die Stille anhält, sie kann niemals frei von Gedanken sein. Jede Stille ist voller Gedanken. Was auch immer Julia als Erstes sagt, es wird der Gedanke sein, der den Gedanken unterbrochen hat, der den Gedanken unterbrochen hat usw. … Jeder Gedanke stellt eine Unterbrechung dar. Vielleicht beschließt Julia, sich Zeit zu nehmen, um sich zu beruhigen, einen Plan zu entwerfen und anschließend Romeo in aller Ruhe zu befragen, um ihn so zu beschämen. Aber auch diese ruhige Frage wird anders ausfallen als die, die Julia ursprünglich geplant hat.

Daraus folgt, dass es so etwas wie eine echte Verzögerung nicht gibt. Wir können etwas aufschieben, aber wenn wir es später dann in Angriff nehmen, wird es sich verändert haben. Mit anderen Worten, alles, was Irina tut, entsteht also in genau dem gleichen Moment. Es ist nur einfach besser, wenn die unvermeidliche Improvisation von Gedanken daraus besteht, dass Julia einen jungen Mann sieht, der vielleicht verrückt oder böse oder gefährlich ist, als dass Irina sich über ein Publikum Sorgen macht, das möglicherweise genauso ist!

Denken und sehen

Wenn wir denken, sehen wir unsere Gedanken. Ein Gedanke ist ein Ziel. Diese Sache, die gesehen wird, wird dann für etwas anderes, was gesehen wird, verworfen, was wiederum verworfen wird und so weiter. Wenn ich denke, verwerfe ich einen Gedanken für einen anderen; ich lasse eine Sache, die ich sehe, für etwas anderes, was ich sehe, fallen. Denken ist ein Prozess, der sich mit dem Aussortieren von Fotografien vergleichen lässt. Ich sehe etwas, und was tue ich? Ich werfe es für etwas anderes weg.

ÜBUNGEN MIT DEM IMAGINÄREN TEXT

17

1. Die Prätext-Übung

Wie bei allem, was wir tun, geschieht auch alles, was wir sagen, wegen etwas anderem. Jeder Text ist eine Reaktion. Jeder Text muss eine Reaktion auf eine Aktion sein, die das Ziel bereits ausführt. Daher muss es zu jedem Textfragment vorangehende, vielleicht erfundene Worte geben, auf die der Text eine Reaktion ist. Ein Beispiel soll das verdeutlichen:

> JULIA
> (…) Was ist ein Name? Was uns Rose heißt,
> Wie es auch hieße, würde lieblich duften;
> So Romeo, wenn er auch anders hieße,
> Er würde doch den köstlichen Gehalt
> Bewahren, welcher sein ist ohne Titel.
> O Romeo, leg' deinen Namen ab,
> Und für den Namen, der dein Selbst nicht ist,
> Nimm meines ganz!

Irina muss sich vorstellen, was Romeo sagen müsste, so dass sie ihm widerspricht. Irina malt sich die Worte aus, die sie richtigstellen muss. Sie gibt ihm ein erfundenes Skript. Was könnte sie beispielsweise veranlassen zu sagen: »O Romeo, leg' deinen Namen ab …«?

Wenn er vielleicht etwas gesagt hätte wie:

> *»Ich bin machtlos, ich habe einen berühmten Namen, Julia, ich habe diesen Namen am Hals …«,*

müsste sie eine Veränderung hervorrufen mit: »O Romeo, leg deinen Namen ab …« Ihre Worte wären dann eine Reaktion auf ein Stück imaginären Text. Irina muss also rückwärts arbeiten. Sie erfindet, was er gesagt hat. Der erdachte Prätext kommt vor der Zeile, die sie spricht, und nicht danach. Ein Beispiel:

Romeo	*Aber Namen sind wichtig, Julia …*
Julia	Was ist ein Name …
Romeo	*Ein Name ist alles, Julia …*
Julia	Was uns Rose heißt …
Romeo	*Aber …*
Julia	Wie es auch hieße, würde lieblich duften; …
Romeo	*Ich bin anderer Meinung …!*
Julia	So Romeo, wenn er auch anders hieße …
Romeo	*Nein, Julia! Mit der Zeit …*
Julia	Er würde doch den köstlichen Gehalt …
Romeo	*Aber Julia, ich brauche …*
Julia	Bewahren, welcher sein ist ohne Titel. O Romeo, leg' deinen Namen ab …
Romeo	*Ohne meinen Namen, was bliebe mir noch?*
Julia	Und für den Namen, der dein Selbst nicht ist, …
Romeo	*Julia, ich hätte überhaupt nichts mehr …*
Julia	Nimm meines ganz!

Die Auslassungspunkte am Ende jeder Zeile verweisen auf die Unterbrechung, die ein wesentliches Merkmal des Denkens ist. Alle diese fiktiven Prätextstellen konfrontieren Julia mit etwas, was sie ändern muss. Selbstverständlich sind sie provisorisch. Aber sie sind ein hilfreicher Einstieg in die Szene, denn es wäre für Irina schrecklich, wenn es nichts gäbe, was Julia ändern muss. Wäre Julia vollkommen glücklich mit dem Lauf der Dinge, wäre Irina wirklich arm dran! Und das ist ein weiterer wesentlicher Unterschied zwischen den beiden Frauen.

In dieser Übung ist Julias ganzer Text eine Reaktion auf Romeos Text.

Jeder Text sagt »Nein!«

Was passiert aber, wenn völliges Einverständnis zwischen Julia und Romeo zu herrschen scheint?

> ROMEO
> Wär ich dein Vögelchen!
>
> JULIA
> Ach, wärst du's, Lieber!

Julia scheint sich mit Romeo einig zu sein. Es scheint überhaupt keinen Konflikt zu geben. Trotzdem brauchen wir einen Konflikt, weil es sonst kein Leben gibt. Vielleicht bedeutet »Ach, wärst du's, Lieber!«:

> *»Nein, Romeo! Du glaubst, du bist allein mit deinen Gefühlen, aber das bist du nicht: Ich fühle genauso.«*

Oder:

> *»Nein, Romeo! Du glaubst, du bist der Einzige,*
> *der sich durch die Liebe verwandelt fühlt, aber das bist du nicht.«*

> Oder:

> *»Nein, Romeo! Du liebst mich vielleicht, aber du begreifst nicht, dass ich dich auch liebe.«*

Mit anderen Worten, alles, was Julia Romeo sagt, muss in seiner Form ähnlich sein wie: *»Nein! Glaube nicht das, glaube dieses!«*

2. Die Posttext-Übung

Diese Übung folgt völlig anderen Regeln und sollte nicht mit der Prätext-Übung durcheinandergebracht werden.

Wann auch immer eine Blockierung zuschlägt, denkt der Schauspieler an das Ziel und an das, was auf dem Spiel steht. Wenn eine Blockierung eintritt, deren Ursache der Text zu sein scheint, ist die Posttext-Übung eine schnelle Methode, um sich zu verdeutlichen, was auf dem Spiel steht. Irina kann die Übung als Werkzeug nutzen, um ihre Worte aus dem wirren Gedankenknäuel zu befreien. Die Posttext-Übung äußert sich in Form einer doppelten Frage, die eine doppelte Antwort verlangt. Der Schauspieler fragt einfach: *»Was wäre eine gute Antwort von meinen Partner?«* und *»Was wäre eine schlechte?«*

Stellen wir uns vor, dass sich Irina verheddert hat mit:

> »O Romeo, leg' deinen Namen ab.«

Sie hat versucht, das »O« besonders zu betonen, genau genommen hat sie jede sich bietende Betonung bei jedem Wort ausprobiert, doch immer noch hört es sich für Irina falsch und tot an. Also fragt Irina einfach: *»Was wäre eine gute Antwort von Romeo?«* und *»Was wäre eine schlechte?«* Nun, eine gute Antwort von Romeo wäre: *»Ja. Ich werde meinen Namen sofort ändern«*, und eine schlechte: *»Ich werde meinen Namen niemals ändern.«*

Während Irina ihren Text erneut an Romeo richtet, befreit sie dabei ihren Kopf von allen anderen Gedanken außer dem, dass sie die gute Antwort hören will und nicht die schlechte. Dieser Vorgang erscheint todlangweilig in seiner Offensichtlichkeit. Diese Doppelfrage mag vielleicht wie banale Kindersprache klingen, aber in Wirklichkeit ist es eine scharfsinnige kleine Übung, die viel unsichtbare Verwirrung aus dem Weg räumen kann. Die Fragen der Posttext-Übung führen Irina schnell mit Julias Augen vor, was für sie auf dem Spiel steht.

Eine Warnung

Irina darf niemals nur eine einzige Antwort geben. Die einzelne Antwort ist destruktiv, wenn sie auch noch so sehr auf beide Fragen zu reagieren scheint. Eine einzelne Antwort könnte zum Beispiel sein: *»Nun, Julia ist gerade in einer Situation, wo sie das Gefühl hat, dass Romeo seine Identität aufgeben sollte ...«*

Der Inhalt dieser einzelnen Antwort scheint der gleiche wie bei der Doppelversion zu sein, doch die Form ist eine andere. Und zwar auf verhängnisvolle Art und Weise.

Die einzelne Antwort bietet eine umfassende Sicht auf die Figur, was Irina kurzfristig das Gefühl geben kann, die Kontrolle über Julia auszuüben. In Wirklichkeit wird die einzelne Antwort sie aber blockieren, da es eine verhängnisvolle auf »eins« reduzierte Antwort ist. Mit der auf »eins« reduzierten Antwort hört Irina auf, mit Julias Augen zu sehen, und es wird eine scheinbar sichere Distanz geschaffen, über die hinweg Irina die Figur betrachten kann.

Immer wenn Irina aus dieser Position heraus spielt, wird sie ihr eigenes Losgelöstsein empfinden. Und um das zu kompensieren, wird sie forcieren, erzwingen und dramatisieren, und doch wird ihre Darstellung ihren ganzen Anstrengungen um Wiederbelebung zum Trotz mausetot sein.

Nehmen wir einmal: »Was ist ein Name?«

Welche gute Antwort könnte Romeo darauf geben und welche schlechte?

Gut wäre vielleicht: *»Du hast recht, Namen bedeuten nichts. Das alles ist ein kompletter Schwindel, um uns in Schach zu halten«*, und schlecht wäre: *»Das ist eine schreckliche Vorstellung! Mein Name ist meine ganze Kultur! Wie kann ich mich von meiner Welt lossagen?«*

Im Laufe der Proben sollte sich Irina so viele imaginäre Antworten wie möglich von Romeo ausmalen. Sie kann ihrer Fantasie dabei freien Lauf lassen – denn ob gute oder schlechte Antwort, sie brauchen nicht einmal glaubhaft zu sein. Und es wird viele davon geben. Doch Irina sollte niemals versuchen, die banalen Fragen weiterzuentwickeln. Vielmehr muss sie hart daran arbeiten, dass die kindlichen Fragen nicht komplexer werden. Es ist sogar ziemlich schwierig, die Weiterentwicklung dieser Methode zu verhindern, da die Einfachheit der Kindersprache langweilig ist. Vielleicht genau aus dem Grund, weil die doppelte Frage *»Was wäre eine gute Antwort von meinem Partner. Und was wäre eine schlechte?«* so entlarvend ist, fällt es uns schwer, daran festzuhalten.

Die doppelte Frage nur weiterzuentwickeln zu *»Was ist das Beste, was Romeo sagen könnte, und was ist das Schlimmste, was Romeo sagen könnte?«* ist ein bisschen gefährlich. »Das Beste« und »das Schlimmste« sind zu extrem. Weder Irina noch Julia können jemals vollkommen sicher sein, was das definitiv Beste und was das definitiv Schlimmste ist. Anschaulicher wird es durch ein Beispiel:

> JULIA
> (…) Sag, liebst du mich? Ich weiß, du wirst's bejahn,
> Und will dem Worte traun; doch wenn du schwörst,
> So kannst du treulos werden; wie sie sagen,
> Lacht Jupiter des Meineids der Verliebten.

Was könnte Romeo als Bestes oder als Schlimmstes auf: »Sag, liebst du mich?« erwidern? Das Allerbeste ist vermutlich: *»Ja, ich liebe dich.«* Folglich wäre das Allerschlimmste: *»Nein, ich liebe dich nicht.«* Aber so einfach ist es nicht. Ich nehme an, dass viele von uns schon einmal an einem Streit beteiligt waren, bei dem ähnliche Worte fielen wie: *»Liebst du mich? Du brauchst dir gar nicht erst die Mühe zu machen, ja zu sagen, ich glaube dir sowieso nicht! Aber sag, liebst du mich?«* Das entspricht zwar nicht genau dem, was Julia hier sagt, aber es erinnert daran. Denn wenn Julia auch »Ja« hören will, sagt sie doch, dass sie ihm ohnehin nicht völlig glaubt. Julia will also, dass er ihr seine Liebe schwört, gleichwohl will sie auch nicht, dass Romeo ihr seine Liebe schwört. Sie wünscht zwei sich widersprechende Dinge. Sie weiß nicht, was sie hören will.

Es ist tatsächlich fast so, als hätte Julia ihre ureigene Posttext-Übung aufgeführt und fände nun nicht genau das Allerbeste, was Romeo sagen könnte. Wie auch immer, sie kann nur etwas Gutes finden, was er sagen könnte, denn sie kann noch einige andere widersprüchliche gute Dinge entdecken. Gut wäre, würde Romeo zum Beispiel sagen:

»Ja, ich schwöre, dass ich dich liebe.«

Gut wäre auch:

> *»Ich werde nicht schwören, dass ich dich liebe, weil du mir wahrscheinlich sowieso nicht glaubst.«*

Und diese beiden »guten« Äußerungen widersprechen sich. Und dieser Widerspruch verwirrt Julia, doch er hilft Irina. Dagegen könnten sich schlimme Antworten von Romeo so anhören:

> *»Nein, ich liebe dich nicht. Ich brauche dich nur als praktische Poesieerfahrung für Rosalinde.«*

> *»Ja, ich liebe dich! Ich schwöre und verspreche dir, dass ich dir nichts vormache. Ich meine, sehe ich aus wie irgendein Schwächling, der ständig seine Meinung ändert? Lege ich es etwa darauf an?«*

Es ist egal, ob diese Aussagen langweilig oder weit hergeholt sind. Wenn die Einsätze in die Höhe schnellen, schießen viele entfernte Möglichkeiten durch unseren Kopf. Irina kann sie immer wieder verwerfen. Aber »Schlimmstes« und »Bestes« hat den Beigeschmack von Perfektionismus. »Gutes« und »Schlechtes« kann entbehrlich und nicht notwendigerweise ernst zu nehmen sein. Natürlich wird Irina im Laufe der Proben bedeutendere Fragen finden, die wichtigere Antworten fordern. Doch solange sich Irina an die einfache Formel der Doppelfrage hält, kann sie mit den haarsträubendsten »guten« Antworten experimentieren, wie zum Beispiel:

> *»Du musst nie wieder verängstigt oder einsam sein. Also eigentlich hatte ich gerade ein Treffen mit deinen Eltern*

> *und mit Tybalt, und sie sind der Meinung, dass es ein kluger politischer Schachzug wäre, wenn wir zusammenkommen und heiraten. In Wirklichkeit haben sie mich selbst sogar in den Garten hereingelassen.«*

Und mit »schlechten« Antworten wie:

> *»Es war alles bloß eine Mutprobe! Mercutio hat mit mir gewettet, dass ich nicht den Mut haben würde, Capulets Tochter den Hof zu machen. Ich habe die Wette gewonnen, ich habe dich zum Narren gehalten. Doch ich fühle mich ziemlich mies deswegen, und da dachte ich, ich komme mal vorbei, um mich zu entschuldigen. Paris ist ein großartiger Kerl, und an dich werde ich immer wie an eine Schwester denken. Nimm es bitte nicht persönlich. Bis bald.«*

GLAUBEN MACHEN

18

Im Takt der drei Schritte

Alles, was wir tun, ist zum Scheitern verurteilt. Jede mögliche Reaktion, die ein Schauspieler spielen kann, scheitert. In der Übung: *»Nein! Es ist nicht das; es ist dies«* überzeugt Irina ihren Partner nicht, dass sich *»das«* stark von *»dies«* unterscheidet. Sie versucht, ihn zu überzeugen. Sie scheitert und versucht es deshalb noch einmal. Noch genauer gesagt, sie versucht zu verändern, was ihr Partner glaubt, sie scheitert und versucht es von Neuem.

> Versuchen, den anderen zu verändern.
> Sehen, dass es nicht funktioniert hat.
> Etwas anderes ausprobieren.

Diese drei Schritte liegen allem zugrunde, was ein Schauspieler sagt und tut.

Die Unmöglichkeit der Zufriedenheit

Reine Zufriedenheit kann es nicht geben, weil wir immer etwas wollen, auch wenn es nur unsere nächste Mahlzeit ist oder unser nächster Atemzug. Es gibt immer etwas zu verlieren oder zu gewinnen; es steht immer etwas auf dem Spiel.

Einen Zustand des Verlorenen oder des Gewonnenen gibt es freilich nicht. In dem Moment, in dem etwas gewonnen oder verloren wird, ist da auch schon etwas Neues, etwas anderes, was verloren oder gewonnen werden kann. Das ist anstrengend im wirklichen Leben, aber gut beim Schauspiel. Es gibt keine Sicherheitsplateaus. Es ist uns kein bestimmter Zustand zugeeignet, es gibt für uns keinen erreichbaren Zustand von irgend etwas. Es gibt weder einen Zustand erfolgreicher Vollendung noch der totalen Katastrophe. Das erhoffte Ergebnis ist nie ein Zustand ungetrübter, beispielloser Zufriedenheit. Noch wird jemals das Befürchtete in reiner Verzweiflung enden.

Sogar wenn wir in dem, was wir tun, außerordentlich erfolgreich erscheinen, scheitern wir doch.

Sich wund spielen

Wir verzweifeln, wenn es keine Hoffnung mehr gibt. Wir verzweifeln, wenn nichts mehr auf dem Spiel steht. Sobald wir versuchen, einen Zustand darzustellen, kann nichts mehr auf dem Spiel stehen. Und wenn Irina beschließt, dass sie in der Balkon-Szene Julias Freude über ihre Liebe zu Romeo darzustellen hat, wird sie sich, auch wenn sie noch so verzückt lächelt und atmet, wund spielen. Denn die Darstellung eines Zustands kann zu keinem Ergebnis führen.

»Sich wund spielen« ist eine der Hauptursachen von Blockierung. Es geschieht immer dann, wenn der Schauspieler vergisst, dass es für jeden Moment auf der Bühne zwei mögliche Schlüsse gibt. Sobald wir versuchen, einen emotionalen Zustand darzustellen, spielen wir uns wund.

Das Zeigen von Emotionen wird immer aus der Verzweiflung geboren. Deshalb kann es nicht funktionieren.

Die Unmöglichkeit der Verzweiflung

Sich zu erinnern, dass es die reine Verzweiflung nicht gibt, niemals gegeben hat und nie geben wird, ist für den Schauspieler hilfreich. Sogar der Selbstmörder erhofft den Tod. »Hoffnung« und »Verzweiflung« klingen wie Wörter, die einander widerspiegeln, wie Konzepte, die zusammengehören, wie Tag und Nacht. Aber nur eins von beiden existiert wirklich, und das bestehende Konzept, die Hoffnung, ist allgegenwärtig, in jeder Situation. Die Hoffnung existiert genauso wie wir selbst, und das unabhängig von unserem Willen. Wir können versuchen, die Hoffnung auszuschließen, wenn sie zu uns kommen will, aber sie findet ihren Weg durch die dickste Tür. Hoffnung ist oft grausam.

Reine Verzweiflung ist unmöglich. Deshalb ist sie, theologisch gesehen, die einzige Sünde, für die es keine Vergebung gibt. Alle Sünden können vergeben werden; reine Verzweiflung ist die einzige unverzeihliche Sünde, weil es sie nicht gibt. Verzweiflung gibt es nur als theoretische Möglichkeit, wie die Null oder die Unendlichkeit.

Das Paradoxon von Verlust und Wiedergeburt

Dem Schauspieler steht also ein merkwürdiges und nützliches Paradoxon zur Verfügung. Alles, was wir tun, scheitert, aber so etwas wie reine Verzweiflung gibt es nicht. Die drei Schritte *»Wir versuchen, wir scheitern, wir versuchen etwas anderes«* sind entscheidend. Wir können nicht ein und dasselbe zweimal tun. Wir können so wenig dieselbe Reaktion zweimal spielen, wie wir zweimal im selben Fluss schwimmen können. Menschsein bedeutet, mit permanentem Verlust und permanenter Wiedergeburt leben zu müssen.

Unsere Lebensaufgabe besteht darin, mit der Realität Schritt zu halten, denn das Ziel steht nicht still.

Für Irina stützt der dreifache Schritt *»Wir versuchen, wir scheitern, wir versuchen etwas anderes«* die Szene. Julia sieht einen Romeo, den sie verändern will. Jemanden zu besitzen ist ein Versuch, ihn zu verändern, jemanden zu heiraten ist ein Versuch, ihn zu verändern, jemanden zu sehen ist ein Versuch, ihn zu verändern. Wenn wir Menschen zuhören, verändern wir sie immerzu. Wir verwandeln sie von einer Person, die nicht gehört wird, in eine, die gehört wird.

Den Glauben verändern

Jeder, der von einem Fight Director bei der stundenlangen Entwicklung einer Kampfchoreographie zum Schwitzen gebracht worden ist, kennt die goldene Regel: *»Halte Augenkontakt!«* Der Fight Director weiß, dass der Kampf ebensosehr vom Willen wie auch von den Schlägen abhängt. Genausogut weiß der Trainer, dass der Turner die Motivation ebenso sehr braucht wie seine Muskeln. Der Trainer muss das Selbstvertrauen und die Entschlossenheit des Athleten stärken. Genau genommen verwendet der Coach in einem Trainingsseminar seine meiste Energie darauf, den Glauben des Turners zu verändern; und später, im Wettkampf, verwendet der Turner wiederum die meiste Energie darauf, seinen eigenen Glauben zu verändern. Der Sportler wird lernen, dass sein größtes Problem nicht die Kraft ist, sondern das, was er über seine Kraft denkt: *»Ich kann schneller sein! Ja, ich kann, ich kann es wirklich! Durchhalten … Wenn ich nur noch etwas …«*

Glauben machen

»Glauben machen« ist ein interessanter Ausdruck. Normalerweise bezieht er sich auf das Fantasiegespinst aus einer Wunschwelt. Er kann sich allerdings auch auf Gehirnwäsche beziehen. Ein menschliches Wesen ist ein »Glauben-Macher« oder, genauer, ein »Glauben-Veränderer«. Menschen sind ständig dabei, Glauben zu verändern, sei es der anderer Leute oder der eigene.

Irina könnte in der Tat jedes einzelne Wort von Julias Text bearbeiten, indem sie folgende einfache Botschaft benutzt:

»Nein! Glaub nicht das, glaub dies!«

Wieder ist *»das«* allgemeiner und *»dies«* konkreter. Wie kann die Neigung, glauben zu machen, Irina in der Praxis helfen? Wie kann diese Übung sie vor dem Dramatisieren bewahren? Nehmen wir uns folgende Textzeile vor:

> »Verleugne deinen Vater, deinen Namen!«

Die Übung kann Irina helfen, das, was sie tut, weiterzuentwickeln von:

> Romeo zu sagen, er solle seinen Vater verleugnen,
> zu:
> Romeo glauben zu machen, er solle seinen Vater verleugnen.

Das Erste ist einfach; das Zweite erscheint komplizierter.
Das Erste scheint Irinas Aufgabe leichter zu machen als das Zweite.
Das Zweite bringt Irina dazu, sich größere Mühe zu geben.
Das Zweite zwingt Irina dazu, konkreter zu sein.
Das Zweite scheint sehr kompliziert und schwierig zu sein, aber die Balkon-Szene ist ja auch sehr kompliziert und schwierig für Julia.
Je einfacher Irina die Balkon-Szene für Julia macht, umso schwerer macht sie sie für Irina.

Egal was wir tun, wir versuchen immer, das Ziel zu verändern; überraschend viel von dem, was wir tun, ist ein Versuch, den Glauben zu verändern. Im Besonderen ist jeder Text ein Versuch, den Glauben zu verändern.

Ein anderes Beispiel

Wie sieht es einige Zeilen vorher aus, wenn Julia sagt: »... Was uns Rose heißt, wie es auch hieße, würde lieblich duften«?

Welchen Glauben könnte Julia hier möglicherweise verändern wollen? Unter anderem will Julia vielleicht einen imaginären Romeo glauben machen, dass das Ändern seines Namens ihn selbst nicht verändern würde. Oder, langatmiger, aber verständlicher ausgedrückt, sie könnte einen Romeo sehen, der davon überzeugt werden muss, dass Namen unwichtig sind.

Unsere Überzeugungen liegen im Grunde außerhalb von uns, sie funktionieren genauso wie andere Ziele und müssen ebenfalls allen Regeln folgen. Wir kümmern uns ständig fürsorglich um den Zustand unserer Überzeugungen. Funktionieren diese Strukturen nur in aktiven Momenten, wie bei einem Kampf oder einer Verführung? Wie ist es mit besinnlicheren Momenten, wenn jemand nachdenkt? Zum Beispiel, wenn Julia über den Mond sinniert?

Passivität gibt es nicht

Verblüffend, wie diese Behauptung es schafft, uns in Wut zu versetzen; dabei muss sie nicht unbedingt zutreffen, sondern soll lediglich nützlich sein. Ein Mensch kann nicht nichts tun. Ein Mensch ist niemals untätig. Auch wenn wir schlafen, arbeiten unser Herz, die Lunge und das zentrale Nervensystem hart, um uns am Leben zu halten, und wenn unser schlummerndes Hirn zuckt, schickt es uns Träume. Wissenschaftlich betrachtet kommen unsere Träume immer aus unserem Inneren. Aber unsere schnellen Augenbewegungen geben nur vor, dass das, was wir träumen, auch nach außen projiziert wird – um unsere Träume tatsächlich erkennen zu können, müssen sie sich außerhalb von uns entfalten. Sogar unsere Träume setzen sich aus Zielen zusammen, die einer ungewöhnlicheren Logik folgen, aber es sind dennoch Ziele. Überdies sind wir, wenn wir träumen, Drehbuchschreiber, Schauspieler, Inspizient, Lichtdesigner, Regisseur, Cutter, Publikum und Zensor … ein ziemlich aktiver kleiner Haufen.

Viele Dinge, die wir tun, scheinen aber doch absolut passiv zu sein, beispielsweise: etwas bekommen, etwas geschehen lassen, etwas hinnehmen, etwas erleiden, etwas miterleben, etwas erdulden, etwas bedauern, etwas beachten, etwas folgen, vor etwas zurückschrecken oder etwas ignorieren. Sobald wir all diese Dinge aber in konkreten Situationen genau betrachten, stellen wir fest, dass es immer ein aktives Element gibt. Auch wenn es winzig ist, dieses aktive Element ist das Einzige, was ein Schauspieler tatsächlich spielen kann.

Menschen versuchen immer, genau das zu bekommen, was sie wollen. Dies trifft sogar auf unsere altruistischsten Momente zu. Das Problem ist, dass wir uns manchmal nicht als die sehen mögen, »die bekommen, was sie brauchen«. Eigennutz kann abstoßend wirken, und deshalb treten wir manchmal auf, als wären wir passiv. Für diesen speziellen Auftritt reservieren wir den besten Platz für die Nummer eins. Das Passive herauszustellen kann abenteuerliche Konsequenzen haben. Die meisten von uns tun es gelegentlich, einige von uns machen es die ganze Zeit, doch niemand von uns umhüllt nie seine Begehrlichkeit mit dem Mantel der Passivität. Ohne diese unsere Fähigkeit gäbe es die Gesellschaft nicht, da es ständig zum offenen Kampf käme. Versteckte Kämpfe bleiben natürlich.

Passivität spielen

Wie aber kann ein Schauspieler jemanden spielen, der dem Anschein nach passiv ist? Nehmen wir Gertrude. Möglicherweise sieht die Schauspielerin Hamlets Mutter als den Versuch Shakespeares, eine große Introvertierte auf die Bühne zu bringen. Dennoch muss die Schauspielerin viel unsichtbare Arbeit leisten, um herauszuarbeiten, was Gertrude wirklich will. Ruhe? Frieden? Das Glück ihres Sohnes? Ein sicheres Königreich? Einen zufriedenen Gatten? Zwei Männer, die um sie kämpfen? Die Schauspielerin muss darüber nachdenken und dann vielleicht vergessen, was Gertrude wirklich will. Denn es kann gut sein, dass Gertrude weder weiß noch zu wissen wünscht, was sie wirklich will. Wir gestatten uns nicht, alles zu sehen. Wir möchten irgendwie glücklich sein, und das sehen wir normalerweise, doch zur selben Zeit möchten wir auch irgendwie unglücklich sein, und das wollen wir selten sehen.

Es ist oft schwer herauszufinden, was wir wirklich wollen, und daher ist es auch schwer herauszufinden, was unsere Figuren wirklich wollen. In der Regel machen wir jedoch genau das, was wir machen wollen, wie es unter den gegebenen Umständen eben möglich ist.

Als Romeo Tybalt tötet, verstrickt er sich in dem Konflikt zwischen der alten Familienfehde, seiner plötzlichen Liebe zu Capulets Tochter, seinem Wunsch, ein anderer zu werden, seinem Wunsch, derselbe zu bleiben, und der Wahl zwischen Mercutio und Julia, zwischen Familie und Freiheit. Er versteht dies möglicherweise aber erst im Nachhinein. Wir haben Hunderte von Jahren Zeit gehabt, um über das nachzudenken, was Romeo im Bruchteil einer Sekunde entscheidet. Aber sogar unter den gegebenen Umständen und ihren Zwängen: der heißen Wut, dem noch heißeren Nachmittag, der Panik, den lückenhaften Informationen, dem Angst- und Adrenalinrausch aus Zorn, Schuld und Gram – selbst unter all diesen Umständen trifft Romeo noch eine Entscheidung.

Taten und Worte

Taten zählen mehr als Worte. Wir erfahren mehr über die Menschen durch das, was sie tun, als durch das, was sie sagen. Es ist also eine sinnvolle Regel, den Taten den Vorrang zu geben, wenn sich Worte und Taten der Figur widersprechen. Deshalb sollte man während der unsichtbaren Arbeit deutlich mehr Gewichtung auf das legen, was die Figur tatsächlich tut, als auf das, was die Figur sagt – besonders wenn diese beiden Aspekte im Widerspruch zueinander stehen.

Nun sind wir zu der Figur zurückgekehrt. Wir sind zurückgekehrt zu der Emotion, dem Text, der Reaktion und dem Raum. Es gibt viele Beine, aber nur eine Spinne. Wir versuchen, die Spinne zu finden. Die Beine können nicht unabhängig voneinander analysiert werden. Sie bewegen sich im Einklang miteinander, andernfalls würde die Spinne umfallen. Ließen wir dieser sonderbaren Spinne dagegen nur ein Bein, sie könnte die anderen sieben immer noch nachwachsen lassen.

»ICH WEISS NICHT, WAS ICH SPIELE«

19

Das achte und letzte Bein der Spinne ist besonders tückisch, weil es so professionell klingt. Irina möchte wissen, was sie spielt. Warum auch nicht? Vielleicht ist es für Irina eine Grundvoraussetzung, genau zu wissen, was sie spielt. Aber weiß Julia, was sie spielt?

Würde man Julia fragen, was sie spielt, sie würde völlig verständnislos dreinblicken. Im Hinblick aufs Spielen wird sie sich überhaupt nichts denken. Dagegen weiß Julia aber, dass sie es mit einer Reihe außergewöhnlicher Umstände zu tun hat: eine Menge Gedanken, Gefühle, Taten und möglicher Ergebnisse kämpfen um ihre Aufmerksamkeit. Julia muss herausbekommen, was passiert, entdecken, was sie fühlt, sie muss versuchen zu verstehen, wer und was Romeo ist, sie muss herausfinden, wie sie überleben kann, sie muss dahinterkommen, was sie braucht und was sie verhindern muss, sie muss bestimmen, was es zu verlieren und was es zu gewinnen gibt. Eins ist sicher: Julia wird versuchen, viele dieser Dinge zu tun, aber keins davon vollkommen erreichen.

Wie auch bei den anderen Spinnenbeinen muss »was ich spiele« aus dem Ziel und nicht aus »mir« hervorgehen. Wenn ich aber im Voraus wissen will, was ich spiele, kehre ich die Dinge ungewollt um und spanne den Wagen vor das Pferd. Wenn ich tatsächlich voraussagen könnte, was ich spiele, würde dies bedeuten:

Das Ziel ist irgendwie unbewegt.
Ich weiß, was das Ziel ist.
Ich weiß, wie das Ziel reagieren wird.

Ich komme vor dem Ziel.
Ich kontrolliere das Ziel und nicht umgekehrt.
... ziemlich viele Vermutungen.

Im Voraus zu wissen, was ich zu spielen habe, ist ein Probenraumluxus, der uns im wirklichen Leben versagt bleibt. Der Sprengstoffexperte entscheidet sich nicht zwischen »Bombe entschärfen« und »leben wollen«. Tatsächlich lösen sich diese Entscheidungen in Luft auf angesichts der konkreten Details: *»Muss ich den Draht an dieser Stelle anschließen oder nicht? Ist dieser Schalter zum Ausknipsen ein Bluff oder nicht? Kann ich meine Augen so zusammenkneifen, dass ich nicht von der Sonne geblendet werde, und trotzdem den Zünder entschärfen oder nicht?«*

Bewegung

Alles bewegt und verwandelt sich, ob wir wollen oder nicht. Wir misstrauen jedoch der Unabhängigkeit der Außenwelt. Das Ziel hat die Angewohnheit, zu machen, was es will, und das mögen wir nicht besonders. Wir können dieses Gesetz der Bewegung nicht verändern, aber wir können diesen unliebsamen Aspekt der Realität ausblenden. Wir können davon träumen, dass sich die Welt nicht bewegt. Wir können entscheiden, wie wir das, was wir sehen, interpretieren wollen, und daher können wir auch so tun, als würde sich die Welt nicht verändern. Dieser Mechanismus mag unbewusst sein, aber er treibt uns an, sobald wir die Frage stellen, was wir spielen – ohne Bezug auf das Ziel.

Wissen und spielen

Problematisch mit dem »wissen, was wir spielen« ist nur, dass es nicht funktioniert. Wir können wissen, was wir spielen, bis wir völlig außer Atem sind, und uns trotzdem tot fühlen. Die

Schwierigkeit dabei ist, dass uns die reale Welt selten genau das machen oder »spielen« lässt, was wir wollen. Das Leben ist eine einzige endlose Improvisation. Julia kann planen und planen, was sie spielen möchte, doch Pläne gehen nie wirklich auf, weil alle Pläne letztendlich von der Außenwelt abhängen. Und die Realität steckt voller Überraschungen.

Wir haben sicher alle schon einmal eine Ansprache sorgfältig geplant, nur um dann zu scheitern: *»Oh, ja! Ich werde ihm genau sagen, was ich von ihm halte. Ich habe hier eine ganze Liste. Ich werde mit X beginnen, mit Y fortfahren und ihn mit Z erledigen.«* Und dann kommt der Augenblick, in dem wir in sein Büro marschieren, ihm fest in die Augen schauen und überraschend, aber unweigerlich feststellen: *»Es war überhaupt nicht so, wie ich es erwartet hatte!«*

Nicht so sehr das, was wir empfinden, hat sich verändert. Sowohl er als auch der Raum sehen völlig anders aus. Es scheinen diese typischen und konkreten Ziele zu sein, bei denen eine gespenstische Metamorphose allem Anschein nach stattgefunden hat. Das Büro ist anders. Seine Stimme klingt anders. Sein Gesicht ist anders. Unsere Gedanken sind anders. Die geprobte Rede löst sich in Nichts auf, nur einige abgehackte Phrasen werden ausgesprochen. *»Es war überhaupt nicht so, wie ich es erwartet hatte!«* Je mehr auf dem Spiel steht, umso weniger enden die Dinge wie erwartet. Diese überraschende Erkenntnis, dass die Realität anders ist als erwartet, ist merkwürdig hartnäckig.

Eine Ziel-freie Hölle

»Ich weiß nicht, was ich spiele« hat die gleiche Struktur wie die anderen sieben Spinnenbeine. Diese Äußerung bringt den Schauspieler in Gefahr, weil sie seine einzige Energiequelle auslöscht. Wieder haben wir es mit einem »wissen« und zwei »Ichs« zu tun. Wieder einmal wird unsere kostbare Aufmerk-

samkeit von der hungrigen Identität und der gierigen Kontrolle verschluckt.

Spielen hört sich wie ein Ziel-freies Verb an. Es klingt, als müsse der Spielende dabei ganz in sich selbst vertieft sein. Das gilt nur so lange, bis wir ein spielendes Kind wirklich betrachten. Das Kind ist nicht in sich selbst vertieft, sondern es ist vertieft in den Eimer und den Sand. Auch wenn wir abwesend, verwirrt oder paranoid sind, ordnen wir noch Ereignisse in unserer Fantasie neu und sind immer auf ein Ziel fixiert. »Spielen« kann immer nur in einem Kontext existieren. Der Gedanke, ich könnte wissen, »was ich spiele«, ohne einzubeziehen, wen oder was ich versuche zu verändern, ist absoluter Blödsinn. Der Versuch zu wissen, »was ich spiele«, ohne dem Ziel eine Vorrangstellung einzuräumen, wird den Schauspieler immer blockieren.

Wir können nicht wissen, was wir spielen, solange wir nicht wissen, für wen oder was wir spielen. Wir können überhaupt nichts außerhalb eines Zusammenhangs tun.

Nur ein Fantasiebild ist kontrollierbar.

Regeln

Es ist traurig, wenn ein Schauspieler sagt: *»Aber wenn sie das spielt, kann ich dieses nicht spielen.«* Die Antwort lautet: *»Ja, du hast recht, aber kannst du nicht etwas Neues spielen, etwas, was du nicht geplant hast, etwas, was aus der neuen Situation hervorgeht?«*

Leicht umzusetzen ist das natürlich nur dann, wenn das Arbeitsverhältnis gut ist. Manchmal kann solche Offenheit auch einschüchtern. Korrumpierte Freiheit ist Anarchie.

Wenn ein Schauspieler sich von plötzlich auftretenden großen Veränderungen auf der Bühne beunruhigt fühlt, verursacht das Angst und Blindheit. Jede Aufführung braucht Regeln, weil sonst die Unabhängigkeit die Freiheit ersticken wird. Der Schauspieler muss sich bestimmter Parameter sicher sein, um uneingeschränkt sehen zu können. Zum Beispiel muss Irina natürlich im Voraus wissen, wo sich ihr Balkon befindet, aber sie muss nicht genau wissen, von welcher Seite Romeo auftreten wird. Vielleicht muss sie genau wissen, wo Romeo in bestimmten Momenten stehen wird, oder vielleicht auch nicht. Wenn Irina jedoch genau plant, wie sie jede einzelne Zeile spielen wird, dann wird sie sich selbst mit ziemlicher Wahrscheinlichkeit blockieren. Und wenn sie wissen will, wie Romeo jeden einzelnen seiner Sätze sprechen wird, dann wird sie sich auf jeden Fall selbst blockieren – derart gewaltige Strukturen müssen zwangsläufig einstürzen und Irina erdrücken.

Irina sollte sich selbst Regeln setzen, aber nicht zu viele. Es sollte nur solche Regeln geben, die den Schauspieler befähigen, spontan etwas Neues sehen zu können. Dafür braucht es nicht nur Vertrauen, sondern auch eine Menge praktischer Erfahrung. Vernünftiges Proben entscheidet darüber, was verändert und was nicht verändert werden kann. Es ist klug, im Voraus festzulegen, was vorhersehbar sein muss und was unvorhersehbar bleiben muss.

Absolute Freiheit ist ein wunderbares Ideal, aber wir leben nicht in einer idealen Welt. Natürlich bekommen wir Angst, wenn alles unvorhersehbar ist, und wenn wir Angst haben, verlassen wir uns auf Dinge, die uns vertraut sind, egal wie sinnlos sie sind. Das erklärt vielleicht, warum ironischerweise gerade extrem unstrukturierte Aufführungen so vorhersehbar wirken. Ein bestimmtes Maß an Struktur ist notwendig, aber wir müssen einen kühlen Kopf bewahren, denn exzessive Strukturierung lässt eine Aufführung tot erscheinen. Absolute Gegensätze können einander sehr ähnlich sein –

keine Struktur und zuviel Struktur können aufs Gleiche hinauskommen. Der Anarchist und der Reaktionär haben mehr gemeinsam, als beide sich eingestehen dürfen.

Die große Frage ist: *»Wieviel Struktur brauche ich?«* Und die Antwort lautet, dass es keine allgemeingültige Antwort gibt. Wir müssen uns selbst ein Urteil bilden und die Tatsache akzeptieren, dass wir an manchen Tagen einer Sache mehr trauen als an anderen. Vertrauen kann nicht produziert werden.

Wir können uns genauso wenig zum Vertrauen, zur Präsenz oder zur Vergebung zwingen. Zwang verschlimmert jede Blockierung. Deshalb ist es destruktiv, zu insistieren: »Sei offen!« oder »Sei präsent!« oder »Hab Vertrauen!«. Irgendwo müssen wir erkennen, dass Vertrauen, wie Gnade, ein Geschenk ist. Diese Gaben können wir nicht einfordern, aber sie werden großzügig verteilt. Wir haben die Wahl, sie abzulehnen – was wir leider allzu oft tun.

Vor allen Dingen muss die Probenatmosphäre sicher sein, damit die Aufführung gefährlich wirken kann. Wenn die Probenatmosphäre gefährlich war, wird die daraus resultierende Aufführung auf langweilige Art sicher erscheinen. *Angst* macht uns alle zu Verlierern.

Struktur und Kontrolle

Sagen wir, Irina entscheidet, dass Julia sich gegen Romeos Annäherungsversuche wehrt. Sie mag sich selbst damit ein Ziel gegeben haben, aber es gibt Irina nur diese eine Sache zu spielen – diesem Ziel mangelt es an innerer Entwicklungsmöglichkeit.

Irina soll weniger darüber nachdenken, was sie spielt, und mehr darauf achten, wie sich das Ziel verändert. Zu Beginn der Szene kann Irina beispielsweise einen Romeo sehen, den sie dazu bringen muss, den Garten zu verlassen, und am Ende der Szene einen Romeo, der bleiben soll. Vielleicht beginnt sie die Szene damit, in ihm einen potentiellen Vergewaltiger zu sehen, um am Ende in ihm einen Sohn zu erkennen, der bemuttert werden muss. Vielleicht sieht sie zunächst einen Romeo, der klug, stark und unergründlich ist, und beendet die Szene weniger überzeugt, oder umgekehrt.

Wir können auf Proben eine Menge Ideen haben, einige besser als andere. Doch der Vorteil der oben erwähnten Ideen ist, dass sie immerhin Wege aufzeigen. Sie schicken Irina vom Beginn der Szene bis zu ihrem Ende auf eine Reise, und eine Reise bringt uns von einer Entdeckung zur nächsten. Durch Proben und Aufführungen hindurch wird Irina diese Reisen für andere, lebendigere streichen, aber es sind immerhin Reisen und keine Zustände. Eine Szene, die sich nicht entwickelt, ist keine Szene. Obwohl Godot niemals kommt, entwickeln sich Wladimir und Estragon doch weiter. Und auch Godot entwickelt sich – aus ihrer Sicht.

Entwicklung ist unvermeidbar, und Stillstand gibt es nicht: Selbst in stehenden Gewässern wimmelt es von Mikroaktivität.

Ein Exkurs: der Tod der Struktur

Struktur ist tote Theorie, aber wie jede Institution beneidet sie uns und will leben. Jede Struktur hat die tiefsitzende Tendenz, das Leben, dem sie ihre Existenz verdankt, zu ersticken wie ein Killer-Roboter. Struktur hat ein schlechtes Gedächtnis und vergisst immer, dass sie nur vorläufig existiert. Während sie unser Leben nachäfft, möchte sie gleichzeitig auch gebraucht werden, doch Struktur ist so leblos wie ein Verband, und sein Auftrag ist ebenso befristet.

Strukturen wie die obenerwähnten für Julia sind geeignet, um die Proben zu unterstützen. Das Spielen wird jedoch befreiter sein, wenn diese Strukturen durch Vertrauen allmählich aufgelöst werden. Wenn diese Entscheidungen nach und nach in das hineinfließen, was aus Julias Sicht auf dem Spiel steht, dann wird Irina beginnen, in ihrem Partner und allen anderen Äußerlichkeiten sich verändernde, ambivalente und hochspezifische Ziele zu sehen – Ziele, die Irina in eine freie und lebendige Darstellung zwingen und vorwärtstreiben.

Die Ignoranz akzeptieren

Selbst Julia kann nicht genau definieren, was Julia »spielt«. Weil wir, egal was wir zu tun glauben, zusätzlich auch immer etwas anderes machen. Nicht nur, dass wir niemals genau sämtliche Gründe kennen, warum wir etwas tun, wir können uns auch niemals der vollständigen Bedeutung dessen, was wir tun, sicher sein. Ein Wort ist weitgehend außer Kontrolle, und doch benutzen wir ohne weiteres Wörter. Wenn wir innehielten, um alle möglichen Bedeutungen von allem, was wir sagen, zu überdenken, würden wir niemals etwas sagen.

Ich verwende ein Wort und gehe davon aus, dass es etwas Bestimmtes bedeutet, während der Zuhörer glaubt, dass ich mit dem Wort etwas anderes sagen will. Das leuchtet ein. Weniger einleuchtend ist, dass ich ein Wort benutze und nicht bemerke, dass ich außerdem noch etwas anderes damit sage.

Es ist also klar, dass vieles von dem, was Julia sagt, von Romeo nicht vollkommen verstanden wird. Aber Julia wird auch nicht alles von dem verstehen, was Julia sagt. Und diese scheinbare Komplikation ist für Irina von großem Nutzen. Denn unter Stress können wir besser reden, als wir ahnen. Wie der Verkehrsunfall, der uns geistesgegenwärtig handeln lässt, kann das, was auf dem Spiel steht, spontan Ausdrücke, Bilder, Ideen und Gefühle freisetzen, von denen wir überhaupt nicht wussten, dass sie in uns sind. Wie wir gesehen haben, wird die kosmische Unermesslichkeit von Julias

»Liebe / So tief ja wie das Meer« Romeo in Erstaunen versetzen. Aber auch Julia selbst wird vielleicht davon überrascht sein.

Die volle Bedeutung dessen, was wir sagen oder tun, können wir nicht erfassen. Viele Dinge über uns selbst werden wir niemals wissen. Genauso wenig können wir alle Konsequenzen unseres Handelns mit Sicherheit kennen. Auch können wir uns der Geschichte, die wir erzählen, niemals absolut sicher sein, weil das, was wie eine einzige Geschichte wirkt, immer aus mehreren Geschichten besteht. Um wirklich verantwortungsvoll zu sein, müssen wir uns unsere Unwissenheit eingestehen.

Auch wenn er fest mit dem Ziel verbunden ist, sollte man einen streng festgelegten Plan des »Was spiele ich?« unbedingt verwerfen. Wir könnten sonst der Täuschung erliegen, dass wir genau wissen, was wir tun oder was die Zukunft für uns bereithält.

ZEIT

20

NATUR verändert sich von allein, und *Zeit* ist unzerstörbar.

Zeit untersteht nicht unserer Kontrolle. Dennoch ist sie eine Freundin des Schauspielers, weil sie der dritten Regel – das Ziel existiert bereits, bevor du es brauchst – ihre Gültigkeit verleiht. *Zeit* arbeitet für Irina.

Zeit spielt uns viele Streiche: *Zeit* ist nicht bloß ein weiser alter Mann mit einer Sense, *Zeit* ist auch der Narr, der mit breitem Grinsen seine Rache nimmt.

Die Regel der Zeit

Je höher die Einsätze sind, desto schneller scheint die verfügbare Zeit zu verrinnen. Mit anderen Worten, je mehr es zu verlieren oder zu gewinnen gibt, desto weniger Zeit scheint zur Verfügung zu stehen.

Der Schauspieler sollte während der unsichtbaren Arbeit immer genug Zeit haben. Die Figur in der sichtbaren Arbeit sollte hingegen nie genug Zeit haben. Der Schauspieler muss eine klare Trennung zwischen diesen beiden Situationen aufrechterhalten. Der geduldige Schauspieler nimmt sich für die unsichtbare Arbeit Zeit, aber die gallopierenden Einsätze schlagen der Figur die Zügel der *Zeit* aus der Hand. Die Figur versucht ständig, mit den Umständen Schritt zu halten, und scheitert. Auch Winnie aus *Glückliche Tage*, die in einem Erdhügel eingegraben ist, kann kaum den Gedanken folgen, die ihr durch den Kopf gehen; ihr Leib steckt fest, aber ihre Fantasie stürmt los. Die Geschichte, die ihre Gliedmaßen erzählen, verblasst neben den überwältigenden Erinnerungen und Entdeckungen, die sie vor sich sieht. Hamlet mag auf der

Bühne unbeweglich erscheinen. Aber die Geschichte, die er uns erzählt, jagt davon, vor seinen Augen tun sich hoffnungslose Auswirkungen auf, während die Zukunft ihn wie ein Kampfflugzeug angreift:

> »Was ist sterben? –
> Schlafen – das ist alles.« *

Aber untersuchen wir einen Textabschnitt, in dem Julia unter zu viel Zeit zu leiden scheint:

> JULIA
> Hinab, du flammenhufiges Gespann,
> Zu Phöbus' Wohnung! Solch ein Wagenlenker
> Wie Phaethon jagt' euch gen Westen wohl
> Und brächte schnell die wolk 'ge Nacht herauf. –
> Verbreite deinen dichten Vorhang, Nacht,
> Du Liebespflegerin! damit das Auge
> Der Neubegier sich schließt, und Romeo
> Mir unbelauscht in diese Arme schlüpfe. –
> Verliebten g'nügt zu der geheimen Weihe
> Das Licht der eignen Schönheit; oder wenn
> Die Liebe blind ist, stimmt sie wohl zur Nacht. –
> Komm, ernste Nacht, du züchtig stille Frau,
> Ganz angetan mit Schwarz, und lehre mich
> Ein Spiel, wo jedes reiner Jugend Blüte
> Zum Pfande setzt, gewinnend zu verlieren!
> Verhülle mit dem schwarzen Mantel mir
> Das wilde Blut, das in den Wangen flattert,
> Bis scheue Liebe kühner wird und nichts

* W. Shakespeare: *Hamlet* (3. Aufzug, 2. Szene), übersetzt von Christoph Martin Wieland. (Anm. d. Ü.)

> Als Unschuld sieht in inn'ger Liebe Tun.
> Komm, Nacht! – Komm, Romeo, du Tag in Nacht!
> Denn du wirst ruhn auf Fittichen der Nacht
> Wie frischer Schnee auf eines Raben Rücken. –
> Komm, milde, liebevolle Nacht! Komm, gib
> Mir meinen Romeo! Und stirbt er einst,
> Nimm ihn, zerteil' in kleine Sterne ihn:
> Er wird des Himmels Antlitz so verschönen,
> Dass alle Welt sich in die Nacht verliebt
> Und niemand mehr der eitlen Sonne huldigt. –
> Ich kaufte einen Sitz der Liebe mir,
> Doch ach! besaß ihn nicht; ich bin verkauft,
> Doch noch nicht übergeben. Dieser Tag
> Währt so verdrießlich lang mir, wie die Nacht
> Vor einem Fest dem ungeduld'gen Kinde,
> Das noch sein neues Kleid nicht tragen durfte.
> Da kommt die Amme ja …
> (Dritter Aufzug, 2. Szene)

Ist das eine Ausnahme? Hat hier die Figur nicht offensichtlich zu viel Zeit? Die Situation scheint eindeutig: Julia ist ungeduldig. Aber kehren wir zurück zum Wesentlichen. Wir wissen inzwischen, dass jedes Adjektiv für Irina vollkommen nutzlos ist. Der Versuch, ungeduldig zu sein, würde Irina also blockieren. Was aber soll Irina anderes spielen? Leidenschaft? Frustration? Nein. Emotionen können ebenso wenig gespielt werden wie Adjektive, weil sie ohne Ziele ausgedrückt werden.

Es wird Irina mehr entlasten, wenn sie fragt: *»Was kann ich hier, in diesem bestimmten Augenblick, verlieren oder gewinnen?«* Indem Irina sieht, was Julia gewinnen oder verlieren könnte, bricht sie die Ziele auf und bekommt flüchtig etwas von deren Dualität zu sehen. Was also könnte Julia als

Erstes sehen? Lassen wir Irina den Text im Detail untersuchen:

> »Hinab, du flammenhufiges Gespann,
> Zu Phöbus' Wohnung!«

Julia muss sich also zuerst dem »flammenhufigen Gespann« zuwenden. Julia beschimpft die Pferde der Sonne. Was könnten sie an Schlechtem und was an Gutem tun? Vielleicht Folgendes: *»Beeilt euch, macht eure Arbeit fertig und beendet endlich den Tag! Oder wollt ihr, Pferde, weiter trödeln und mich von Romeo fernhalten?«*

Julia möchte, dass die Nacht anbricht, und praktischerweise kommt ein Bild in Sicht. Irgendein Bild? Phöbus ist der Sonnengott, der mit seinem Pferdegespann durch den Himmel fährt, die Sonnenbahn entlang von Ost nach West, wo er sich schlafen legt und so die Nacht herbeiführt. Julia sehnt sich danach, dass der Tag endet, und fleht deshalb die Pferde an, sich zu beeilen. So weit – so gut. Sie erwähnt aber nicht nur Phöbus, den einzigen »Fuhrmann«, der das Recht hatte, die Feuerpferde zu lenken. Und die andere Person ist sein Sohn Phaeton, der die Kontrolle über den Sonnenwagen seines Vaters verlor in einer von der Erde unvergessenen schicksalvollen Morgendämmerung. Denn gegen den Willen seines Vaters bestand Phaeton darauf, den Sonnenwagen zu lenken. Aber er war unerfahren, die Pferde gingen durch, stürzten vom Himmel, und das Flammenmeer verbrannte große Teile des Planeten. Phaeton selbst kam dabei ums Leben, und die ökologische Katastrophe verwandelte Wälder in Wüsten, die nie wieder fruchtbar werden sollten. Es ist höchst unwahrscheinlich, dass Julia sich an jede Nuance und jeden Nachklang dieses Bildes erinnert, bevor sie es benutzt. Es entschlüpft ihr einfach wie ein Freud'scher Versprecher. Denn nicht nur der Sonnenwagen gerät außer Kontrolle, sondern auch Julias Bild. Zufällig hat sie ein anderes ungehorsames Kind heraufbeschworen, das durch seine eigene Unbesonnenheit vernichtet wurde.

»Aber warum sollte ich das ausgerechnet jetzt sagen?« ist oft eine kluge Frage. Warum erwähnt Julia Phaeton in diesem Augenblick? Sein chaotischer, unbeabsichtigter Selbstmord impliziert, dass Julia irgendwo befürchtet, ihre Liebesnacht mit Romeo wäre doch *»zu voreilig, zu unberaten, zu plötzlich«*. Vielleicht ahnt Julia, dass auch sie ungeduldig auf Chaos, Tod und Unfruchtbarkeit zusteuert. Und sie will diese Dinge nicht sehen. Sie ist es leid, Dinge zu wissen und zu sehen, die ihr Kopfschmerzen bereiten. Sie zieht Nichtwissen und Nichtsehen vor. Julia will mit Romeo schlafen, zum Teufel mit den Konsequenzen.

Wie viele Figuren Shakespeares redet Julia mehr, als ihr guttut. Der ungestüme Phaeton sollte sie aufheitern, aber als Bild stellte er sich als Katastrophe heraus; etwas Traurigeres und Übereinstimmenderes als Phaetons feuriger Sturz wird sich für Julia kaum finden lassen. Doch bevor ihre Entschlossenheit schwächer werden kann, lässt Julia Phaeton schnell fallen und wendet sich dieser behaglichen Tante zu, der *Nacht*.

Die *Nacht* sollte weit sicherer sein; die *Nacht* ist »züchtig still« und durch und durch respektabel. Älter und weiser, würde *Nacht* nichts Impulsives oder Destruktives tun. *Nacht* würde nichts Grausames tun, oder? *Nacht* wird dafür sorgen, dass meine Fantasie ruhig, besonnen und ungefährlich bleibt, oder?

Zuerst ist die Nacht angenehm vage und »wolkig«. Aber wenn die *Nacht* kommt, ist sie in eine eindeutigere Farbe gekleidet – schwarz. Julia erwähnt das zweimal. Wen also betrauert die Nacht? Julia versucht, diesen unglücklichen

Vergleich zu erhellen, indem sie den leuchtenden, lebendigen Romeo ins Spiel bringt:

> »Komm, Nacht! – Komm, Romeo, du Tag in Nacht!
> Denn du wirst ruhn auf Fittichen der Nacht
> Wie frischer Schnee auf eines Raben Rücken.«

Romeo ruht nicht als warmer Körper auf den Fittichen der Nacht, sondern er ist kalt wie Schnee. Wenn Romeos Haut weiß wie Schnee ist, ist er nackt. Wenn Romeos Haut weiß ist, ist er eine Leiche. Sex kommt nicht allein; auch der *Tod* taucht auf und sorgt zwischen den Laken für einen düsteren Dreier. Sogar *Frau Nacht* hat sich verwandelt; jetzt treibt sie sich als Rabe herum, der Vorbote des Bösen, der sich für Lady Macbeth heiser krächzen wird.

Es sieht so aus, als ob Julia Zeit totschlägt, aber *Zeit* wird sich rächen. *Zeit* hat die Kontrolle und nicht Julia. Wie viel Zeit Julia auch totzuschlagen hat, die hohen Einsätze treiben die Fantasie an. Julia denkt vielleicht, dass sie ein Bild nach dem anderen ausgräbt, um die langweiligen Stunden zu füllen. Doch je mehr Zeit sie zum Nachdenken hat, desto mehr begreift sie die Gefährlichkeit ihrer Situation und desto mehr lässt ihre Entschlossenheit nach. Und je mehr ihre Entschlossenheit nachlässt, desto mehr Zeit braucht sie, um ihre Entschlossenheit zu festigen. Die Zeit läuft ihr davon, während sie versucht, immer neue Bilder zu finden, um ihr schwindendes Selbstbewusstsein aufzurichten.

Bilder sind Ziele: Sie leben unabhängig von uns. Alle Bilder, vom strahlenden Phaeton bis zur schäbigen Nacht im Schwarz der Trauer, verselbstständigen sich. Ob sie will oder nicht, Julia muss sich mit dieser Ambivalenz der Bilder, die sie entfesselt hat, auseinandersetzen. Sind sie auf ihrer Seite oder nicht? Julia glaubte, das Bild von Phaeton kontrollieren zu können. Allerdings kam die Erinnerung an dieses Bild nicht allein. Wie alle Geschichten ist auch die Geschichte Phaetons doppeldeutig. Sie kann vieles bedeuten. Einmal entfesselte Bilder sind eigenständig, wie Worte, die wir im Nachhinein bereuen. Julia kann an dieser Stelle ihr Verlangen nach Sex, Liebe und Leben noch so sehr betonen, ihre Bilder enthalten auch Chaos, Zerstörung und Tod.

Beschreibung gibt es nicht

»Komm, milde, liebevolle Nacht …«

»Milde« und »liebevolle« sind Beschreibungen. Ein nützliches Prinzip besagt aber für den Schauspieler, dass es so etwas wie eine Beschreibung nicht gibt. Reine Beschreibung gibt es einfach nicht. Was den Anschein erweckt, eine passive Beschreibung zu sein, ist in Wirklichkeit immer ein aktiver Versuch, die Wahrnehmung zu verändern. Julia scheint zu beschreiben, wie *Nacht* ist. Ihrer Aussage nach hat die Nacht zwei Eigenschaften. Sie ist milde und liebevoll. Wie aber können diese Beschreibungen ein Versuch sein, die Wahrnehmung zu verändern? Irina muss, wie immer, ein Ziel finden. Das Ziel ist vermutlich die *Nacht* selbst. Welche Änderung versucht Julia an der *Nacht* vorzunehmen? Sagt sie: *»Kannst du nicht versuchen, mild und liebevoll zu sein?«* Julia ist nämlich absolut nicht sicher, wie die *Nacht* sich verhalten wird. Für Julia hängt also alles davon ab, ob die *Nacht* milde oder grausam sein wird … ob die *Nacht* liebevoll sein wird … oder das Gegenteil davon. Was könnte die Nacht im Begriff sein zu sagen oder zu tun, dass sie besänftigt und milde und liebevoll gestimmt werden muss?

Dann verspricht sich Julia bei ihren Bitten:

»... Komm, gib
Mir meinen Romeo! Und sterb ich* einst,
Nimm ihn, zerteil' in kleine Sterne ihn«

Es hätte mehr Sinn ergeben zu sagen: *»Wenn ich sterbe, nimm mich, zerteil in kleine Sterne mich«* oder *»Wenn er stirbt, nimm ihn, zerteil in kleine Sterne ihn«*, aber Julia ist verwirrt und verwischt die Grenzen zwischen ihrer und Romeos Person. Sie sagt: *»Wenn ich sterbe, nimm ihn, zerteil' in kleine Sterne ihn.«* Romeo wird sich durch Julias Tod verwandeln, ein Vorgang, der die Ovidschen Metamorphosen aus dem Takt bringt, die Julia so gut bekannt sind. Es gelingt Julia einfach nicht, den Tod von den Feierlichkeiten dieser Nacht auszuschließen. Sie möchte nicht nur, dass Romeo kommt, um mit ihr zu schlafen, sondern auch, um sie von diesen verwirrenden, beängstigenden Gedanken abzulenken. Sollte er nicht bald erscheinen, werden diese Gedanken Julia verschlingen. Sie kämpft gegen diese Bilder ihrer eigenen Vorstellungskraft an, indem sie behauptet, lediglich eine einzige simple Sache zu wollen, nämlich ihre Liebe zu Romeo auszuleben. Julia versucht, die Situation zu vereinfachen und blind zu sein für die Ambivalenz dessen, was tatsächlich passiert.

»... ich bin verkauft,
Doch noch nicht übergeben. Dieser Tag
Währt so verdrießlich lang mir, wie die Nacht
Vor einem Fest dem ungeduld'gen Kinde,
Das noch sein neues Kleid nicht tragen durfte.«

* wörtliche Übersetzung des Originals *(»Give me my Romeo; and when I shall die / Take him and cut him out in little stars«)*. In der deutschen Übersetzung wurde Julias Versprecher »sterb ich« in »stirbt er« umgeändert, um der Aussage Sinn zu verleihen. (Anm. d. Ü.)

Das Draufgängertum ihrer Begierde passt nicht wirklich zu dem zarten und nostalgischen Bild des Kindes. Vielleicht sieht Julia auch *»das Künftige im Jetzt«* und bereut bereits das Schwinden ihrer Unschuld. Sie ist vierzehn und kann es kaum erwarten, neue, erwachsene Kleider anzuziehen. Noch einmal schleicht sich die finstere alte Nacht in ihre Fantasie und zeigt ihr ein hellwaches Kind, das allein in der Dunkelheit liegt und nicht schlafen kann.

Julia erzählt, was für sie auf dem Spiel steht

> »... und lehre mich
> Ein Spiel, wo jedes reiner Jugend Blüte
> Zum Pfande setzt, gewinnend zu verlieren!«

»Ein Spiel« bezieht sich direkt auf die Einsätze. Auf dem Spiel steht nicht nur einer »reinen Jugend Blüte«, sondern zwei, ihre eigene und die Romeos (ist ihre Annahme bzgl. Romeos ein ungewöhnlicher Anfall von Naivität?). Der Siegespreis, der bestmögliche Ausgang, wäre also, dass jemand zwei »reine« Jungfräulichkeiten gewinnt. Wenn es jedoch so viel zu gewinnen gibt, was könnte es dann zu verlieren geben? Es fällt auf, dass Julia nur erwähnt, was es zu gewinnen gibt. Gewinnen ist die einzige Möglichkeit. Zu verlieren ist darum, auch wenn es sich um ein Spiel handelt, ausgeschlossen, denn Julia deutet an, dass sie verlieren will. Ihre Unschuld zu verlieren bedeutet für Julia demnach, auch zu gewinnen? Sie versucht etwas in »eins« zu machen. Julia glaubt, dass sie ein Spiel spielt, bei dem man nur gewinnen kann. Es gibt aber keine Situation, in der man nur gewinnen kann. Die andere Seite, die ein Schauspieler sehr gut kennt, die des Verlierens, wird ausgelassen. Was sie verlieren könnte, verschwindet zusammen mit Phaeton im Dunkel.

Julia argumentiert mit der ganzen Überzeugungskraft einer Skeptikerin.

Wenn es vielleicht auch zu Beginn der Rede, als sie die Pferde bittet: »Hinab, du flammenhufiges Gespann«, so aussieht, als sei sie fest entschlossen und des Wartens überdrüssig, ist dies bei weitem nicht alles, was sie fühlt, sieht und braucht.

Julia lässt nicht einfach nur die Zeit verstreichen, während sie darum betet, dass Romeo bald kommt. Die Zeit brütet fürchterliche Bilder aus. Julia muss rennen, um all diese subversiven Bilder einzuholen und zu zügeln, bevor sie entwischen. Doch Julia hat nicht genug Zeit, um sie alle einzufangen. Sie braucht mehr Zeit.

Shakespeares brillante Worte zeigen in aller Klarheit, dass *Zeit* Julias Gedanken zu Meuterei und Flucht anstachelt, so dass Julia ihnen nachjagen muss, um sie zu fangen und einzusperren. Natürlich will Julia mit Romeo schlafen, aber es ist genauso wahr, dass sie es nicht will. Julia mag zwar nur von ihrem Verlangen sprechen, aber auch ihre Angst schwingt unausgesprochen mit.

Eine schlechte Neufassung

Was würde geschehen, wenn Irina sich nicht auf das brillante Gerüst von Shakespeares Metaphorik stützen könnte, um Julias verborgene Seite zu entdecken? Was, wenn Irina in einer Neufassung von Shakespeares Drama spielen würde, in der alle finsteren Stellen gestrichen wurden? Irina könnte dennoch erraten, dass Julia einen Teil ihrer Gefühle verbirgt. Sogar wenn der Text umgeschrieben worden wäre und die arme Irina

> *»Ich will mit ihm schlafen. Ich will mit ihm schlafen.*
> *Ich will mit ihm schlafen. Ich will mit ihm schlafen.«*

sagen müsste, würde Irina auch die gegensätzliche Haltung annehmen können. Denn je mehr wir etwas betonen, desto mehr beziehen wir auch das genaue Gegenteil davon ein. Sogar dieser banale Text muss eine Reaktion darstellen. Er muss irgendwo auch die Aussage beinhalten: *»Ich will nicht mit ihm schlafen. Ich will nicht mit ihm schlafen. Ich will nicht mit ihm schlafen. Ich will nicht mit ihm schlafen.«*

Julia will gegensätzliche Dinge. So wie Zerlina vor Don Giovanni singt: »Vorrei e non vorrei!« oder »Ich will, und ich will nicht!« Julia fühlt sich zwischen widerstreitenden Emotionen hin- und hergerissen; sie hat im selben Augenblick nicht nur ein einziges Gefühl.

Ein Exkurs: Zeit und Wandel

Julia ist niemals zufrieden mit der *Zeit*. Manchmal denkt sie, dass die *Zeit* sich beeilen soll ... »Hinab, du flammenhufiges Gespann«... und manchmal möchte sie sie anhalten ... »Willst du schon gehen? Der Tag ist ja noch fern. Es war die Nachtigall und nicht die Lerche ...« Für Irina ist es nützlich, dass die *Zeit* niemals Julias Freundin zu sein scheint. Allerdings muss Irina einsehen, dass auch sie ein *Zeit*-Opfer wird, sobald sie der *Zeit* nicht gehorcht. Irina erkennt die Herrschaft der *Zeit* an, indem sie sich weigert, sich von *Angst* in die Vergangenheit oder die Zukunft geleiten zu lassen. Julias *Angst* zerrt sie aber oft in beide Richtungen. *Zeit* ist die Freundin des Schauspielers, aber die Feindin der Figur; das sollte auch in der kürzesten Probe akzeptiert werden. Die Gegenwart rüttelt uns wach. Wenn ein Verkehrsunfall uns in die Gegenwart holt, scheint sich die Zeit zu verlangsamen. Wenn uns jedoch eine Depression fest im Griff hat, scheint die *Zeit* innezuhalten. Die *Zeit* bleibt stehen. Aber das ist nur eine Täuschung, *Zeit* kann nicht anhalten. Für uns wird die Zeit niemals stehen bleiben.

Irina sollte sich mit der *Zeit* anfreunden. *Zeit* ist eine riesige Welle, auf der man reiten oder die man bei einem Risiko ignorieren kann.

Je mehr wir die Überlegenheit der *Zeit* akzeptieren und beschließen, ausschließlich in der Gegenwart zu leben, umso weniger werden wir uns blockieren. Je mehr wir allerdings unsere Unabhängigkeit von der *Zeit* beteuern und in der Vergangenheit oder der Zukunft Zuflucht suchen, umso mehr werden wir blockiert. Und wir werden so lange gelähmt sein, bis wir die Führungsrolle der *Zeit* anerkennen und eingestehen, dass wir nur im Jetzt existieren.

DREI WEITERE UNANGENEHME ENTSCHEIDUNGEN

21

Es bleiben für Irina noch drei weitere unangenehme Entscheidungen übrig.

Die fünfte unangenehme Entscheidung: Kreativität oder Neugier

Der Kreativität abzuschwören erscheint einem Künstler wie Ketzerei. Fatal ist aber der Versuch, kreativ zu sein. Bewusst kreativ sein zu wollen kommt dem Konzentrieren sehr nahe. Neugier ist befreiender. Die Neugier ist eng mit der Aufmerksamkeit und dem Ziel verbunden. Der Versuch, kreativ zu sein, hat die unangenehme Eigenschaft, uns auf uns selbst zurückzuwerfen und nach Hause zu schicken.

Natürlich sind alle Menschen kreativ, aber unsere Kreativität ist ein Symptom und keine Ursache. Wir können unsere Kreativität ebensowenig kontrollieren wie unsere Gefühle. Kontrollieren können wir dagegen, was wir tun.

Die sechste unangenehme Entscheidung: Originalität oder Einzigartigkeit

Originalität ist eine weitere Eigenschaft, von der wir glauben, dass wir sie kontrollieren können. Originalität ist jedoch kein Grundmotiv des Lebens, es ist lediglich eines seiner Symptome. In gewisser Hinsicht gehen uns unsere Kreativität und unsere Originalität nichts an. Irina ist einzigartig. Irina ist nicht austauschbar. Niemand kann die Julia wie Irina spielen, weil niemand auf genau dieselbe Art wie Irina sehen kann. Wenn Irina mit Julias Augen sieht, geht es um Julias einzigartiges Augenpaar. Jede Schauspielerin, die die Julia spielt, wird durch ein anderes Augenpaar sehen, weil jede Schauspielerin ein anderer und einzigartiger Mensch ist. Außerdem wird Julia jedesmal, wenn Irina ihre Rolle spielt, auch ein wenig anders sein. Wir alle sehen unendlich viele verschiedene Dinge; und diese Unendlichkeiten sind wiederum endlos unterschiedlich. Ein Blick nach oben in den Sternenhimmel lässt diese unendliche Vielzahl weniger absonderlich erscheinen.

Andererseits wird Irina sich selbst blockieren, wenn sie versucht, eine originelle Julia zu erschaffen, eine Julia, die mit den Traditionen zu brechen versucht. Der Versuch, etwas Originelles hervorzubringen, ist zum Scheitern verurteilt. Denn sobald wir versuchen, originell zu sein, sehen wir schließlich genauso aus wie alle anderen, die versuchen, originell zu sein. Wir erschaffen ein totgeborenes Werk, und vermodernde Dinge gleichen sich zunehmend.

Wann immer wir versuchen, originell zu sein, ist dies ein Beleg dafür, dass wir das Vertrauen in unsere Einzigartigkeit verloren haben. Vielleicht befürchten wir, dass unsere Einzigartigkeit nicht da ist, wenn wir sie brauchen, oder, noch schlimmer, wir befürchten, dass das, was uns einzigartig macht, eigentlich minderwertig ist. Besonders wenn wir jung sind, kann Gleichheit beruhigend wirken. Aber Gleichheit ist nicht möglich. Sie ist nur ein Ideal, und zwar ein gefährliches. Es sollte uns allerdings nicht zu sehr beunruhigen, weil es im Grunde nie existiert hat. So wie uns die Aufmerksamkeit und die Gegenwart gegeben sind, so ist uns auch die Einzigartigkeit gegeben. Sie muss akzeptiert werden und liegt außerhalb unserer Kontrolle. Wir misstrauen dieser Einzigartigkeit deshalb so sehr, weil sie uns wie alles andere, was außerhalb unserer Kontrolle liegt, im Stich lassen könnte. Also schaffen wir einen Scheinersatz, ein künstliches Abbild, das unser Erfüllungsgehilfe sein wird. Willkommen, Originalität, Lebwohl, Einzigartigkeit.

Wenn Irina ihre Ziele konkret und offen wahrnimmt und akzeptiert, dass das, was sie sieht, imstande ist, gut oder schlecht auszugehen, dann wird sie eine Julia hervorbringen, die vollkommen einzigartig ist. Wenn sich Irina allerdings dazu entschließt, eine originelle Julia zu erschaffen, dann wird sie ein Geschöpf erzeugen, das nicht atmen kann; und, wie schon erwähnt, alle toten Dinge fangen an, gleich auszusehen. Wahre Gleichheit entsteht erst, wenn wir verwesen.

Folglich ist jeder Druck, der auf Irina ausgeübt wird, damit sie etwas »Neues« hervorbringt, verhängnisvoll. Je mehr wir danach streben, originell zu sein, desto mehr löschen wir die uns innewohnende Einzigartigkeit aus. Je mehr wir versuchen, »neu« zu sein, desto rückständiger werden wir und umso mehr wiederholen wir uns. Wir sind neu. Wir können gar nicht anders sein. Wir haben nicht zu versuchen, irgendetwas zu sein. Durch bloße Willenskraft können wir überhaupt nichts sein. Die Schöpfung erneuert uns und unsere Umgebung in jeder Sekunde jeden Tages, ob wir nun wollen oder nicht. Erneuerung widerfährt uns einfach; sie fragt nicht erst nach unserer Erlaubnis.

Obwohl wir keine Kontrolle haben, geben wir uns gern der Illusion von Kontrolle hin und versuchen so, die Schöpfung zu imitieren. Auch wir werden neue Dinge erschaffen. Unsere Eitelkeit wird nicht aus Arroganz geboren, sondern aus *Angst.*

Das habe ich alles schon mal gesehen

Wenn Irina *»Das habe ich alles schon mal gesehen«* hört, sollte sie weniger über die Kritik nachdenken als über den Kritiker. *»Ich habe das alles schon mal gesehen«* stellt den Betrachter bloß, nicht den Betrachteten. Wenn das *»Ich«* nicht mehr gut sieht, scheint am Ende tatsächlich alles gleichförmig zu sein. Mitunter beginnt alles andere ähnlich auszusehen, aber das ist nicht die Schuld von allem anderen. Je mehr wir innerlich sterben, umso mehr sehen wir den Tod außerhalb; und der alles Spezifische hassende Tod sorgt immer für Gleichartigkeit.

Das Problem liegt also nicht in der Außenwelt, die niemals Homogenität erlangt, selbst wenn sie wollte. Das Problem liegt in unserer Kontrolle, in dem, was wir uns erlauben zu sehen und was nicht. Wenn uns also jemals das Gefühl überkommt, dass wir das »alles schon mal gesehen« haben, sollten wir versuchen, uns heranzuschleichen und uns zu überraschen. Dann werden wir erkennen, dass das Problem nicht in der Außenwelt liegt, sondern aus unserem Inneren hervorgeht; wir verlieren unsere Neugier. Mangel an Neugier ist ein Symptom eines heimlichen Selbstmords; der einzige forensische Beweis dafür ist nicht die leere Tablettenschachtel, sondern der beharrliche Drang, etwas Neues zu finden.

Alles Leben ist stets neu. Menschen sind abhängig von diesem Neuen. Wir sind ein immanenter und unersetzlicher Teil einer sich ewig erneuernden Schöpfung. Das Neue existiert bereits, wir können es nicht erschaffen.

Wenn Irina das Gefühl hat, ihrem Regisseur, dem Publikum, den Kollegen oder sich selbst etwas Neues bieten zu müssen, dann wird sie eine leblose Darstellung abliefern. Ironischerweise wird diese totgeborene Darstellung allen, Irina mit eingeschlossen, seltsam bekannt vorkommen. Wenn Irina mit Julias Augen sieht, was Julia sehen muss, dann wird Irinas eigene verschleierbare, aber nicht zerstörbare Einzigartigkeit jeden Winkel ihrer Darstellung erhellen. Was immer Irina sieht, ist neu. Alles, was Irina versucht neu zu machen, ist so alt wie der Tod selbst.

Die siebte unangenehme Entscheidung: Aufregung oder Leben

Wenn Irina darüber in Panik gerät, dass ihre Darstellung leblos ist, muss sie zum Ziel zurückkehren. Das Ziel ist die Quelle all ihrer Energie. Es wäre fatal, wenn Irina sich selbst zur Lebendigkeit anregen würde.

Mit Hilfe unserer Vorstellungskraft stellen wir eine Verbindung zwischen uns und der Außenwelt her. Wenn uns unsere Abhängigkeit von der unberechenbaren Schöpfung Angst macht, benutzen wir Aufregung, um das Leben nachzuahmen. Das Leben geschieht einfach, und wir sind Teil davon. Das Leben widerfährt uns, wann es will. Da es uns jeden Moment fallen lassen kann, lieben wir das Leben nicht so sehr, wie wir annehmen. Also erfinden wir abermals einen fügsameren Ersatz.

Und wir produzieren Aufregung. Aufregung ist etwas, was wir selbst herstellen können. Wir können für uns selbst sorgen. Wir müssen nicht von irgendjemandem oder irgendetwas abhängig sein, um uns in Aufregung zu versetzen. Aufregung ist eine Medizin, die wir uns selbst verordnen. Manchmal ist allerdings das Leben selbst aufregend. Wenn Irina während einer Probe oder in einer Vorstellung etwas ganz und gar Lebendiges sieht, dann wird sie davon durchdrungen und aufblühen, und die Wirkung wird überwältigend sein. Sollte sie am nächsten Tag diesen Zustand wieder aufzugreifen versuchen, wird er, wie wir wissen, verschwunden sein. Denn was sich ereignet hat, war nie ein Zustand, sondern eine Beziehung, eine Richtung. Alle Zustände enden; und sie verrotten schnell.

Wenn Irina glaubt, eine aufregende Entscheidung treffen zu müssen, wird sie sich unweigerlich blockieren. Die Suche nach dem Neuen und Aufregenden bricht unsere Verbindung mit dem Leben ab. Bei dieser Jagd scheint es um die Außenwelt zu gehen, während wir durch Erfahrungen hindurchfegen und verzweifelt nach dem unerreichbaren Höhepunkt greifen. Bei dieser Schnelligkeit versuchen wir allerdings, in der Außenwelt das zu finden, von dem wir fürchten, dass es uns innerlich fehlt. Das Gerangel nach dem Neuen und Aufregenden hat geheime Kontakte zur Mafia der Selbstverachtung.

Diese Raserei durch die Empfindungen hat eine seltsame Wirkung. Auf einmal ähneln wir allen anderen, die sich auf derselben panischen Flucht befinden, und unsere Einzigartigkeit wird von blinden Hufen zerstampft. Wir sind unterschiedlich und einzigartig in unserem Enthusiasmus und unserer Weltoffenheit; aber wir unterwerfen uns alle der strengen Parteilinie, wenn wir klagen: *»Das habe ich alles schon mal gesehen.«* Die Jagd nach dem Aufregenden und dem Neuen macht uns alle zu Reaktionären. Die Dinge zu sehen ist Leben genug.

Ein Exkurs: Spontaneität

Eine Darstellung, die nicht spontan erscheint, erscheint leblos; sogar der Nō-Meister muss auf eine gewisse Weise spontan erscheinen. »Spontan« ist allerdings nicht das Schlüsselwort; das Schlüsselwort heißt »erscheint«. Präsent zu sein ist für den Schauspieler zwar sicherlich von großer Bedeutung, aber vollständige Präsenz zu erleben wird wohl ein unerreichbares Ideal bleiben. Präsenz ist eine der Gaben, die wir weder erzeugen noch verdienen können. Alexander Puschkins Salieri wetterte, dass Mozart für seine Genialität überhaupt nichts getan hätte. Wir können uns unsere Talente nicht erwerben, aber wir können lernen, ihnen die Tür nicht vor der Nase zuzuschlagen.

»Spontaneität« scheint mit Präsenz verbunden zu sein: *»Wenn ich präsent bin, werde ich im Augenblick reagieren und* *dann bin ich spontan«* – und mit Sicherheit wird sich Irina, wenn sie blockiert ist, zutiefst unspontan fühlen. Wenige Anweisungen lassen uns mehr erstarren als: *»Sei spontan!«* – obwohl *»Sei nicht so befangen«* dem ziemlich nahe kommt.

Es beruhigt Irina vielleicht, wenn sie sich ins Gedächtnis ruft, dass, wie präsent wir auch sein mögen, niemand je völlig bewusst spontan sein kann. Soweit eine Reaktion bewusst ist, ist sie nicht spontan. Wer weiß, vielleicht ist wahre Präsenz schon mal bei einem Menschen vorgekommen; vollkommen bewusste Spontaneität hingegen hat es niemals gegeben. Der Psychopath springt nicht einfach von der Anklagebank auf, um den Richter zu erwürgen, und wenn er es tut, dann hat er diese Entscheidung getroffen. Im Allgemeinen verlieren Menschen nicht die Beherrschung gegenüber denen, die mächtiger sind als sie. Es ist erstaunlich, wie spontan wir jemanden anschreien können, der klein wirkt und hinter einer Windschutzscheibe sitzt, und es ist geradezu gespenstisch, wie spontan wir diese Spontaneität verlieren, sobald wir diesen Jemand als Zwei-Meter-Mann aus dem Auto steigen sehen. Immer wenn ein Großmaul ins Wanken gerät, erstarrt seine »spontane« Kühnheit schlagartig zu einer sorgfältig geschulten und wachsamen Behutsamkeit. Es ist faszinierend, welch perfekte Kontrollmaßnahmen wir plötzlich entwickeln.

Was aber geschieht, wenn wir unsere Beherrschung verlieren? Eine unpopuläre Aussage, die der Schauspieler sich zunutze machen kann, ist, dass wir uns stets entscheiden, wann wir unsere Beherrschung verlieren. Das scheint allem, was bisher über das Ziel gesagt wurde, zu widersprechen: *»Ich entscheide nichts, es ist das Ziel, das mich dazu bringt, es zu tun.«* Zunächst einmal müssen wir die Formulierung »die Beherrschung verlieren« auseinandernehmen. »Beherrschung« ist ziemlich eindeutig und beschreibt ein ruhiges, beherrschtes

Naturell. Wir haben wenig oder gar keine Kontrolle darüber, wie wütend wir plötzlich werden können, aber wir entscheiden immer, was wir unter den gegebenen Umständen tun. »Die Beherrschung verlieren« weist auf einen Verlust hin, den Verlust von Kontrolle. Etwas zu verlieren beinhaltet immer auch ein aktives Element.

Aktiver Verlust

Selbst wenn Verlust in Bezug auf Trauer benutzt wird, gibt es ein aktives Element. Einen Freund durch einen plötzlichen Tod zu verlieren scheint vollkommen inaktiv. *»Ich wollte nicht, dass er stirbt.«* Aber wir müssen diesen Verlust sehen, da wir andernfalls die Realität verleugnen. Sehen ist ein aktiver Vorgang, genauso wie das Verleugnen. Kummer und Trauer verlangen die Wahrnehmung des Verlusts, das Loslassen, und dieser Teil ist aktiv. Wir müssen etwas tun, um Lebewohl zu sagen.

Auch der größte Hitzkopf braucht eine Nanosekunde zwischen Beleidigung hören und Schlag verpassen. Der Verdächtige widersetzt sich der Verhaftung nur dann, wenn er das Gefühl hat, es gäbe eine Chance zur Flucht. Wenn wir einen Mann inmitten einer Gruppe von zehn Polizisten kämpfen sehen, liegt das nur in seltenen Fällen daran, dass er ein Optimist ist; normalerweise versucht er, sich davor zu schützen, verletzt zu werden.

Wir neigen dazu, uns nicht zu widersetzen, wenn die Chancen schlecht für uns stehen. Wir wählen uns die Schlachten aus, die wir schlagen wollen. Ist ein selbstzerstörerischer Mensch eine Ausnahme von der Regel, jemand, der keinem Streit und keinem Kampf aus dem Weg geht, ein Maulheld, der, wie mein Vater gewitzelt hätte, seinen eigenen Privatfriedhof besitzt? Auch eine solche Person wird irgendwo, irgendwann einen Handel mit sich abgeschlossen haben, nämlich immer zu streiten, dadurch zwar alleine zu sein, aber zumindest nicht enttäuscht zu werden. Er bekommt also genau das, was er seiner Meinung nach will. Trotz all seiner Wut ist er dennoch berechnend.

Berechnung

Berechnung mag ein unschöner Charakterzug sein, aber jeder ist sich selbst der Nächste. Die Berechnung des Säuglings, wenn er Essen und Aufmerksamkeit will, entzückt und erstaunt seine jungen Eltern. Wir erfinden Konzepte der Unschuld, der Verrohung und der Spontaneität, weil uns Berechnung peinlich ist. Wir hören nun mal nicht gern: »So macht Bewusstsein Feige aus uns allen«* Es ist ernüchternd, sich daran zu erinnern, dass die Zurschaustellung von unkontrolliertem und spontanem Temperament normalerweise eine extreme Kontrolliertheit kaschiert. Ein für seinen Kokainkonsum und seine verschiedenen Tollheiten berühmter Schauspieler wurde einmal spät in der Nacht auf der Bühne dabei entdeckt, wie er mit einem Lineal die Entfernung vom Aschenbecher zur Zigarettenschachtel vermaß.

Spontaneität spielt sich nicht ganz so ab, wie das Wort behauptet. Was genau geschieht, wenn ich meine Beherrschung verliere? Ich sehe etwas, das mich in Wut versetzt, und ich entscheide, was zu tun ist. Dieser Prozess kann so rasend schnell ablaufen, dass er kaum bewusst ist. Ich kann mich dafür entscheiden, entweder meine Wunden zu lecken oder anzugreifen; kurz, ich entscheide, ob ich meine Beherrschung verliere oder nicht. Ich kann unbewusst und im Bruchteil einer Sekunde entscheiden, »spontan« zuzuschlagen und auf die Konsequenzen zu pfeifen. Ich spüre vielleicht noch, wie das Adrenalin bis in meine Schläfen vor Wut pocht, aber ich

* W. Shakespeare: *Hamlet*, 3. Aufzug, 1. Szene.

werde unbewusst und mit Lichtgeschwindigkeit entscheiden und kontrollieren, ob ich diese »unkontrollierte« Energie nutze oder nicht.

»Du siehst etwas, und dann machst du etwas anderes« ist ein Hinweis, den manch ein Schauspieler aus unerklärlichen Gründen schon nützlich fand. Natürlich muss dieses »etwas andere« ebenfalls gesehen werden.

Wir machen nicht das, was wir sehen. Wir sehen etwas und tun dann etwas als Ergebnis dessen, was wir gesehen haben. Jeder Gedanke ist immer ein Ziel. Jeder Gedanke bedeutet, dass wir etwas Neues gesehen haben.

Ein Diskurs: Ästhetik und Anästhetikum

Wir benutzen Narkotika, um Schmerzen zu lindern. Und zum Teil funktionieren sie; sie lindern unsere Schmerzempfindung. Aber ein Anästhetikum entfernt nicht die Ursache der Schmerzen, und Schmerzen sind wichtig, weil sie uns anzeigen, dass etwas nicht in Ordnung ist. Wenn Feuer nicht schmerzhaft wäre, hätten viele von uns keine Finger mehr und fühlten sich bestimmt nicht jedem zu Dank verpflichtet, der damals unsere zarten Kinderhände mit einem schmerzstillenden Mittel bestrich. Das Anästhetikum kann nicht die Gefahr des Feuers beheben, nur den Schmerz, das äußerst nützliche Symptom bei einer Verbrennung.

Zivilisation ist unübertroffen im Herstellen von Betäubungsmitteln. Die Ursachen von Schmerz haben sich aber seit dem Beginn unserer Spezies nicht wesentlich verändert. Wir werden krank, wir fühlen uns einsam, wir haben Hunger, wir spüren Kälte, wir sind traurig, wir fühlen uns unerwünscht, wir fühlen uns ungeliebt, wir fühlen uns verlassen, wir fühlen uns übergangen, wir fühlen uns unbedeutend, und obwohl wir sterben müssen, wollen wir nicht sterben.

Wenn die Luxusartikel des modernen Lebens nicht in der Lage sind, uns vor etwas zu schützen, können wir dennoch ungewollte Empfindungen vermeiden, indem wir uns an der Schaltung zu schaffen machen. Wir leiten die Vorstellungskraft so um, dass sie uns, statt mit der Realität zu verbinden, von der wirklichen Welt trennt. Die Vorstellungskraft entartet zu reiner Fantasie und stellt nurmehr sicher, dass wir den Schmerz nicht länger wahrnehmen, den wir eigentlich spüren.

Das Wort Ästhetik ist griechischen Ursprungs und bedeutet soviel wie: »die Dinge, wie wir sie wahrnehmen«, mit anderen Worten: »Ziele«. Die Bedeutung von Anästhetikum kann daher aufgefasst werden als »ohne Ziele«. Wir verwenden eine Menge Zeit und Geld darauf, uns mit Narkotika aller Art zu beruhigen. Einer der Hauptgründe, warum wir ins Theater gehen, ist allerdings, Charaktere und Situationen mitzuerleben, bei denen das Betäubungsmittel nicht so richtig funktioniert. Eine der Ähnlichkeiten zwischen der Tragödie und der Komödie besteht darin, dass beide die nachlassende Wirkung des Anästhetikums enthüllen.

Zivilisation strebt immer die Kontrolle über unsere Wahrnehmung an, und wie wir alle ist Irina ihr ganzes Leben lang immer mehr oder weniger betäubt. Aber die Figur, die Irina spielt, sieht möglicherweise viel mehr als wir. Irina muss für uns, wie flüchtig auch immer, dringend eine realere Welt sehen, in der Freude und Leid so empfunden werden, wie sie sind.

POSTSKRIPTUM

Wenn wir Theater machen, erzählen wir Geschichten. Jedes Mal, wenn eine Geschichte erzählt wird, verändert sie sich; die Sagen des Altertums klingen jedes Mal anders, wenn wir sie hören. Auch wenn wir genau denselben Wörtern und Intonationen treu bleiben, wie ein irischer Barde seiner Harfe, so wird jedes erneute Erzählen die großen Taten ein wenig anders vor uns ausbreiten. Die Geschichten verändern sich, weil sich die Erzähler und die Zuhörer verändern; die Zeit verändert sich. Eine Geschichte zu erzählen ist das eine; zu interpretieren, was die Geschichte uns sagen will, ist das andere. Wenn wir versuchen, alle Bedeutungen einer Geschichte zu kontrollieren, werden wir unweigerlich scheitern. Ein Werbeplakat für einen Politiker kann uns davon überzeugen, dass sein schwaches Lächeln ein Grund ist, ihn nicht zu wählen. Die gewünschte Wirkung einer Manipulation kann sich ins Gegenteil verkehren.

Kunst macht nie so ganz das, was man will. Der Petersdom sollte vermutlich die Zuversicht der Gegenreformation in die Welt hinausschreien, aber zur gleichen Zeit tut die römische Basilika auch das genaue Gegenteil. Je lauter das prächtige Bauwerk sein eigenes Loblied auf seine Willensstärke singt, umso deutlicher hört man auch das Wimmern aus Unsicherheit und Zweifel. Alles, was wir tun, ist ambivalent. Diese Ambivalenz verdecken wir mit Sentimentalität.

Etwas sentimental zu betrachten heißt, ihm nur eine Bedeutung zuzugestehen. Sentimentalität versucht, die Guten von den Bösen zu trennen und die elende Ambivalenz des Lebens aufzuwischen. Auf der Suche nach Sicherheit meiden wir Mehrdeutigkeit; und das ist genau der Moment, in dem wir sentimental werden. Ein Wiener Walzer besteht darauf, dass das Leben sorgenfrei ist; doch wenn man sich den historischen Kontext in Erinnerung ruft, können diese hektischen Streicher auch bedrohlich wirken.

Ein Schiff

Aufzulisten, was die Figur will, kann den ersten Tagen der Proben eine provisorische Struktur geben, doch werden diese Strukturen uns blockieren, wenn wir uns ihrer nicht rechtzeitig entledigen. Es hilft, diese Strukturen der ersten Proben als ein Gerüst zu betrachten, wie man es in Schiffswerften verwendet. Am Anfang steht die Idee eines Schiffes; zu diesem Zeitpunkt scheint das Gerüst größer als die Idee selbst zu sein. Doch schon bald schlagen in dem gewaltigen Gestell winzig erscheinende Männer mit ihren Hämmern drauflos. Bolzen und Schoten werden in das Bauwerk eingehängt, bis sie die für sie bestimmten Verbindungen finden. Winden und Flaschenzüge schaukeln in dem Gestell, und Zimmermänner klettern rauf und runter. Allmählich bilden Balken und Kabel und Paneele eine Einheit, und das Gerüst wächst mit dem Schiff. Aber der Zeitpunkt wird kommen, an dem das Gerüst wegfallen muss, damit das Schiff in die wartende See gleiten kann.

Die Geschichte und die Freiheit

Wir können zu Beginn der Proben Handlung, Sinn und Bedeutung des Stücks analysieren. Der Geschichte, die wir erzählen wollen, zuzustimmen, kann ein Anfang sein, doch im Grunde werden wir eine Geschichte nur dann gut erzählen, wenn wir bereit sind, ihr freien Lauf zu lassen. Der kluge Geschichtenerzähler weiß, dass eine Geschichte viele verschiedene Bedeutungen für verschiedene Menschen zu verschiedenen Zeiten hat. Erfahrene Geschichtenerzähler wissen um dieses Geheimnis: Nicht nur sie erzählen die Geschichte, die Geschichte erzählt auch sie. Die Geschichte erschafft den Geschichtenerzähler; so ist es auch mit der Lüge, die, wann immer wir glauben, sie zu benutzen, uns benutzt.

Der kluge Schauspieler lernt, nicht kontrollieren zu wollen, was das Publikum sieht. Das Ziel muss entdeckt und gesehen werden, das ist alles. Das Ziel löst den Impuls zum Handeln aus. Was der Schauspieler spielt, entspringt nicht dem inneren Willen der Figur, sondern wird von der Wahrnehmung des Ziels bestimmt. Das Profil der Szene ist lebendig und beweglich, ihre Form wird von den sich ständig wandelnden Zielen bestimmt. Der Wind und das Meer formen den Sand; der Strand prägt seine Form nicht allein.

Das Ziel und die Quelle

Was wir sehen, dringt tiefer in uns ein, als wir möglicherweise annehmen. Wenn wir uns einer normalen Treppe nähern, bereiten sich unsere Bein- und Fußmuskeln darauf vor, nach oben zu steigen. Sobald wir aber eine Rolltreppe sehen, weisen wir dieselben Muskeln an, sich auszuruhen, während wir an den Reklamebildern vorbeigleiten. Interessant wird es allerdings bei einer defekten Rolltreppe. Wir richten vielleicht folgende Anweisung an unsere Füße: *»Dies ist eine Rolltreppe. Im Augenblick funktioniert sie nicht als Rolltreppe. Also benutzen wir sie wie eine normale unbewegliche Treppe.«* Aber sobald wir auf das geriffelte Metall treten, zucken unsere Beine minimal, aber spürbar zusammen. Wir wussten genau, dass uns keine bewegliche Rolltreppe erwartet. Wir hatten unseren Füßen eine vollkommen klare Anweisung gegeben, und doch haben sie etwas gemacht, was wir nicht angeordnet hatten.

Zu Beginn wurde behauptet, dass ein Baby bei seiner Geburt nicht nur die Erwartung auf »Mutter« und »Sprache« in sich trägt, sondern auch eine auf das »Schauspielen« gerichtete Erwartung. Es ist allerdings ziemlich unwahrscheinlich, dass ein Baby mit der Erwartung einer Rolltreppe geboren wird.

Vermutlich passiert Folgendes. Über die Jahre hinweg haben die Augen direkt mit dem unbewussten Teil des Gehirns kommuniziert, d. h. mit jenem Teil, der die erlernten Reflexe kontrolliert. Dieser Teil des Gehirns hat gelernt, dass solche geriffelten Stufen mit den gezackten Kanten sich von selbst bewegen und dass sich die Füße darauf einstellen müssen, weil wir sonst hinfallen würden. Diese konditionierten Reflexe, diese fast spontanen Reaktionen, die wir erst erlernen müssen, wurden von [Iwan Petrowitsch] Pawlow erforscht. Das Wissen darum, dass die Sinne das Bewusstsein vollkommen umgehen können, wird Irina helfen. Dieses unbewusste Lernen ist es, was die unsichtbare Arbeit vorantreibt. Das Ziel kann in uns mehr auslösen, als uns bewusst ist.

Wir können die Figur nicht mit einem Unterbewusstsein ausstatten, aber die unsichtbare Arbeit ist Irinas Nährboden. Sie kann sich vorbereiten, so dass die Bilder, die sie während der Aufführung sieht, nicht vordergründig und simpel, sondern reich und mehrdeutig sind. Obwohl der Schauspieler nur das Bewusste spielen kann, ist nicht alles Schauspielen bewusst. Das Ziel ist der einzige Impuls sowohl für das, was bewusst, als auch für das, was unbewusst gespielt wird.

Gezielt sehen, was außerhalb ist, wird den Schauspieler mehr in die Figur versetzen, als zu überlegen, was innerhalb der Figur liegt.

Der Rahmen

Ein Kunstwerk ist etwas, das von einem Rahmen umgeben ist. Ein Fotograf rahmt seine Fotos, und so macht es auch das Theater. Der Applaus ist eine Art Rahmen, genauso wie der Raum, in dem wir eine Aufführung sehen. *»Hier spielen wir, dort drüben spielen wir nicht.«* Das Baby, das hinter dem Kissen gluckst, fühlt sich nur dann sicher, wenn es gelernt hat, dass das Niederlegen des Kissens das Ende des Spiels signalisiert. Das Baby braucht einen Rahmen.

Die Welt, die wir sehen, ist ebenfalls begrenzt – und zwar durch unsere Sichtweite. Die zweidimensionale Sicht eines Hasen ist größer als unsere, seine dreidimensionale jedoch geringer; keiner sieht alles. Wir lernen sowohl weniger als auch mehr zu sehen als das, was wirklich in der Welt geschieht. Aber viele Kräfte prägen unsere Sicht. Zum Beispiel hat die Identität nicht die Absicht, sich von der bloßen Wirklichkeit ihre Theorien widerlegen zu lassen. Durch unsere Sicht schaffen wir die Welt; wir sehen sie nie, wie sie wirklich ist. Jedes Mal, wenn wir die Augen aufschlagen, haben wir ein Kunstwerk geschaffen. Näher können wir der Wahrheit nicht kommen.

Einer der Gründe, warum Babys uns so zärtlich stimmen, ist, dass sie uns so viel Aufmerksamkeit schenken. Ein Baby blickt uns so klar an, dass wir das Gefühl haben, etwas mehr existent zu sein. Sobald das Baby aber beginnt, sich zu fragen, wie es selbst gesehen wird, stumpft diese alles verschlingende Neugier ab. Später im Leben ist es für den Erwachsenen eventuell erforderlich, diese Schritte zurückzuverfolgen. Für einen Schauspieler hingegen ist nichts bedeutungsvoller als diese umgekehrte Reise.

Der Weg zurück

Auf dieser Reise ist Geduld unerlässlich. Wir können allerdings durch Willenskraft ebensowenig Geduld erlangen wie Vertrauen oder Präsenz. Geduld ist eine Gnade, und wir sollten so klug sein, ihre Besuche nicht zu untersagen. Von den gewaltigen Türen, die wir ihr vor der Nase zuknallen, ist Selbstkritik die mächtigste. Unsere Selbstkritik können wir kontrollieren, nicht aber das ungebundene Kommen und Gehen der Geduld. Finden wir die Antwort nicht am gleichen Tag, fühlen wir uns möglicherweise entmutigt oder als Versager. Es ist einfacher, sich selbst zu bestrafen, als mit sich selbst geduldig zu sein.

Die Zurückverfolgung des Weges von einem »*Wie werde ich gesehen?*« zu einem »*Was sehe ich?*« bleibt hingegen das ewige Streben des Schauspielers.

Wegweiser

Gefährten auf diesem Weg sind die unangenehmen Entscheidungen:

- *Konzentration oder Aufmerksamkeit*
- *Freiheit oder Unabhängigkeit*
- *Sehen oder zeigen*
- *Sicherheit oder Vertrauen*
- *Kreativität oder Neugier*
- *Originalität oder Einzigartigkeit*
- *Aufregung oder Leben*

Unsere Vitalität, unsere Fähigkeit und unser Drang, uns zu bewegen und zu atmen, werden jedoch durch die Doppel-Regel der Einsätze garantiert:

- *Es gibt immer etwas zu verlieren und etwas zu gewinnen.*
- *Das, was zu gewinnen ist, muss genauso groß sein wie das, was zu verlieren ist.*

Und durch das Gesetz der Zeit:

- *Je mehr auf dem Spiel steht, desto schneller verrinnt die Zeit.*

Die Regeln des Ziels bleiben in Kraft, solange wir an sie denken, wenn wir in Sicherheit sind, und auch bei Gefahr an ihnen festhalten. Das Ziel ist für uns da, nicht wir für das Ziel. Das Ziel hat unzerstörbare Eigenschaften, die stärker sind als unsere schmerzlichsten Zweifel. Isolation ist nur eine weitere Theorie.

- *Erstens: Es gibt immer ein Ziel.*
- *Zweitens: Das Ziel existiert außerhalb und in messbarer Entfernung.*
- *Drittens: Das Ziel existiert bereits, bevor wir es brauchen.*
- *Viertens: Das Ziel ist immer konkret.*
- *Fünftens: Das Ziel verwandelt sich ständig.*
- *Sechstens: Das Ziel ist immer aktiv.*

Sehen

Irina muss immer im Kopf haben, dass es nicht ihre Aufgabe ist, irgendetwas richtig zu machen. Richtig gibt es nicht, zumindest nicht für den Schauspieler, und falsch ist genauso albern. Wir sind nicht hier, um etwas richtig oder falsch zu machen. Wir sind hier, um unser Bestes zu geben. Was dieses Beste ist, bestimmt jeder für sich, nachdem wir die Ambivalenz der Welt so klar und unsentimental wie möglich betrachtet haben.

Der Schauspieler sieht für uns sowohl das, was wir sehen wollen, als auch das, was wir nicht sehen wollen. Das kindliche Millennium schreit immer lauter und lauter: Nie war die Fähigkeit des Schauspielers, das Ziel in seiner ganzen elenden Ambivalenz wahrzunehmen, wertvoller als in der heutigen Zeit, in der Politiker und religiöse Wortführer einseitige Positionen beziehen und Streitfragen vereinfachen.

Lasst uns nicht nach Hause gehen!

NACHWORT

Ich las Declan Donnellans Buch vor mehreren Jahren, als ich an der Hochschule für Schauspielkunst »Ernst Busch« in Berlin Regie unterrichtete. Ich halte es für ein wegweisendes Werk unserer Zeit über Schauspiel und wollte es deshalb meinen Studenten empfehlen. Die meisten von ihnen hatten allerdings Probleme, es auf Englisch zu lesen. Daher bin ich dem Alexander Verlag äußerst dankbar, dass er dieses Werk deutschsprachigen Lesern zugänglich macht.

Ich möchte an dieser Stelle versuchen, zu beschreiben, warum mir dieses Buch so wichtig ist und warum dies auch für andere Theatermacher im deutschsprachigen Raum so sein dürfte.

Seit Mitte des letzten Jahrhunderts ist das Theater zum größten Teil in einer Verfassung der »Negativität« im Sinne Sartres; es lehnt ab und reagiert in erster Linie gegen die Inhalte, Formen, psychologische Darstellungsweise und politische Implikationen des bürgerlichen Dramas. Einige Schauspieler und Regisseure zogen sich auf der Suche nach alternativen Ausdrucksformen in eine individualistische Erkundung der eigenen Emotionen und Erfahrungen zurück, forschten in sich nach ihrer individuellen »Wahrheit«. Dies führte in vielen Fällen zu einem introvertierten, psychologischen Ansatz, der allzu oft leidenschaftslos, blass und zurückgenommen wirkt. Ein Kollege bezeichnete dies treffend als »den Weg von innen nach innen«. Andere Theatermacher blickten zurück und orientierten sich an den Theoretikern der ersten

Hälfte des 20. Jahrhunderts, suchten nach dem Absurden, dem Irrationalen und dem Experimentellen.

Um das Dilemma des Privaten und Sentimentalen auf der Bühne zu kompensieren, entstand eine Mode für formale Konzepte. Man klammerte das Psychologische, das »Naturalistische«, gar das menschliche Gefühl auf der Bühne aus – im Sinne eines missverstandenen Begriffs von theatralischer Verfremdung. Der letzte und radikalste Schritt ist die totale Minimierung der Rolle des professionellen Schauspielers in der Inszenierung zugunsten von Licht, Ton und Installationen – die Bebilderung abstrakter Begriffe. So ist es nicht verwunderlich, dass Schauspieler oft nicht wissen, welche Aufgabe sie erfüllen sollen oder ob sie überhaupt noch eine haben.

Auch auf den Hochschulen für Schauspiel und Regie ist diese Suche nach theatralen Ausdrucksformen klar erkennbar. Ein Dilemma für die Studierenden, die sich oftmals ohne fixe Anhaltspunkte wiederfinden.

Declan Donnellan ermächtigt den Schauspieler, seine Rolle (im doppelten Sinne des Wortes) neu zu definieren, indem er ihm technische Werkzeuge an die Hand gibt, die wahren Begebenheiten auf der Bühne zu benutzen und damit eine Welt zu kreieren, die nur innerhalb ihres Rahmens existiert und die nur mit ihren Mitteln entsteht. Ob es sich um Prosa oder Verstexte, Requisiten, seinen Gegenspieler oder einen imaginierten Partner handelt, er lernt durch den aktiven Umgang mit diesen Elementen, diese Welt zu erschaffen.

Dieses Buch bietet also fassbare technische Mittel an, um auszuarbeiten, was ein Schauspieler erzählen bzw. wie er die Erzählung einer Geschichte optimieren kann. Es bietet kreative Fragestellungen an, die einem Schauspieler als Werkzeuge dienen, um seine Rolle in der zu erzählenden Geschichte so theatral reichhaltig wie möglich zu formulieren.

So gesehen ist es ein sehr praktisches Buch. Beim nochmaligen Lesen hat sich jedoch die Bedeutung des Buches für mich vertieft. Für uns Regisseure ist es eine Quelle der Inspiration. Es gibt uns Spielideen und zeigt uns zugleich, wie man Schauspieler so führt, dass sie frei und schöpferisch probieren können.

Dies ermöglicht dem Schauspieler nicht nur starke und variable Ausdrucksmöglichkeiten auf der Bühne, es erinnert uns auch daran, woraus Theater besteht, an seinen Ursprung: aus dem Schauspieler mit all seinen Spielmöglichkeiten, so wie ein Bild durch das »Spiel« des Malers mit Leinwand, Farbe und Pinseln zustande kommt. Oder die Klangwelt des Musikers durch das Kombinieren der Töne und Geräusche.

Das ist das, was wir von Prospero lernen. Kein Wunder, dass Donnellan einen Text von Shakespeare verwendet, um uns zu verdeutlichen, was ein Schauspieler tut, und dass dies der Stoff ist, aus dem Theater gemacht ist. Denn ein Schauspieler ist jemand, der wegen seiner überhöhten Wahrnehmung der Begebenheiten im Leben und auf der Bühne imstande ist, diese Geschichten zu erfassen und sinnlich erfahrbar zu machen.

Es heißt, der Entwurf für ein Theater sei zugleich der Entwurf für eine Gesellschaft. Donnellans Entwurf ist in der tatsächlichen Realität verwurzelt und fordert zum Staunen auf, zum offenen Blick auf die Realität. Vielleicht werden nicht nur Schauspieler die Tragweite des Buches anerkennen und bewundern. In unserer zunehmend egozentrischen und »entmenschlichten« Welt ist es eine Einladung dazu, über uns selbst hinauszublicken und dem, was wir entdecken, spielerisch zu begegnen.

Schiller beschreibt in seinen ästhetischen Schriften den »spielenden Menschen« als den, der in der Lage ist, sein höchstes

Potenzial zu erreichen. Spiel als Mittel, sich selbst zu entdecken, unserer Fantasie freien Lauf zu lassen und unsere Entdeckungen mit anderen zu teilen.

So groß kann die Tragweite dieses Buches sein, wenn wir es aufmerksam lesen. Donnellans Gedanken sind eine Einladung und Anleitung zu einem *SchauSpielen*, das reichhaltig, gesellschaftsorientiert und kontaktfreudig ist.

Rosee Riggs

Rosee Riggs studierte Germanistik und Romanistik an der Universität Bristol und arbeitete zunächst als ausgebildete Puppenspielerin am Little Angel Marionette Theatre Islington. Daneben gewann sie an der Bristol Old Vic Theatre School Einblicke in die Methode der dortigen Schauspielausbildung. Seit 1992 arbeitet sie als freischaffende Regisseurin und unterrichtete von 1999–2005 Theaterregie an der Hochschule für Schauspielkunst »Ernst Busch« in Berlin. Seit 2005 ist sie Professorin für Rollengestaltung am Max Reinhardt Seminar in Wien.

BALKON-SZENE AUS »ROMEO UND JULIA«

ROMEO UND JULIA

Zweiter Aufzug, 2. Szene (Die Balkon-Szene)
Capulets Garten.
Romeo kommt.

ROMEO
Der Narben lacht, wer Wunden nie gefühlt.
Julia erscheint oben an einem Fenster.
Doch still, was schimmert durch das Fenster dort?
Es ist der Ost, und Julia die Sonne! –
Geh auf, du holde Sonn'! Ertöte Lunen,
Die neidisch ist und schon vor Grame bleich,
Dass du viel schöner bist, obwohl ihr dienend.
Oh, da sie neidisch ist, so dien' ihr nicht!
Nur Toren gehn in ihrer blassen, kranken
Vestalentracht einher: wirf du sie ab!
Sie ist es, meine Göttin! meine Liebe!
O wüsste sie, dass sie es ist! –
Sie spricht, doch sagt sie nichts: was schadet das?
Ihr Auge red't, ich will ihm Antwort geben. -
Ich bin zu kühn, es redet nicht zu mir.
Ein Paar der schönsten Stern' am ganzen Himmel
Wird ausgesandt und bittet Juliens Augen,
In ihren Kreisen unterdes zu funkeln.
Doch wären ihre Augen dort, die Sterne
In ihrem Antlitz? Würde nicht der Glanz
Von ihren Wangen jene so beschämen
Wie Sonnenlicht die Lampe? Würd' ihr Aug'
Aus luft'gen Höh'n sich nicht so hell ergießen,
Dass Vögel sängen, froh den Tag zu grüßen?
Oh, wie sie auf die Hand die Wange lehnt!
Wär' ich der Handschuh doch auf dieser Hand
Und küsste diese Wange!

JULIA
Weh mir!

ROMEO
Horch!
Sie spricht. Oh, sprich noch einmal, holder Engel!
Denn über meinem Haupt erscheinest du
Der Nacht so glorreich, wie ein Flügelbote
Des Himmels dem erstaunten, über sich
Gekehrten Aug' der Menschensöhne, die
Sich rücklings werfen, um ihm nachzuschaun,
Wenn er dahin fährt auf den trägen Wolken
Und auf der Luft gewölbtem Busen schwebt.

JULIA
O Romeo! warum denn Romeo?
Verleugne deinen Vater, deinen Namen!
Willst du das nicht, schwör dich zu meinem Liebsten,
Und ich bin länger keine Capulet!

ROMEO
für sich.
Hör' ich noch länger, oder soll ich reden?

JULIA
Dein Nam' ist nur mein Feind. Du bliebst du selbst,
Und wärst du auch kein Montague. Was ist
Denn Montague? Es ist nicht Hand, nicht Fuß,
Nicht Arm noch Antlitz, noch ein andrer Teil
Des Menschen selbst. O lass dich anders nennen.
Was ist ein Name? Was uns Rose heißt,
Wie es auch hieße, würde lieblich duften;
So Romeo, wenn er auch anders hieße,

Er würde doch den köstlichen Gehalt
Bewahren, welcher sein ist ohne Titel.
O Romeo, leg' deinen Namen ab,
Und für den Namen, der dein Selbst nicht ist,
Nimm meines ganz!

Romeo
indem er näher hinzutritt:
Ich nehme dich beim Wort.
Nenn' Liebster mich, so bin ich neu getauft
Und will hinfort nicht Romeo mehr sein.

Julia
Wer bist du, der du, von der Nacht beschirmt,
Dich drängst in meines Herzens Rat?

Romeo
Mit Namen
Weiß ich dir nicht zu sagen, wer ich bin.
Mein eigner Name, teure Heil'ge, wird,
Weil er dein Feind ist, von mir selbst gehasst;
Hätt' ich ihn schriftlich, so zerriss' ich ihn.

Julia
Mein Ohr trank keine hundert Worte noch
Von diesen Lippen, doch es kennt den Ton.
Bist du nicht Romeo, ein Montague?

Romeo
Nein, Holde; keines, wenn dir eins missfällt.

Julia
Wie kamst du her? o sag mir, und warum?
Die Gartenmau'r ist hoch, schwer zu erklimmen;
Die Stätt' ist Tod – bedenk' nur, wer du bist,
Wenn einer meiner Vettern dich hier findet.

Romeo
Der Liebe leichte Schwingen trugen mich;
Kein steinern Bollwerk kann der Liebe wehren;
Und Liebe wagt, was irgend Liebe kann,
Drum hielten deine Vettern mich nicht auf.

Julia
Wenn sie dich sehn, sie werden dich ermorden.

Romeo
Ach, deine Augen drohn mir mehr Gefahr
Als zwanzig ihrer Schwerter; blick' du freundlich,
So bin ich gegen ihren Hass gestählt.

Julia
Ich wollt' um alles nicht, dass sie dich sähn.

Romeo
Vor ihnen hüllt mich Nacht in ihren Mantel.
Liebst du mich nicht, so lass sie nur mich finden;
Durch ihren Hass zu sterben wär' mir besser
Als ohne deine Liebe Lebensfrist.

Julia
Wer zeigte dir den Weg zu diesem Ort?

ROMEO
Die Liebe, die zuerst mich forschen hieß.
Sie lieh mir Rat, ich lieh ihr meine Augen.
Ich bin kein Steuermann; doch wärst du fern
Wie Ufer, von dem fernsten Meer bespült,
Ich wagte mich nach solchem Kleinod hin.

JULIA
Du weißt, die Nacht verschleiert mein Gesicht,
Sonst färbte Mädchenröte meine Wangen
Um das, was du vorhin mich sagen hörtest.
Gern hielt' ich streng auf Sitte, möchte gern
Verleugnen, was ich sprach: doch weg mit Förmlichkeit!
Sag, liebst du mich? Ich weiß, du wirst's bejahn,
Und will dem Worte traun; doch wenn du schwörst,
So kannst du treulos werden; wie sie sagen,
Lacht Jupiter des Meineids der Verliebten.
O holder Romeo!, wenn du mich liebst:
Sag's ohne Falsch! Doch dächtest du, ich sei
Zu schnell besiegt, so will ich finster blicken,
Will widerspenstig sein, und nein dir sagen,
So du dann werben willst: sonst nicht um alles!
Gewiss, mein Montague, ich bin zu herzlich;
Du könntest denken, ich sei leichten Sinns.
Doch glaube, Mann, ich werde treuer sein
Als sie, die fremd zu tun geschickter sind.
Auch ich, bekenn' ich, hätte fremd getan,
Wär' ich von dir, eh' ich's gewahrte, nicht
Belauscht in Liebesklagen. Drum vergib!
Schilt diese Hingebung nicht Flatterliebe,
Die so die stille Nacht verraten hat!

Romeo
Ich schwöre, Fräulein, bei dem heil'gen Mond,
Der silbern dieser Bäume Wipfel säumt ...

Julia
O schwöre nicht beim Mond, dem Wandelbaren,
Der immerfort in seiner Scheibe wechselt,
Damit nicht wandelbar dein Lieben sei!

Romeo
Wobei denn soll ich schwören?

Julia
Lass es ganz!
Doch willst du, schwör' bei deinem edlen Selbst,
Dem Götterbilde meiner Anbetung!
So will ich glauben.

Romeo
Wenn die Herzensliebe ...

Julia
Gut, schwöre nicht: Obwohl ich dein mich freue,
Freu' ich mich nicht des Bundes dieser Nacht.
Er ist zu rasch, zu unbedacht, zu plötzlich;
Gleicht allzusehr dem Blitz, der nicht mehr ist,
Noch eh' man sagen kann: »Es blitzt.« – Schlaf' süß!
Des Sommers warmer Hauch kann diese Knospe
Der Liebe wohl zur schönen Blum' entfalten,
Bis wir das nächste Mal uns wiedersehn.
Nun gute Nacht! So süße Ruh und Frieden,
Als mir im Busen wohnt, sei dir beschieden.

ROMEO
Ach, du verlässest mich so unbefriedigt?

JULIA
Was für Befriedigung begehrst du noch?

ROMEO
Gib deinen treuen Liebesschwur für meinen!

JULIA
Ich gab ihn dir, eh' du darum gefleht:
Und doch, ich wollt', er stünde noch zu geben.

ROMEO
Wollt'st du mir ihn entziehn? Wozu das, Liebe?

JULIA
Um unverstellt ihn dir zurückzugeben.
Allein ich wünsche, was ich habe, nur.
So grenzenlos ist meine Huld, die Liebe
So tief ja wie das Meer. Je mehr ich gebe,
Je mehr auch hab' ich: beides ist unendlich.
Ich hör' im Haus Geräusch; leb wohl. Geliebter!
Die Wärterin ruft hinter der Szene.
Gleich, Amme! Holder Montague, sei treu!
Wart' einen Augenblick: ich komme wieder!
Sie geht zurück.

ROMEO
O sel'ge, sel'ge Nacht! Nur fürcht' ich, weil
Mich Nacht umgibt, dies alles sei nur Traum,
Zu schmeichelnd süß, um wirklich zu bestehn.
Julia erscheint wieder am Fenster.

JULIA
Drei Worte, Romeo; dann gute Nacht!
Wenn deine Liebe, tugendsam gesinnt,
Vermählung wünscht, so lass mich morgen wissen
Durch jemand, den ich zu dir senden will,
Wo du und wann die Trauung willst vollziehn.
Dann leg' ich dir mein ganzes Glück zu Füßen
Und folge durch die Welt dir als Gebieter. –
Die Wärterin hinter der Szene: »Fräulein!«
Ich komme, gleich! – Doch meinst du es nicht gut,
So bitt' ich dich …
Die Wärterin hinter der Szene: »Fräulein!«
Im Augenblick: ich komme! –
… Hör' auf zu werben, lass mich meinem Gram!
Ich sende morgen früh –

ROMEO
Beim ew'gen Heil!

JULIA
Nun tausend gute Nacht!
Geht zurück.

ROMEO
Raubst du dein Licht ihr, wird sie bang durchwacht.
Wie Knaben aus der Schul' eilt Liebe hin zum Lieben,
Wie Knaben an ihr Buch, wird sie hinweg getrieben.
Er entfernt sich langsam. Julia erscheint wieder am Fenster.

JULIA
St! Romeo, st! – Oh, eines Jägers Stimme,
Den edlen Falken wieder herzulocken!
Abhängigkeit ist heiser, wagt nicht laut

Zu reden, sonst zersprengt' ich Echos Kluft
Und machte heis'rer ihre luft'ge Kehle
Als meine, mit dem Namen Romeo.

ROMEO *umkehrend:*
Mein Leben ist's, das meinen Namen ruft.
Wie silbersüß tönt bei der Nacht die Stimme
Der Liebenden, gleich lieblicher Musik
Dem Ohr des Lauschers!

JULIA
Romeo!

ROMEO
Mein Fräulein!

JULIA
Um welche Stunde soll ich morgen schicken?

ROMEO
Um neun.

JULIA
Ich will nicht säumen: zwanzig Jahre
Sind's bis dahin. Doch ich vergaß, warum
Ich dich zurückgerufen.

ROMEO
Lass hier mich stehn, derweil du dich bedenkst.

JULIA
Auf dass du stets hier weilst, werd' ich vergessen,
Bedenkend, wie mir deine Näh so lieb.

Romeo
Auf dass du stets vergessest, werd' ich weilen,
Vergessend, dass ich irgend sonst daheim.

Julia
Es tagt beinah', ich wollte nun, du gingst:
Doch weiter nicht, als wie ein tändelnd Mädchen
Ihr Vögelchen der Hand entschlüpfen lässt,
Gleich einem Armen in der Banden Druck,
Und dann zurück ihn zieht am seidnen Faden;
So liebevoll missgönnt sie ihm die Freiheit.

Romeo
Wär' ich dein Vögelchen!

Julia
Ach wärst du's. Lieber!
Doch hegt' und pflegt' ich dich gewiss zu Tod.
Nun gute Nacht! So süß ist Trennungswehe,
Ich rief' wohl gute Nacht, bis ich den Morgen sähe.
Sie geht zurück.

Romeo
Schlaf wohn' auf deinem Aug', Fried' in der Brust!
O wär' ich Fried' und Schlaf und ruht' in solcher Lust!
Ich will zur Zell' des frommen Vaters gehen,
Mein Glück ihm sagen und um Hülf' ihn flehen.
Ab.

Übersetzt von August Wilhelm von Schlegel